财务管理与经济发展研究

司倩蔚　蔡回辽　孙美玲 ◎ 著

吉林科学技术出版社

图书在版编目（CIP）数据

财务管理与经济发展研究 / 司倩蔚，蔡回辽，孙美玲著. -- 长春：吉林科学技术出版社，2021.6
ISBN 978-7-5578-8235-8

Ⅰ. ①财… Ⅱ. ①司… ②蔡… ③孙… Ⅲ. ①企业管理－财务管理－关系－企业经济－企业发展－研究－中国
Ⅳ. ①F279.2

中国版本图书馆CIP数据核字(2021)第 116871 号

财务管理与经济发展研究

著　　司倩蔚　蔡回辽　孙美玲
出 版 人　宛　霞
责任编辑　李永百
封面设计　金熙腾达
制　　版　金熙腾达
幅面尺寸　185mm×260mm　1/16
字　　数　314 千字
印　　张　13.75
印　　数　1-1500册
版　　次　2021 年 6 月第 1 版
印　　次　2022 年 5 月第 2 次印刷
出　　版　吉林科学技术出版社
发　　行　吉林科学技术出版社
地　　址　长春市净月区福祉大路 5788 号
邮　　编　130118
发行部电话/传真　0431-81629529　81629530　81629531
　　　　　　　　　81629532　81629533　81629534
储运部电话　0431-86059116
编辑部电话　0431-81629518
印　　刷　保定市铭泰达印刷有限公司

书　　号　ISBN 978-7-5578-8235-8
定　　价　55.00 元

版权所有 翻印必究 举报电话　0431-81629508

前 言

　　人们所处的经济社会以及经济环境每天都在发生着改变，市场因素、政治因素、人为因素以及一些突发事件，都能够对相关的经济体产生一定的冲击或者影响。在这样一个不确定性不断放大的经济体系之下，企业经济管理上的创新活动显得意义重大。它不仅代表着对先前体制以及工作方法的调整，更体现着企业上下以及各个部门，极高的应变能力以及强大的执行力和把控力，毕竟不论是哪个方面的一次创新都将涉及部门、员工、与外界的合作以及一些体制规章上的变化，创新活动从企划到实现将会是一个复杂且漫长的过程。

　　企业经济管理指企业为了实现提高生产效率，使企业中的各个部门、各个职能单位及员工之间同步和谐，各个环节配合以均衡地实现企业目标。企业经济管理包括企业的内部审核、人力资源管理、生产等多方面的管理，就当前我国大多数企业而言，企业的经济管理必须转变现有的理念，树立品牌创新意识，从战略全局去推动企业的经济管理工作创新，在企业管理中必须深化企业改革，加强企业内部的调控与管理，从而在市场经济竞争中获得利润，完成企业目标。

　　在我国经济不断提升、国家大力提倡创新型发展的背景下，财务管理与会计工作也应当紧跟时代，与时俱进地不断推陈出新。然而，在传统财务管理和会计核算工作中，还存在着诸多的问题，既无法满足企业在快速发展中不断产生的新需求，又影响会计信息的质量，如此难免会制约企业的发展并给企业带来诸多负面影响。企业管理者应该对其进行细致的考虑，进而逐渐推进财务管理工作实现创新性跨越式发展。财务管理工作对于企业发展十分重要，从某种程度上而言，不仅影响和制约着企业其他各项经营活动，甚至决定着一个企业未来的发展和兴衰成败。由此可见，如何做好企业的财务管理和会计核算工作，如何对陈旧的财务管理和会计工作模式进行创新，是企业中每一位经营管理者必须着重思考的问题。此外，伴随着当今世界不断涌现的经济全球化浪潮，资本市场与跨国公司快速发展，着力推动企业财会工作的创新性发展、实现企业财务管理与会计核算的现代化和科学化已迫在眉睫。新形势下，更新财务管理的理念、方法和技术，制定一套规范性的国际会计准则，以此来协调企业财务会计实务，将成为越来越多企业关注的焦点。由此可见，对企业财务管理与会计实践工作创新性发展的研究具有十分重要的理论价值和现实意义。

由于笔者学术水平和种种客观条件的限制，加之时间方面有些仓促，本书所涉及内容难免有疏漏与不够严谨之处，希望各位读者和专家能够提出宝贵意见，以待进一步修改，使之更加完善。

目 录

第一章 财务管理的含义 1
    第一节 财务管理的概念 1
    第二节 财务管理的目标 4
    第三节 财务管理的环节 9
    第四节 财务管理的环境 12

第二章 财务管理的价值观念 18
    第一节 资金的时间价值 18
    第二节 风险与报酬 21

第三章 筹资管理的创新 26
    第一节 筹资管理概述 26
    第二节 筹资管理的现状及存在的问题 32
    第三节 筹资管理的创新策略 37

第四章 投资管理的创新 40
    第一节 投资管理的概念及要素 40
    第二节 投资管理的现状分析 43
    第三节 风险投资管理的创新分析 46
    第四节 投资管理的创新路径 51

第五章 营运资金管理 54
    第一节 营运资金管理概述 54
    第二节 现金管理 56
    第三节 应收账款管理 61
    第四节 存货管理 67

第六章 现代企业财务管理程序 72
    第一节 财务预测与规划 72
    第二节 财务决策 79
    第三节 财务控制 93
    第四节 财务分析 104

第七章　财务管理创新艺术分析 113
第一节　财务管理创新的要素 113
第二节　财务管理创新的原则 115
第三节　财务管理创新的内容 120
第四节　财务管理创新的路径 125

第八章　宏观经济管理 130
第一节　宏观经济管理的特点 130
第二节　宏观经济的总量平衡 133
第三节　宏观经济的周期性波动 134
第四节　宏观经济管理的主体 139
第五节　宏观经济管理目标 146
第六节　宏观经济的监督 149

第九章　现代企业制度下的财务管理新发展 152
第一节　制度与创新：基于财务视角的研究 152
第二节　企业融资管理与创新 157
第三节　企业投资管理与创新 167

第十章　企业在经济发展中的作用 178
第一节　我国中小型企业现状与发展 178
第二节　中小企业在经济发展中的作用 185
第三节　中小企业在区域经济发展中的作用 189

第十一章　企业经济可持续发展 192
第一节　企业可持续发展概况 192
第二节　企业可持续发展问题探讨 194
第三节　"新常态"下企业可持续发展战略 198
第四节　企业可持续发展与财务 204
第五节　低碳经济下的企业可持续发展 207

参考文献 212

第一章 财务管理的含义

第一节 财务管理的概念

财务管理是组织企业财务活动、处理财务关系的一项经济管理工作,因此要了解什么是财务管理,必须先分析企业的财务活动和财务关系。

一、企业财务活动

企业财务活动是以现金收支为主的企业资金收支活动的总称。在社会主义市场经济条件下,一切物资都具有一定量的价值,它体现着耗费于物资中的社会必要劳动量,社会再生产过程中物资价值的货币表现,就是资金。在市场经济条件下,拥有一定数额的资金,是进行生产经营活动的必要条件。企业生产经营过程,一方面表现为物资的不断购进和售出,另一方面则表现为资金的支出和收回。企业的经营活动不断进行,也就会不断产生资金收支。企业资金的收支,构成了企业经济活动的一个独立方面,这便是企业的财务活动,企业财务活动可分为以下四个方面。

(一)企业筹资引起的财务活动

在商品经济条件下,企业要想从事经营,首先必须筹集一定数量的资金。企业通过发行股票、发行债券、吸收直接投资等方式筹集资金,表现为企业资金的收入。企业偿还借款,支付利息、股利以及付出各种筹资费用等,则表现为企业资金的支出。这种因为资金筹集而产生的资金收支,便是由企业筹资而引起的财务活动。

(二)企业投资引起的财务活动

企业筹集资金的目的是为了把资金用于生产经营活动以便取得盈利,不断增加企业价值。企业把筹集到的资金投资于企业内部用于购置固定资产、无形资产等,便形成企业的对内投资;企业把筹集到的资金投资于购买其他企业的股票、债券或与其他企业联营进行投资,便形成企业的对外投资。无论是企业购买内部所需各种资产,还是购买各种证券,都需要支出资金。当企业变卖其对内投资的各种资产或收回其对外投资时,则会产生资金的收入。这种因企业投资而产生的资金收支,便是由投资而引起的财务活动。

(三)企业经营引起的财务活动

企业在正常的经营过程中,会发生一系列的资金收支。首先,企业要采购材料或商品,以便从事生产和销售活动，同时，还要支付工资和其他营业费用；其次，当企业把产品或商品售出后，便可取得收入，收回资金；再次，如果企业现有资金不能满足企业经营的需要，还要采取短期借款方式来筹集所需资金。上述各方面都会产生企业资金的收支，此即属于企业经营引起的财务活动。

（四）企业分配引起的财务活动

企业在经营过程中会产生利润，也可能会因对外投资而分得利润，这表明企业有了资金的增值或取得了投资报酬。企业的利润要按规定的程序进行分配。首先，要依法纳税；其次，要用来弥补亏损，提取公积金；最后，要向投资者分配利润。这种因利润分配而产生的资金收支便属于由利润分配而引起的财务活动。

上述财务活动的四个方面，不是相互割裂、互不相关的，而是相互联系、相互依存的。正是上述互相联系又有一定区别的四个方面，构成了完整的企业财务活动，这四个方面也就是财务管理的基本内容：企业筹资管理、企业投资管理、营运资金管理、利润及其分配的管理。

二、企业财务关系

企业财务关系是指企业在组织财务活动过程中与各有关方面发生的经济关系。企业的筹资活动、投资活动、经营活动、利润及其分配活动与企业内部和外部的各方面有着广泛的联系。企业的财务关系可概括为以下几个方面。

（一）企业同所有者之间的财务关系

这主要指企业的所有者向企业投入资金，企业向其所有者支付投资报酬所形成的经济关系。企业所有者主要有以下四类：

（1）国家。

（2）法人单位。

（3）个人。

（4）外商。

企业的所有者要按照投资合同、协议、章程的约定履行出资义务，以便及时形成企业的资本金。企业利用资本金进行经营，实现利润后，应按出资比例或合同、章程的规定，向其所有者分配利润。企业同其所有者之间的财务关系，体现着所有权的性质，反映着经营权和所有权的关系。

（二）企业同债权人之间的财务关系

这主要指企业向债权人借入资金，并按借款合同的规定按时支付利息和归还本金所形成的经济关系。企业除利用资本金进行经营活动外，还要借入一定数量的资金，以便降低企业资金成本，扩大企业经营规模。企业的债权人主要有：

（1）债券持有人。
（2）贷款机构。
（3）商业信用提供者。
（4）其他出借资金给企业的单位或个人。

企业利用债权人的资金后，要按约定的利息率，及时向债权人支付利息。债务到期时，要合理调度资金，按时向债权人归还本金。企业同其债权人的关系体现的是债务与债权的关系。

（三）企业同被投资单位的财务关系

这主要是指企业将其闲置资金以购买股票或直接投资的形式向其他企业投资所形成的经济关系。随着经济体制改革的深化和横向经济联合的开展，这种关系将会越来越广泛。企业向其他单位投资，应按约定履行出资义务，参与被投资单位的利润分配。企业与被投资单位的关系是体现所有权性质的投资与受资的关系。

（四）企业同债务人的财务关系

这主要是指企业将其资金以购买债券、提供借款或商业信用等形式出借给其他单位所形成的经济关系。企业将资金借出后，有权要求其债务人按约定的条件支付利息和归还本金。企业同其债务人的关系体现的是债权与债务关系。

（五）企业内部各单位的财务关系

这主要是指企业内部各单位之间在生产经营各环节中相互提供产品或劳务所形成的经济关系。企业在实行内部经济核算制的条件下，企业供、产、销各部门以及各生产单位之间，相互提供产品和劳务要进行计价结算。这种在企业内部形成的资金结算关系，体现了企业内部各单位之间的利益关系。

（六）企业与职工之间的财务关系

这主要是指企业向职工支付劳动报酬的过程中所形成的经济关系。企业要用自身的产品销售收入，向职工支付工资、津贴、奖金等，按照提供的劳动数量和质量支付职工的劳动报酬。这种企业与职工之间的财务关系，体现了职工和企业在劳动成果上的分配关系。

（七）企业与税务机关之间的财务关系

这主要是指企业要按税法的规定依法纳税而与国家税务机关所形成的经济关系。任何企业都要按照国家税法的规定缴纳各种税款，以保证国家财政收入的实现，满足社会各方面的需要。及时、足额地纳税是企业对国家的贡献，也是对社会应尽的义务，因此企业与税务机关的关系反映的是依法纳税和依法征税的权利义务关系。

三、企业财务管理的特点

企业生产经营活动的复杂性决定了企业管理必须包括多方面的内容，如生产管理、技术管理、劳动人事管理、设备管理、销售管理、财务管理等。各项工作是互相联系、紧密配合的，同时又有科学的分工，具有各自的特点。财务管理的特点有如下几个方面：

（一）财务管理是一项综合性管理工作

企业管理在实行分工、分权的过程中形成了一系列专业管理，有的侧重于使用价值的管理，有的侧重于价值的管理，有的侧重于劳动要素的管理，有的侧重于信息的管理。社会经济的发展，要求财务管理主要是运用价值形式对经营活动实施管理。通过价值形式，把企业的一切物质条件、经营过程和经营结果都合理地加以规划和控制，达到企业效益不断提高、财富不断增加的目的。因此，财务管理既是企业管理的一个独立方面，又是一项综合性的管理工作。

（二）财务管理与企业内部各部门具有广泛联系

在企业中，一切涉及资金的收支活动，都与财务管理有关。事实上，企业内部各部门与资金不发生联系的现象是很少见的，因此财务管理的触角，常常伸向企业经营的各个角落。每一个部门都会通过资金的使用与财务部门发生联系。每一个部门也都要在合理使用资金、节约资金支出等方面接受财务部门的指导，受到财务制度的约束，以此来保证企业经济效益的提高。

（三）财务管理能迅速反映企业生产经营状况

在企业管理中，决策是否得当，经营是否合理，技术是否先进，产销是否顺畅，都可迅速地在企业财务指标中得到反映。例如，如果企业生产的产品适销对路，质量优良可靠，则可带动生产发展，实现产销两旺，资金周转加快，盈利能力增强，这一切都可以通过各种财务指标迅速地反映出来。这也说明，财务管理工作既有其独立性，又受整个企业管理工作的制约。财务部门应通过自己的工作，向企业领导及时通报有关财务指标的变化情况，以便把各部门的工作都纳入提高经济效益的轨道，努力实现财务管理的目标。

第二节 财务管理的目标

企业的目标就是创造价值。一般而言，企业财务管理的目标就是为企业创造价值服务。鉴于财务主要是从价值方面反映企业的商品或者服务提供过程，因而财务管理可为企业的价值创造发挥重要作用。

一、财务管理目标的相关理论

企业财务管理目标有如下几种具有代表性的理论：

（一）利润最大化

利润最大化就是假定企业财务管理以实现利润最大化为目标。

以利润最大化作为财务管理目标，其主要原因有三：一是人类从事生产经营活动的目的是为了创造更多的剩余产品，在市场经济条件下，剩余产品的多少可以用利润这个指标来衡量；二是在自由竞争的资本市场中，资本的使用权最终属于获利最多的企业；三是只有每个企业都最大限度地创造利润，整个社会的财富才可能实现最大化，从而带来社会的进步和发展。

利润最大化目标的主要优点是，企业追求利润最大化，就必须讲求经济核算，加强管理，改进技术，提高劳动生产率，降低产品成本。这些措施都有利于企业资源的合理配置，有利于企业整体经济效益的提高。

同时，以利润最大化作为财务管理目标存在以下缺陷：

第一，没有考虑利润实现时间和资金时间价值。比如，今年100万元的利润和10年以后同等数量的利润其实际价值是不一样的，10年间还会有时间价值的增加，而且这一数值会随着贴现率的不同而有所不同。

第二，没有考虑风险问题。不同行业具有不同的风险，同等利润值在不同行业中的意义也不相同，比如，风险比较高的高科技企业和风险相对较小的制造业企业无法简单比较。

第三，没有反映创造的利润与投入资本之间的关系。

第四，可能导致企业短期财务决策倾向，影响企业长远发展。由于利润指标通常按年计算，因此企业决策也往往会服务于年度指标的完成或实现。

（二）股东财富最大化

股东财富最大化是指企业财务管理以实现股东财富最大化为目标。在上市公司，股东财富是由其所拥有的股票数量和股票市场价格两方面决定的。在股票数量一定时，股票价格达到最高，股东财富也就达到最大。

1. 股东财富最大化目标的优点

与利润最大化相比，股东财富最大化的主要优点是：

第一，考虑了风险因素，因为通常股价会对风险做出较敏感的反应。

第二，在一定程度上能避免企业短期行为，因为不仅目前的利润会影响股票价格，预期利润同样会对股价产生重要影响。

第三，对上市公司而言，股东财富最大化目标比较容易量化，便于考核和奖惩。

2. 股东财富最大化目标的缺点

以股东财富最大化作为财务管理目标也存在以下缺点：

第一，通常只适用于上市公司，非上市公司难以应用，因为非上市公司无法像上市公司一样随时准确获得公司股价。

第二，股价受众多因素影响，特别是企业外部的因素，有些还可能是非正常因素。股价不能完全准确反映企业财务管理状况，如有的上市公司处于破产的边缘，但由于可能存在某些机会，其股票市价可能还在走高。

第三，它强调得更多的是股东利益，而对其他相关者的利益重视不够。

（三）企业价值最大化

企业价值最大化是指企业财务管理行为以实现企业的价值最大化为目标。企业价值可以理解为企业所有者权益的市场价值，或者是企业所能创造的预计未来现金流量的现值。未来现金流量这一概念，包含了资金的时间价值和风险价值两个方面的因素。因为未来现金流量的预测包含了不确定性和风险因素，而现金流量的现值是以资金的时间价值为基础对现金流量进行折现计算得出的。

企业价值最大化要求企业通过采用最优的财务政策，充分考虑资金的时间价值和风险与报酬的关系，在保证企业长期稳定发展的基础上使企业总价值达到最大。

1. 企业价值最大化目标的优点

以企业价值最大化作为财务管理目标，具有以下优点：

第一，考虑了取得报酬的时间，并用时间价值的原理进行了计量。

第二，考虑了风险与报酬的关系。

第三，将企业长期、稳定的发展和持续的获利能力放在首位，能克服企业在追求利润上的短期行为，因为不仅目前利润会影响企业的价值，预期未来的利润对企业价值增加也会产生重大影响。

第四，用价值代替价格，克服了过多受外界市场因素的干扰，有效地规避了企业的短期行为。

2. 企业价值最大化目标存在的问题

以企业价值最大化作为财务管理目标也存在以下问题：

第一，企业的价值过于理论化，不易操作。尽管对于上市公司，股票价格的变动在一定程度上揭示了企业价值的变化，但是股价是多种因素共同作用的结果，特别是在资本市场效率低下的情况下，股票价格很难反映企业的价值。

第二，对于非上市公司，只有对企业进行专门的评估才能确定其价值，而在评估企业的资产时，由于受评估标准和评估方式的影响，很难做到客观和准确。

近年来，随着上市公司数量的增加，以及上市公司在国民经济中地位、作用的增强，企业价值最大化目标逐渐得到了广泛认可。

（四）相关者利益最大化

1. 相关者利益最大化目标具有现实需要

在现代企业是多边契约关系的总和的前提下，要确立科学的财务管理目标，首先就要考虑哪些利益关系会对企业发展产生影响。在市场经济中，企业的理财主体更加细化和多元化。股东作为企业所有者，在企业中承担着最大的权利、义务、风险和报酬，但是债权人、员工、企业经营者、客户、供应商和政府也为企业承担着风险。比如：

第一，随着举债经营的企业越来越多，举债比例和规模也不断扩大，使得债权人的风险大大增加。

第二，在社会分工细化的今天，由于简单劳动越来越少，复杂劳动越来越多，使得职工的再就业风险不断增加。

第三，在现代企业制度下，企业经理人受所有者委托，作为代理人管理和经营企业，在激烈的市场竞争和复杂多变的形势下，代理人所承担的责任越来越大，风险也随之加大。

第四，随着市场竞争和经济全球化的影响，企业与客户以及企业与供应商之间不再是简单的买卖关系，更多的情况下是长期的伙伴关系，处于一条供应链上并共同参与同其他供应链的竞争，因而也与企业共同承担一部分风险。

第五，政府不管是作为出资人，还是作为监管机构，都与企业各方面的利益密切相关。

综上所述，企业的利益相关者不仅包括股东，还包括债权人、企业经营者、客户、供应商、员工、政府等，因此在确定企业财务管理目标时，不能忽视这些相关利益群体的利益。

2. 相关者利益最大化目标的具体内容

相关者利益最大化目标的具体内容包括如下几个方面：

第一，强调风险与报酬的均衡，将风险限制在企业可以承受的范围内。

第二，强调股东的首要地位，并强调企业与股东之间的协调关系。

第三，强调对代理人即企业经营者的监督和控制，建立有效的激励机制以促进企业战略目标的顺利实施。

第四，关心本企业普通职工的利益，创造优美和谐的工作环境，提供合理恰当的福利待遇，培养职工长期努力为企业工作的积极性。

第五，不断加强与债权人的关系，培养可靠的资金供应者。

第六，关心客户的长期利益，以便保持销售收入的长期稳定增长。

第七，加强与供应商的协作，共同面对市场竞争，并注重企业形象的宣传，遵守承诺，讲究信誉。

第八，保持与政府部门的良好关系。

3. 相关者利益最大化目标的优点

以相关者利益最大化作为财务管理目标，具有以下优点：

第一，有利于企业长期稳定发展。这一目标注重企业在发展过程中考虑并满足各利益相关者的利益关系。在追求长期稳定发展的过程中，站在企业的角度进行投资研究，避免只站在股东的角度进行投资可能导致的一系列问题。

第二，体现了合作共赢的价值理念，有利于实现企业经济效益和社会效益的统一。由于兼顾了企业、股东、政府、客户等的利益，企业就不仅仅是一个单纯谋利的组织，还承担了一定的社会责任，企业在寻求自身的发展和利益最大化过程中，会考虑客户及其他利益相关者的利益，就会依法经营，依法管理，正确处理各种财务关系，自觉维护和切实保障国家、集体和社会公众的合法权益。

第三，这一目标本身是一个多元化、多层次的目标体系，较好地兼顾了各利益主体的利益。这一目标可使企业各利益主体相互作用、相互协调，并在使企业利益、股东利益达到最大化的同时，也使其他利益相关者利益达到最大化，也就是将企业财富这块"蛋糕"做到最大化的同时，保证每个利益主体所得的"蛋糕"更多。

第四，体现了前瞻性和现实性的统一。比如，企业作为利益相关者之一，有其一套评价指标，如未来企业报酬贴现值，股东的评价指标可以使用股票市价，债权人可以寻求风险最小、利息最大，工人可以关注工资福利，政府可考虑社会效益等。不同的利益相关者有各自的指标，只要合理合法、互利互惠、相互协调，就可以实现所有相关者利益最大化。

二、财务管理目标的矛盾与协调

将相关者利益最大化作为财务管理目标，其首要任务就是要协调相关者的利益关系，化解他们之间的利益冲突。协调相关者的利益冲突，要把握的原则是：尽可能使企业相关者的利益分配在数量上和时间上达到动态协调平衡，而在所有的利益冲突协调中，所有者与经营者、所有者与债权人的利益冲突协调又至关重要。

（一）*所有者与经营者利益冲突的协调*

在现代企业中，经营者一般不拥有占支配地位的股权，他们只是所有者的代理人。所有者期望经营者代表他们的利益工作，实现所有者财富最大化，而经营者则有其自身的利益考虑，二者的目标会经常不一致。通常而言，所有者支付给经营者报酬的多少，在于经营者能够为所有者创造多少财富。经营者和所有者的主要利益冲突，就是经营者希望在创造财富的同时，能够获取更多的报酬、更多的享受；而所有者则希望以较小的代价（支付较小的报酬）实现更多的财富。

为了协调这一利益冲突，通常可采取以下方式解决：

1. 解聘

这是一种通过所有者约束经营者的办法。所有者对经营者予以监督，如果经营者绩效不佳，就解聘经营者；经营者为了不被解聘就需要努力工作，为实现财务管理目标服务。

2. 接收

这是一种通过市场约束经营者的办法。如果经营者决策失误，经营不力，绩效不佳，该企业就可能被其他企业强行接收或吞并,相应经营者也会被解聘。经营者为了避免这种接收,就必须努力实现财务管理目标。

3. 激励

激励就是将经营者的报酬与其绩效直接挂钩,以使经营者自觉采取能提高所有者财富的措施。激励通常有两种方式:

(1)股票期权

它是允许经营者以约定的价格购买一定数量的本企业股票,股票的市场价格高于约定价格的部分就是经营者所得的报酬。经营者为了获得更大的股票涨价益处,就必然主动采取能够提高股价的行动,从而增加所有者财富。

(2)绩效股

它是企业运用每股收益、资产收益率等指标来评价经营者绩效,并视其绩效大小给予经营者数量不等的股票作为报酬。如果经营者绩效未能达到规定目标,经营者将丧失原先持有的部分绩效股。这种方式使经营者不仅为了多得绩效股而不断采取措施提高经营绩效,而且为了使每股市价最大化,也会采取各种措施使股票市价稳定上升,从而增加所有者财富。即使由于客观原因股价并未提高,经营者也会因为获取绩效股而获利。

(二)所有者与债权人的利益冲突协调

所有者的目标可能与债权人期望实现的目标发生矛盾。首先,所有者可能要经营者改变举债资金的原定用途,将其用于风险更高的项目,这会增大偿债风险,债权人的负债价值也必然会降低,造成债权人风险与收益的不对称。因为高风险的项目一旦成功,额外的利润就会被所有者独享;但若失败,债权人却要与所有者共同负担由此而造成的损失。其次,所有者可能在未征得现有债权人同意的情况下,要求经营者举借新债,因为偿债风险相应增大,从而致使原有债权的价值降低。

所有者与债权人的上述利益冲突,可以通过以下方式解决:

1. **限制性借债**

债权人通过事先规定借债用途限制、借债担保条款和借债信用条件,使所有者不能通过以上两种方式削弱债权人的债权价值。

2. **收回借款或停止借款**

当债权人发现企业有侵蚀其债权价值的意图时,采取收回债权或不再给予新借款的措施,从而保护自身权益。

第三节 财务管理的环节

财务管理工作环节是指财务管理的工作步骤和一般程序。企业财务管理一般包括以下几个环节：

一、财务预测

财务预测是企业根据财务活动的历史资料，考虑现实条件与要求，运用特定方法对企业未来的财务活动和财务成果作出科学的预计或测算。财务预测是进行财务决策的基础，是编制财务预算的前提。

1. 财务预测的任务

（1）测算企业财务活动的数据指标，为企业决策提供科学依据。

（2）预计企业财务收支的发展变化，确定企业未来的经营目标。

（3）测定各项定额和标准，为编制计划、分解计划指标提供依据。

2. 财务预测的步骤

财务预测是按照一定的程序进行的，其步骤如下：

（1）确立财务预测的目标，使预测工作有目的地进行。

（2）收集、分析财务预测的资料，并加以分类和整理。

（3）建立预测模型，有效地进行预测工作。

（4）论证预测结构果，检查和修正预测的结果，分析产生的误差及其原因，以确保目标的完成。

财务预测所采用的方法主要有两种：一是定性预测，是指企业缺乏完整的历史资料或有关变量之间不存在较为明显的数量关系下，专业人员进行的主观判断与推测；二是定量预测，是指企业根据比较完备的资料，运用数学方法，建立数学模型，进行的客观预测。实际工作中，通常将两者结合起来进行财务预测。

二、财务决策

财务决策是企业财务人员按照企业财务管理目标，利用专门方法对各种备选方案进行比较分析，并从中选出最优方案的过程。它不是拍板决定的瞬间行为，而是提出问题、分析问题和解决问题的全过程。正确的决策可使企业起死回生，错误的决策可导致企业毁于一旦，所以财务决策是企业财务管理的核心，其成功与否直接关系到企业的兴衰成败。

财务决策不同于一般业务决策，具有很强的综合性。其决策程序如下：

（1）确定决策目标

以预测数据为基础，结合本企业总体经营的部署和国家宏观经济的要求，确定决策期内企业需要实现的财务目标。

（2）提出备选方案

以确定的财务目标为主，考虑市场可能出现的变化，结合企业内外有关财务和其他经济活动资料以及调查研究材料，设计出实现财务目标的各种备选方案。

（3）选择最优方案

通过对各种可行备选方案的分析论证与对比研究，做出最优财务决策。

财务决策常用的主要方法有：比较分析法、线性规划法、概率决策法和最大最小收益值法等。

三、财务预算

财务预算是指企业运用科学的技术手段和数量方法，对未来财务活动的内容及指标进行综合平衡与协调的具体规划。财务预算是以财务决策确立的方案和财务预测提供的信息为基础编制的，是财务预测和财务决策的具体化，是财务控制和财务分析的依据，贯穿企业财务活动的全过程。

财务预算的编制程序如下：

（1）分析财务环境，确定预算指标。

（2）协调财务能力，组织综合平衡。

（3）选择预算方法，编制财务预算。

四、财务控制

财务控制是在财务管理过程中，利用有关信息和特定手段，对企业财务活动所施加的影响和进行的调节。实行财务控制是落实财务预算、保证预算实现的有效措施，也是责任绩效考评与奖惩的重要依据。

1. 财务控制实施的步骤

（1）制定控制标准，分解落实责任。

（2）实施追踪控制，及时调整误差。

（3）分析执行情况，搞好考核奖惩。

2. 财务控制的主要方法

（1）事前控制

这是在财务活动发生之前所进行的控制活动。

（2）事中控制

这是对企业生产经营活动中实际发生的各项业务活动按照计划和制度的要求进行审核，并采取措施加以控制。

（3）事后控制

这是在财务计划执行后，认真分析检查实际与计划之间的差异，采取切实的措施，消除偏差或调整计划，使差异不致扩大。

五、财务分析

财务分析是根据企业核算资料，运用特定方法，对企业财务活动过程及其结果进行分析和评价的一项工作。财务分析既是本期财务活动的总结，也是下期财务预测的前提，具有承上启下的作用。通过财务分析，可以掌握企业财务预算的完成情况，评价财务状况，研究和掌握企业财务活动的规律，改善财务预测、财务决策、财务预算和财务控制，提高企业财务管理水平。

一般而言，财务分析的内容包括：

（1）分析偿债能力

企业偿债能力分析包括短期偿债能力分析和长期偿债能力分析。短期偿债能力分析主要分析企业债务能否及时偿还。长期偿债能力分析主要分析企业资产对债务本金的支持程度和对债务利息的偿付能力。

（2）分析营运能力

营运能力分析既要从资产周转期的角度来评价企业经营活动量的大小和资产利用效率的高低，又要从资产结构的角度来分析企业资产构成的合理性。

（3）分析盈利能力

盈利能力分析主要分析企业营业活动和投资活动产生收益的能力，包括企业盈利水平分析、社会贡献能力分析、资本保值增值能力分析以及上市公司税后利润分析。

（4）分析综合财务能力

从总体上分析企业的综合财务实力，评价企业各项财务活动的相互联系和协调情况，揭示企业经济活动中的优势和薄弱环节，指明改进企业工作的主要方向。

财务分析常用的方法有对比分析法、因素分析法、趋势分析法和比率分析法等。

第四节 财务管理的环境

一、财务管理环境的概念

财务管理环境是指对企业财务活动和财务管理产生影响作用的企业内外各种条件和因素的统称，财务管理活动总是在一定的环境下进行的。企业财务管理工作作为一项重要的、高层次的企业管理工作，必须对企业所面临的财务管理环境有一个清楚的了解，否则可能会导致企业经营决策的重大失误，甚至会使企业财务工作寸步难行。

二、财务管理环境的分类

按照财务管理环境的范围，可以分为企业内部财务管理环境和企业外部财务管理环境两类。企业内部财务管理环境是指各财务个体内部的财务管理环境，主要包括企业的组织形式、执行的制度、经济结构及管理基础等条件和因素。企业外部财务管理环境是指处于财务个体之外直接或间接影响企业财务管理活动的各种条件和因素的总和。按照财务管理所处环境的性质，可以分为政治环境、经济环境、金融环境和法律环境等。

（一）政治环境

政治环境是指国家法制、社会制度、政治形势、方针政策等条件和因素的统称。政治环境是企业财务管理的大环境，它具有引导性、超经济性和强制性的特点，从整体上影响着企业财务管理活动的策划和进行。企业要认真学习有关方针政策，预测其未来发展的趋势，以便及时把握有利时机，在保证国家宏观调控目标实现的前提下，为企业自身创造有利的发展环境。

（二）经济环境

经济环境是指影响企业财务管理的各种经济因素，如经济周期、经济发展水平、通货膨胀状况、政府的经济政策等。在影响财务管理的各种外部环境中，经济环境是最为重要的。

1. 经济周期

市场经济条件下，经济发展与运行带有一定的波动性。大体上经历复苏、繁荣、衰退和萧条几个阶段的循环，这种循环叫作经济周期。

在不同的经济周期，企业应采用不同的财务管理战略。

2. 经济发展水平

财务管理的发展水平是和经济发展水平密切相关的，经济发展水平越高，财务管理水平也越高。财务管理水平的提高，将推动企业降低成本，改进效率，提高效益，从而促进经济发展水平的提高；而经济发展水平的提高，将改变企业的财务战略、财务理念、财务管理模式和财务管理的方法手段，从而促进企业财务管理水平的提高。财务管理应当以经济发展水平为基础，以宏观经济发展目标为导向，从业务工作角度保证企业经营目标和经营战略的实现。

3. 宏观经济政策

一个国家的经济政策，如国家的产业政策、财税政策、金融政策、外汇政策、外贸政策、货币政策等，对企业的财务管理活动都有重要影响。如：金融政策中的货币发行量、信贷规模会影响企业投资的资金来源和投资的预期收益；财税政策会影响企业的资金结构和投资项目的选择等；价格政策会影响资金的投向和投资的回收期及预期收益；会计制度的改革会影响会计要素的确认和计量，进而对企业财务活动的事前预测、决策及事后的评价产生影响；等等。

4. 通货膨胀水平

通货膨胀对企业财务活动的影响是多方面的。主要表现在：

（1）引起资金占用的大量增加，从而增加企业的资金需求。

（2）引起企业利润虚增，造成企业资金由于利润分配而流失。

（3）引起利润上升，加大企业的权益资金成本。

（4）引起有价证券价格下降，增加企业的筹资难度。

（5）引起资金供应紧张，增加企业的筹资困难。

为了减轻通货膨胀对企业造成的不利影响，企业应当采取措施予以防范。在通货膨胀初期，货币面临着贬值的风险，这时企业进行投资可以避免风险，实现资本保值；与客户应签订长期购货合同，以减少物价上涨造成的损失；取得长期负债，保持资本成本的稳定。在通货膨胀持续期，企业可以采用比较严格的信用条件，减少企业债权；调整财务政策，防止和减少企业资本流失；等等。

（三）金融环境

金融环境是企业财务管理最主要的环境因素。财务管理的金融环境主要包括金融机构、金融工具、金融市场和利率四个方面。

1. 金融机构

金融机构包括银行金融机构和非银行金融机构两部分。银行金融机构主要包括中国人民银行、各种商业银行以及政策性银行等。非银行金融机构包括金融资产管理公司、信托投资公司、财务公司和金融租赁公司等。

2. 金融工具

金融工具是指在信用活动中产生的、能够证明债权债务关系并据以进行货币资金交易的合法凭证，它对于债权债务双方所应承担的义务与享有的权利均具有法律效力。金融工具一般具有期限性、流动性、风险性和收益性四个基本特征。金融工具按其期限，可分为货币市场工具和资本市场工具两类：前者主要包括商业票据、国库券（国债）、可转让大额定期存单、回购协议等；后者主要包括股票和债券等。

3. 金融市场

金融市场是由个人、组织机构以及把资金需求者和供给者联系在一起的金融工具和程序所组成的一个系统。任何需要货币和提供货币的个人和组织都能在金融市场这个系统中进行交易。与那些实物产品交易市场（如农产品、设备、物资、汽车等市场）不同，金融市场交易的对象是股票、债券、抵押品和其他能在未来产生现金流量的实物资产要求权，交易活动包括货币的借贷、外汇的买卖、证券的发行与流通、黄金价格的确定与买卖等。

金融市场可以按照不同的标准进行分类。

（1）货币市场和资本市场

以期限为标准，金融市场可分为货币市场和资本市场。货币市场又称短期金融市场，是指以期限在1年以内的金融工具为媒介，进行短期资金融通的市场，包括同业拆借市场、票据市场、大额定期存单市场和短期债券市场。货币市场的主要功能是调节短期资金融通。

其主要特点是：

第一，期限短。一般为 3～6 个月，最长不超过 1 年。

第二，交易目的是解决短期资金周转。它的资金来源主要是资金所有者暂时闲置的资金，融通资金的用途一般是弥补短期资金的不足。

第三，金融工具有较强的"货币性"，具有流动性强、价格平稳、风险较小等特性。

资本市场又称长期金融市场，是指以期限在 1 年以上的金融工具为媒介，进行长期资金交易活动的市场，包括股票市场和债券市场。资本市场的主要功能是实现长期资本融通。其主要特点是：

其一，融资期限长，至少 1 年以上，最长可达 10 年以上。

其二，融资目的是解决长期投资性资本的需要，用于补充长期资本，扩大生产能力。

其三，资本借贷量大。

其四，收益较高但风险也较大。

（2）发行市场和流通市场

以功能为标准，金融市场可分为发行市场和流通市场。发行市场又称为一级市场，它主要处理金融工具的发行与最初购买者之间的交易；流通市场又称为二级市场，它主要处理现有金融工具转让和变现的交易。

（3）资本市场、外汇市场和黄金市场

以融资对象为标准，金融市场可分为资本市场、外汇市场和黄金市场。资本市场以货币和资本为交易对象，外汇市场以各种外汇金融工具为交易对象，黄金市场则是集中进行黄金买卖和金币兑换的交易市场。

（4）基础性金融市场和金融衍生品市场

按所交易金融工具的属性，金融市场可分为基础性金融市场与金融衍生品市场。基础性金融市场是指以基础性金融产品为交易对象的金融市场，如商业票据、企业债券、企业股票的交易市场；金融衍生品交易市场是指以金融衍生品为交易对象的金融市场，如远期、期货、掉期（交换）、期权，以及具有远期、期货、掉期（交换）、期权中一种或多种特征的结构化金融工具的交易市场。

（5）地方性金融市场、全国性金融市场和国际性金融市场

以地理范围为标准，金融市场可分为地方性金融市场、全国性金融市场和国际性金融市场。

4. 利率

利率也称利息率，是利息占本金的百分比。从资金的借贷关系看，利率是一定时期运用资金资源的交易价格。如同任何商品的价格是由供应和需求两方面来决定一样，利率主要由资金的供给和需求来决定。特殊的是，除此之外，经济周期、通货膨胀、国家货币政策和财政政策、国际经济政治关系、国家利率管制程度等，对利率的变动都有不同程度的影响。利率通常由三部分组成：纯利率、通货膨胀补偿率（或称通货膨胀贴水）和风险收

益率。这样，利率的一般计算公式如下：

利率 = 纯利率 + 通货膨胀补偿率 + 风险收益率

（1）纯利率

是指没有风险和通货膨胀情况下的均衡利率。影响纯利率的基本因素是资金供应量和需求量，因而纯利率不是一成不变的，它随资金供求的变化而不断变化。精确测定纯利率是非常困难的，在实际工作中，通常以无通货膨胀情况下无风险证券利率来代表纯利率。

（2）通货膨胀补偿率

是指由于通货膨胀会降低货币的实际购买力，为弥补其购买力损失而在纯利率的基础上加上通货膨胀补偿率。资金的供应者在通货膨胀的情况下，必然要求提高利率以补偿其购买力损失，所以无风险证券的利率，除纯利率之外还应加上通货膨胀因素，以补偿通货膨胀所遭受的损失。例如，政府发行的短期无风险证券（如国库券）的利率就是由这两部分内容组成的。其表达式为：

短期无风险证券利率 = 纯利率 + 通货膨胀补偿率

（3）风险收益率

包括违约风险收益率、流动性风险收益率和期限风险收益率等。其中，违约风险收益率是指为了弥补因债务人无法按时还本付息而带来的风险，由债权人要求提高的利率；流动性风险收益率是指为了弥补因债务人资产流动性不好而带来的风险，由债权人要求提高的利率；期限风险收益率是指为了弥补因偿债期长而带来的风险，由债权人要求提高的利率。

（四）法律环境

国家管理经济活动和经济关系的手段包括行政手段、经济手段和法律手段三种。市场经济是法制经济，企业的一切经济活动总是在法律规定的一定范围内进行的。法律既对企业的经济行为进行约束，也为企业从事各种合法经济活动提供保护。法律环境主要包括企业组织法规、税务法规、财务会计法规等，是指企业所处社会的法制建设及其完善程度。企业和外部发生经济关系时必须遵守这些法律、法规和规章制度。它们通过规范市场经济主体而使市场经济的微观基础得以规范化。法律在市场经济中的重大作用表现在：维护市场主体的平等地位、意志自由和正当权益，规范市场主体的行为和企业所有者、债权人和经营者的权利和义务，维护社会经济秩序，保证党的基本路线和国家的各项方针政策得到贯彻实施。

企业财务管理中应遵循的法律法规主要包括：

1. 企业组织法

企业是市场经济的主体，不同组织形式的企业所适用的法律不同。按照国际惯例，企业划分为独资企业、合伙企业和公司制企业，各国均有相应的法律来规范这三类企业的行为，因此不同组织形式的企业在进行财务管理时，必须熟悉其企业组织形式对财务管理的影响，从而做出相应的财务决策。

2. 税收法规

税法是税收法律制度的总称，是调整税收征纳关系的法规规范。与企业相关的税种主要有以下五种：

（1）所得税类：包括企业所得税、个人所得税。

（2）流转税类：包括增值税、消费税、营业税、城市维护建设税。

（3）资源税类：包括资源税、土地使用税、土地增值税。

（4）财产税类：财产税。

（5）行为税类：印花税、车船使用税、屠宰税。

3. 财务法规

企业财务法规制度是规范企业财务活动，协调企业财务关系的法令文件。我国目前企业财务管理法规制度有企业财务通则、行业财务制度和企业内部财务制度三个层次。

4. 其他法规

如《证券交易法》《票据法》《银行法》等。

从整体上说，法律环境对企业财务管理的影响和制约主要表现在以下方面：在筹资活动中，国家通过法律规定了筹资的前提条件和基本程序，如《公司法》就对公司发行债券和股票的条件做出了严格的规定。

在投资活动中，国家通过法律规定了投资的方式和条件，如《公司法》规定股份公司的发起人可以用货币资金出资，也可以用实物、工业产权、非专利技术、土地使用权作价出资，规定了投资的基本程序、投资方向和投资者的出资期限及违约责任，如企业进行证券投资必须按照《证券法》所规定的程序来进行，企业投资必须符合国家的产业政策，符合公平竞争的原则。

在分配活动中，国家通过法律如《税法》《公司法》《企业财务通则》及《企业财务制度》规定了企业成本开支的范围和标准，企业应缴纳的税种及计算方法，利润分配的前提条件、去向、一般程序及重大比例。在生产经营活动中，国家规定的各项法律也会引起财务安排的变动或者说在财务活动中必须予以考虑。

第二章 财务管理的价值观念

第一节 资金的时间价值

一、资金时间价值的概念和条件

（一）资金时间价值的概念

资金的时间价值是指在不考虑风险和通货膨胀的情况下，一定量资金在不同时点上价值量的差额，也称为货币的时间价值。资金在周转过程中会随着时间的推移而发生增值，使资金在投入、收回的不同时点上价值不同，形成价值差额。

日常生活中，经常会遇到这样一种现象，一定量的资金在不同时点上具有不同价值，现在的1元钱比将来的1元钱更值钱。例如我们现在有1000元，存入银行，银行的年利率为5%，1年后可得到1050元，于是现在1000元与1年后的1050元相等。因为这1000元经过1年的时间增值了50元，这增值的50元就是资金经过1年时间的价值。同样，企业的资金投到生产经营中，经过生产过程的不断运行、资金的不断运动，随着时间的推移，会创造新的价值，使资金得以增值。因此，一定量的资金投入生产经营或存入银行，会取得一定的利润和利息，从而产生资金的时间价值。

（二）资金时间价值产生的条件

资金时间价值产生的前提条件，是由于商品经济的高度发展和借贷关系的普遍存在，出现了资金使用权与所有权的分离。资金的所有者把资金使用权转让给使用者，使用者必须把资金增值的一部分支付给资金的所有者作为报酬。资金占用的金额越大，使用的时间越长，所有者所要求的报酬就越高。资金在周转过程中的价值增值是资金时间价值产生的根本源泉。

（三）资金时间价值的表示形式

资金的时间价值可用绝对数（利息）和相对数（利息率）两种形式表示，通常用相对数表示。资金时间价值的实质是没有风险和没有通货膨胀条件下的社会平均资金利润率，是企业资金利润率的最低限度，也是使用资金的最低成本率。

二、一次性收付款项的终值和现值

由于资金在不同时点上具有不同的价值,不同时点上的资金就不能直接比较,必须换算到相同的时点上才能比较,因此掌握资金时间价值的计算就很重要。资金时间价值的计算包括一次性收付款项和非一次性收付款项(年金)的终值、现值。

一次性收付款项是指在某一特定时点上一次性支出或收入,经过一段时间后再一次性收回或支出的款项。例如,现在将一笔10 000元的现金存入银行,5年后一次性取出本利和。资金时间价值的计算,涉及两个重要的概念:现值和终值。现值又称本金,是指未来某一时点上的一定量现金折算到现在的价值。终值又称将来值或本利和,是指现在一定量的现金在将来某一时点上的价值。由于终值与现值的计算与利息的计算方法有关,而利息的计算有复利和单利两种,因此终值与现值的计算也有复利和单利之分。在财务管理中,一般按复利来计算。

(一) 单利的现值和终值

单利是指只对本金计算利息,利息部分不再计息,通常用 P 表示现值,F 表示终值,i 表示利率(贴现率、折现率),n 表示计算利息的期数,I 表示利息。

1. 单利的利息

$$I = P \times i \times n$$

2. 单利的终值

$$F = P \times (1 + i \times n)$$

3. 单利的现值

$$P = F / (1 + i \times n)$$

(二) 复利的现值和终值

复利是指不仅对本金要计息,而且对本金所生的利息,也要计息,即"利滚利"。

1. 复利的终值

复利的终值是指一定量的本金按复利计算的若干年后的本利和。

复利终值的计算公式为:

$$F = P \times (1 + i)^n$$

上式中 $(1+i)^n$ 称为"复利终值系数"或"1元复利终值系数",用符号 $(F/P, i, n)$ 表示,其数值可查阅1元复利终值表。

2. 复利的现值

复利现值是指在将来某一特定时间取得或支出一定数额的资金,按复利折算到现在的价值。复利现值的计算公式为:

$$P = F / (1+i)^n = F \times (1+i)^{-n}$$

式中的 $(1+i)^{-n}$ 称为"复利现值系数"或"1元复利现值系数",用符号 $(P/S, i, n)$ 表示,其数值可查阅1元复利现值表。

3. 名义利率和实际利率

在前面的复利计算中，所涉及的利率均假设为年利率，并且每年复利一次。但在实际业务中，复利的计算期不一定是1年，可以是半年、一季、一月或一天复利一次。当利息在一年内要复利几次时，给出的年利率称为名义利率，用 r 表示，根据名义利率计算出的每年复利一次的年利率称实际利率，用 I 表示。实际利率和名义利率之间的关系如下：

$$i = \left(1 + \frac{r}{m}\right)^m - 1$$

式中的 m 表示每年复利的次数。

三、年金的终值和现值

年金是指一定时期内，每隔相同的时间，收入或支出相同金额的系列款项。例如折旧、租金、等额分期付款、养老金、保险费、零存整取等都属于年金问题。年金具有连续性和等额性特点。连续性要求在一定时间内，间隔相等时间就要发生一次收支业务，中间不得中断，必须形成系列。等额性要求每期收、付款项的金额必须相等。

年金根据每次收付发生的时点不同，可分为普通年金、预付年金、递延年金和永续年金四种。

（一）普通年金

1. 普通年金的终值

普通年金是指在每期的期末，间隔相等时间，收入或支出相等金额的系列款项。每一间隔期，有期初和期末两个时点，由于普通年金是在期末这个时点上发生收付，故又称后付年金。

2. 年偿债基金

计算年金终值，一般是已知年金，然后求终值。有时我们会碰到已知年金终值，反过来求每年支付的年金数额，这是年金终值的逆运算，我们把它称作年偿债基金的计算，计算公式如下：

$$A = FA \times \frac{i}{(1+i)^n - 1}$$

$\frac{i}{(1+i)^n - 1}$ 称作"偿债基金系数"，记为 $(A/F,i,n)$，可查偿债基金系数表，也可根据年金终值系数的倒数来得到，即 $(A/F,i,n) = 1/(F/A,i,n)$。利用偿债基金系数可把年金终值折算为每年需要支付的年金数额。

3. 普通年金的现值

普通年金的现值是指一定时期内每期期末等额收支款项的复利现值之和。实际上就是指为了在每期期末取得或支出相等金额的款项。

4. 年回收额

在已知年金的条件下，计算年金的现值，也可以反过来在已知年金现值的条件下，求年金，这是年金现值的逆运算，可称作年回收额的计算，计算公式如下：
$$A = PA \times \frac{i}{1-(1+i)^{-n}}$$
$\frac{i}{1-(1+i)^{-n}}$ 称作"回收系数"，记作 $(A/P,i,n)$，是年金现值系数的倒数，可查表获得，也可利用年金现值系数的倒数来求得。

（二）预付年金

预付年金是指每期收入或支出相等金额的款项是发生在每期的期初，而不是期末，也称先付年金或即付年金。

预付年金与普通年金的区别在于收付款的时点不同，普通年金在每期的期末收付款项，预付年金在每期的期初收付款项。

（三）递延年金

前两种年金的第一次收付时间都发生在整个收付期的第一期，要么在第一期期末，要么在第一期期初，但有时会遇到第一次收付不发生在第一期，而是隔了几期后才在以后的每期期末发生一系列的收支款项。这种年金形式就是递延年金，它是普通年金的特殊形式。因此，凡是不在第一期开始收付的年金，称为递延年金。

（四）永续年金

永续年金是指无限期的收入或支出相等金额的年金，也称永久年金。它也是普通年金的一种特殊形式，由于永续年金的期限趋于无限，没有终止时间，因而也没有终值，只有现值。

第二节 风险与报酬

一、风险的概念

风险是指一定条件下、一定时期内，某一项行动具有多种可能但结果不确定。风险产生的原因是由于缺乏信息和决策者不能控制未来事物的发展过程而引起的。风险具有多样性和不确定性，可以事先估计采取某种行动可能导致的各种结果，以及每种结果出现的可能性大小，但无法确定最终结果是什么。例如，掷一枚硬币，我们可事先知道硬币落地时有正面朝上和反面朝上两种结果，并且每种结果出现的可能性各为50%，但谁也无法事先知道硬币落地时是正面朝上还是反面朝上。

值得注意的是，风险和不确定性是不同的。不确定性是指对于某种行动，人们知道可能出现的各种结果，但不知道每种结果出现的概率，或者可能出现的各种结果及每种结果出现的概率都不知道，只能做出粗略的估计。如购买股票，投资者无法在购买前确定所有可能达到的期望报酬率以及该报酬率出现的概率。风险性问题出现的各种结果的概率则一般可事先估计和测算，只是不准确而已。如果对不确定性问题先估计一个大致的概率，则不确定性问题就转化为风险性问题了。在财务管理的实务中，对两者不做严格区分。讲到风险，可能是指一般意义上的风险，也可能指不确定性问题。

风险是客观的、普遍的，广泛地存在于企业的财务活动中，并影响着企业的财务目标。由于企业的财务活动经常是在有风险的情况下进行的，各种难以预料和无法控制的原因，可能使企业遭受风险，蒙受损失。如果只有损失，没人会去冒风险，企业冒着风险投资的最终目的是为了得到额外收益。因此风险不仅带来预期的损失，而且可带来预期的收益。仔细分析风险，以承担最小的风险来换取最大的收益，就十分必要。

二、风险的类型

企业面临的风险主要有如下两种分类方法：

（一）根据风险是否可以分散，可以将风险分为市场风险和企业特有风险

1. 市场风险

市场风险是指影响所有企业的风险。它由企业的外部因素引起，企业无法控制、无法分散，涉及所有的投资对象，又称系统风险或不可分散风险，如战争、自然灾害、利率的变化、经济周期的变化等。

2. 企业特有风险

企业特有风险是指个别企业的特有事件造成的风险。它是随机发生的，只与个别企业和个别投资项目有关，不涉及所有企业和所有项目，可以分散，又称非系统风险和可分散风险，如产品开发失败、销售份额减少、工人罢工等。

（二）根据风险形成的原因不同分为经营风险和财务风险

1. 经营风险

经营风险是指由于企业生产经营条件的变化对企业收益带来的不确定性，又称商业风险。这些生产经营条件的变化可能来自企业内部的原因，也可能来自企业外部的原因，如顾客购买力发生变化、竞争对手增加、政策变化、产品生产方向不对路、生产组织不合理等。这些内外因素，使企业的生产经营产生不确定性，最终引起收益变化。

2. 财务风险

财务风险是指由于企业举债而给财务成果带来的不确定性，又称筹资风险。企业借款，虽可以解决企业资金短缺的困难、提高自有资金的盈利能力，但也改变了企业的资金结构和自有资金利润率，还须还本付息，并且借入资金所获得的利润是否大于支付的利息额，具有不确定性，因此借款就有风险。在全部资金来源中，借入资金所占的比重大，企业的负担就重，风险程度也就增加；借入资金所占的比重小，企业的负担就轻，风险程度也就

减轻。因此，必须确定合理的资金结构，既提高资金盈利能力，又防止财务风险加大。

三、风险报酬的概念

如上所述，企业的财务活动和经营管理活动总是在有风险的状态下进行的，只不过风险有大有小。投资者冒着风险投资，是为了获得更多的报酬，冒风险越大，要求的报酬就越高。风险和报酬之间存在密切的对应关系，高风险的项目必然有高报酬，低风险的项目必然低报酬。因此，风险报酬是投资报酬的组成部分。

那么，什么是风险报酬呢？它是指投资者冒着风险进行投资而获得的超过货币时间价值的那部分额外收益，是对人们所遇到的风险的一种价值补偿，也称风险价值。它的表现形式可以是风险报酬额或风险报酬率。在实务中一般以风险报酬率来加以计量。

如果不考虑通货膨胀因素，投资报酬率就是时间价值率与风险报酬率之和。

通过风险报酬率这一概念也可以看到，单纯的风险分析并没有多大意义，只有将风险与报酬联系起来，风险分析才具有实际意义。

四、单项资产的风险与报酬

既然风险具有普遍性和广泛性，那么正确地衡量风险就十分重要。由于风险是可能值对期望值的偏离，因此利用概率分布、期望值和标准差来计算与衡量风险的大小，是一种最常用的方法。

（一）概率分布

在完全相同的条件下，某一事件可能发生也可能不发生，可能出现这种结果也可能出现另外一种结果，这类事件称为随机事件。概率就是用来反映随机事件发生的可能性大小的数值，一般用 X 表示随机事件，x_i 表示随机事件的第 i 种结果，P_i 表示第 i 种结果出现的概率。一般随机事件的概率在 0 与 1 之间，即 $0 \leq P \leq 1$，P_i 越大，表示该事件发生的可能性越大，反之，P_i 越小，表示该事件发生的可能性越小。所有可能的结果出现的概率之和一定为 1，即 $\Sigma P_i = 1$ 肯定发生的事件概率为 1，肯定不发生的事件概率为 0。

（二）期望值

期望值是指可能发生的结果与各自概率之积的加权平均值，反映投资者的合理预期，用 E 表示，根据概率统计知识，一个随机变量的期望值为：

$$E = \sum_{i=1}^{n} X_i P_i$$

（三）标准差

标准差是用来衡量概率分布中各种可能值对期望值的偏离程度，反映风险的大小，标准差用 σ 表示。标准差的计算公式为：

$$\sigma = \sqrt{\sum_{i=1}^{n}(X_i - E)^2 \times P_i}$$

标准差用来反映决策方案的风险，是一个绝对数。在 n 个方案的情况下，若期望值相同，则标准差越大，表明各种可能值偏离期望值的幅度越大，结果的不确定性越大，风险也越大；反之，标准差越小，表明各种可能值偏离期望值的幅度越小，结果的不确定越小，则风险也越小。

（四）标准差系数

标准差作为反映可能值与期望值偏离程度的一个指标，可用来衡量风险，但它只适用于在期望值相同条件下风险程度的比较，对于期望值不同的决策方案则不适用。于是，我们引入标准差系数这个概念。标准差系数是指标准差与期望值的比值，也称离散系数，用 q 表示，计算公式如下：

$$q = \frac{\sigma}{E}$$

标准差系数是一个相对数，在期望值不同时，标准差系数越大，表明可能值与期望值偏离程度越大，结果的不确定性越大，风险也越大；反之，标准差系数越小，表明可能值与期望值偏离程度越小，结果的不确定性越小，风险也越小。

（五）风险报酬率

各投资项目的风险大小是不同的，在投资报酬率相同的情况下，人们都会选择风险小的项目。也就是说，高风险的项目必须有高报酬，否则就没有人投资；低报酬的投资项目必须低风险，否则也没有人投资。因此，风险和报酬的基本关系是风险越大要求的报酬率越高，这是市场竞争的结果。

五、证券投资组合的风险与报酬

证券投资充满了各种各样的风险，为了规避风险，可采用证券投资组合的方式，即投资者在进行证券投资时，不是将所有的资金都投向单一的某种证券，而是有选择地投向多种证券，这种做法就叫证券的投资组合或者投资的多样化。

（一）证券组合投资的期望收益率

$$\bar{K}_p = \sum_{i=1}^{n} K_i \cdot W_i$$

式中：$\bar{K}_p$——证券组合投资的期望收益率；

K_i——第 i 种证券的期望收益率；

W_i——第 i 种证券价值占证券组合投资总价值的比重；

n——证券组合中的证券数。

（二）证券组合投资的风险

证券组合投资的期望收益率可由各个证券期望收益率的加权平均而得，但证券组合投资的风险并不是各个证券标准差的加权平均数，即 $\sigma_p \neq \sum_{i=1}^{n} \sigma_i \cdot w_i$，证券投资组合理论研究表明，理想的证券组合投资的风险一般要小于单独投资某一证券的风险，通过证券投资组合可以规避各证券本身的非系统性风险。

（三）证券投资组合的风险收益

1. 证券投资组合的风险收益

投资者进行证券投资，就要求对承担的风险进行补偿，股票的风险越大，要求的收益率就越高。由于证券投资的非系统性风险可通过投资组合来抵消，投资者要求补偿的风险主要是系统性风险，因此证券投资组合的风险收益是投资者因承担系统性风险而要求的超过资金时间价值的那部分额外收益。其计算公式为：

$$R_p = \beta_p (K_m - R_f)$$

式中：R_p——证券组合的风险收益率；

β_p——证券组合的 β 系数；

K_m——市场收益率，证券市场上所有股票的平均收益率；

R_f——无风险收益率，一般用政府公债的利率来衡量。

2. 证券投资的必要收益率

证券投资的必要收益率等于无风险收益率加上风险收益率，即：

$$K_i = R_f + \beta (K_m - R_f)$$

这就是资本资产计价模型（CAPM）。

式中：K_i——第 i 种股票或证券组合的必要收益率；

β——第 i 种股票或证券组合的 β 系数；

K_m——市场收益率，证券市场上所有股票的平均收益率；

R_f——无风险收益率。

第三章 筹资管理的创新

第一节 筹资管理概述

筹资也就是资金的筹集，可谓是一个企业发展生息的根本和命脉。没有充足的资金来源，企业将面临举步维艰的境地，难以运转，更谈不到发展。可以说筹资是每一个企业都无法忽视的重大问题。企业的筹资方式基本分为债务性和权益性两大类，这两种方式在保有自己的优势的同时也各自存在着不同的风险。

一、筹资的概念

筹资是指企业依据其经营、投资、资本结构调整的需要，通过特定方式和渠道获得所需资金的方式。它是资金运作的起点，筹资的成败决定了企业可运用资金的规模，也即企业自身生存、发展、壮大之可行性的判断依据。一个资金来源充足，资金运转灵活的企业在竞争中才能占有绝对的优势，在各种危机中才能充分显露出自身优势，脱颖而出。毋庸置疑，充足的资金是企业创建、发展、日常经营的有力保障。

二、筹资的动机和分类

（一）筹资的动机和目的

创建企业，开展日常经营活动，扩大生产经营规模，需要筹集资金。企业筹集资金的目的，总的来说是为了获取资金，但具体到各个企业，筹集目的可能有所不同，主要包括以下几个方面：

1. 满足设立企业的需要

按照我国有关法规的规定，企业设立时，必须有法定的资本金，用于购置厂房、机器设备和购买原材料等。因此，要设立一个企业，必须筹集资金作为财务活动的起点。

2. 满足生产经营的需要

为满足生产经营需要而进行的筹资活动是企业最为经常性的财务活动，一是满足简单再生产的资金需要，二是满足扩大再生产的资金需要。这些都需要大量的资金投入，必须作为筹资的重点，确保资金能及时到位，否则将影响企业有效取得经营成果。

3. 满足资金结构调整的需要

企业的资金结构，是由企业采用各种筹资方式而形成的。资金结构具有相对的稳定性，但随着经济状况的改变、企业经营条件的改变等，资金结构也应做相应的调整。资金结构的调整是企业为降低筹资风险、减少资金成本而对资本与负债之间的比例关系进行的调整，属于企业重大的财务决策事项，也是企业筹资管理的重要内容。

4. 谋求企业发展壮大的需要

在市场竞争中，企业只有不断地进行自我强化、自我创新和自我发展，才能立于不败之地。这就要求企业不断地开发新产品，提高产品质量，改进生产工艺技术，开拓企业经营领域和不断扩大生产经营规模，而这一切都是以资金的不断投放作为保证的，企业发展壮大需要筹集资金。

（二）筹资的分类

1. 按照资金的来源渠道不同，分为权益筹资和负债筹资

权益筹资是企业依法取得并长期拥有自主调配运用的资金。企业通过发行股票、吸收直接投资和内部积累等方式而筹集的资金都属于企业的权益筹资。负债筹资是企业依法取得并依约运行，按期偿还的资本。企业通过发行债券、向银行借款和融资租赁等方式而筹集的资金属于企业的负债筹资。

2. 按照是否通过金融机构筹资分为直接筹资和间接筹资

直接筹资是指企业不借助银行等金融机构，直接与资本所有者协商融通资本的一种筹资活动。具体而言，直接筹资主要有直接投入资本、发行股票债券和商业信用等筹资方式。间接筹资是指企业借助银行等金融机构而融通资本的一种筹资活动，这是一种传统的筹资类型。间接筹资主要有银行借款、租赁等筹资方式。

3. 按照所筹资金使用期限的长短分为短期资金和长期资金

短期资金是指供短期使用的资金，一般为一年以内。短期资金主要用于现金、应收账款、材料采购及发放工资等，一般在短期内可以收回。短期资金可以用商业信用、银行短期借款、商业票据等方式来筹集。长期资金是指供长期使用的资金，一般在一年以上。长期资金一般采用发行股票、债券和银行中长期借款等方式筹集。

三、筹资原则

（一）规模适当原则

企业的资金需求量往往是不断波动的，财务人员要认真分析调研企业生产、经营状况，采用一定的方法，预测资金的需求数量，合理确定筹资规模。这样，既能避免因资金筹集不足影响生产经营的正常进行，又可防止资金筹集过多，造成资金闲置。

（二）筹措及时原则

企业财务人员在筹集资金时必须熟知资金时间价值的原理和计算方法，以便根据资金需求的具体情况，合理安排资金的筹集时间，适时获取所需资金。这样，既能避免过早筹集资金形成资金投放前的闲置，又能防止取得资金的时间滞后，错过资金投放的最佳时机。

（三）来源合理原则

资金的来源渠道和资金市场为企业提供了资金的源泉和筹集场所，反映了资金的分布状况和供求关系，决定着筹资的难易程度。不同来源的资金，对企业的收益和成本有着不同的影响。因此，企业应认真研究资金渠道和资金市场，合理选择资金来源。

（四）方式经济原则

在确定筹资数量、筹资时间、资金来源的基础上，企业在筹资时还必须认真研究各种筹资方式。企业筹集资金必须付出一定的代价，不同筹资方式条件下的资金成本有高有低。为此，就需要对各种筹资方式进行分析、对比，选择最佳的筹资方式，确定合理的资金结构，以便降低成本，减少风险。

四、筹资的渠道

资金渠道是指资金来源的方向，具体包括：国家财政资金，银行信贷资金，其他企业、个人、外商投入资金，发行股票、债券、融资租赁、商业信用融资等。

（一）国家财政资金

财政拨款、财政补贴、税收减免、税前还贷都属于国家财政资金来源。这种方式通过国家直接投入现金或减少现金收缴的方式，直接增加企业流动资金数量，为企业运营提供资金保障，是最直观明了的资金来源渠道。

（二）银行信贷资金

即我们常说的银行借款，是企业与银行或其他金融机构签订借款合同，约定期限还本付息的资金融通行为，此种筹资方式优点是速度快、方便快捷，缺点是在筹资数额上限制较多。银行借款可依据借款期限的长短分为长期借款、中期借款、短期借款。借款期限越长，所需支付利息越多，但同时赢得较长的资金时间价值，可以延长企业运营周期为企业经营带来便利。相反地，短期借款还款周期短，利息支出少，适合于资金回收快、周转期限短的投资项目。因此，选择此种筹资方式，必须依据企业实际生产经营状况统筹安排融资数量及期限，使融资效益最大化。

（三）其他企业、个人、外商投入资金

吸收企业和个人以现金、实物等有形资产，非专利技术、土地使用权等无形资产进行的投资，也是企业重要的筹资方式，能大大提升企业生产经营能力，提高企业知名度及信誉度。此种方式筹资的弊端是产权清晰程度较差，往往难以完全明晰。

（四）发行股票、债券

发行股票是股份有限公司筹措自有资金的一种方式。股票是一种有价证券，是持股人拥有公司股份的证明，采用这种方式筹集资金，优点是风险小，不须偿还，并且不受使用期限制约，募集资金数量往往较大，是股份制公司最基本的筹资方式；缺点是分散了公司的控制权。至于发行企业债券，可以有效掌握公司的控制权，却需要到期偿还，并且所筹资金数量要远小于发行股票所得。

（五）融资租赁

融资租赁是一种融资与融物相结合的筹资方式，相对于前几种方式，它属于较新的筹资方式。这种方式是租赁公司依照企业要求，出资购买设备，在比较长的时间内，以签订书面合同的形式租给企业使用的信用业务。这种方式能使企业前期投入较少资金的情况下，迅速使用所需设备投入生产，既能避免现有资源的闲置浪费，又能规避设备陈旧带来的风险。缺陷是资金成本较高，即相当于以分期付款还本付息的方式购入设备。

（六）商业信用

商业信用是企业与企业之间最直接的信用方式，表现为购销中延期付款或预收账款。主要有应收账款、预收货款、票据贴现等。这种筹资方式便利快捷，但由于可融通期限一般均较短，因此，只是企业的一种短期融资行为，所融通的资金也仅限于短期周转使用，对于长期经营规划无明显作用。

五、企业筹资风险

（一）筹资风险内涵

企业的筹资管理风险也可以称为财务风险管理，它指企业在谋求自身壮大发展的过程中，或为运行新的项目投资，或为开发新型产品、发掘新型运作经营模式，或为在原有生产运作模式之上进一步引进新技术和新设备，持续扩张经营规模，开发新合作项目和新型成果，而需要对企业的未来阶段支出成本、运作资金数额进行预测、估算的过程。在此过程中，企业的债券发行、对外贷款筹集资金活动会从不同程度上加重企业的资金运作负担和债务偿还负担。并且，企业在举债经营的过程中，其盈利利润与债务偿还利息都处于变动之中，更加剧了企业在维持经营盈利的同时，按期限偿还债务利息的风险因素。企业如果能够控制筹资过程中产生的风险，有助于其持续正常经营，还能实现长期发展目标。

（二）筹资风险的特点

企业筹资风险不仅是客观存在的，也是无法逃避的。企业的筹资风险主要是指由于债务融资所导致的股东收益的可变性和偿债能力的不确定性。第一，资金来源变化所造成的股东收益的可变性。根据资金成本等相关理论我们知道：在投资收益率高于负债利息率的前提下，企业的负债率越高，自有资金的收益率越高，股东的收益也越高；反之，在投资收益率低于负债利息率的情况下，企业的负债率越高，自有资金的收益率越低，股东收益不确定性越大。第二，资金来源变化所造成的偿债能力的不确定性。这种不确定是由于债务融资必须按事先的约定支付固定的利息，企业的负债率越高，需要支付的利息费用数量越大，企业丧失现金偿付能力的可能性就越大。

（三）筹资风险的分类

筹资风险可以说是前一次资本循环所有风险的延续，特别是前一次循环中投资风险收益分配风险对本次循环的筹资风险有着直接的影响。它按照不同的标准可以分为不同的种类，原则上应以满足评估和控制筹资风险的信息要求为标准，本文分为现金性筹资风险和收支性筹资风险两类。

第一，现金性筹资风险，有时也被称为支付性筹资风险，指的是在某一特定的时间点上，举债经营的企业现金流出量超过现金流入量，从而造成没有现金或没有足够的现金偿还到期债务本息的可能性。

第二，收支性筹资风险是指企业在收支不抵的状况下发生的无力偿还到期债务本息的可能性。负债不变的情况下，如果企业收不抵支，也就意味着经营出现了亏损，亏损额必然要中和等量的净资产，那么作为偿债保障的总资产将减少，企业的偿债能力便会不断萎缩。

（四）企业筹资风险管理的必要性

1.企业生产中的不确定因素

在企业的生产运作过程中，除去额外资金支出项目和投资举债项目，其自身也存在着经营、发展的不确定因素。企业的正常经营收益受到市场行业变动、劳动力与资源、原材料变动、政策导向变动等多种因素影响。如果企业在对外发行债券、股票实现资金筹集的过程中，同时实施向第三方贷款的方式筹集资金，则企业股东要承担企业的生产运作风险加上举债筹资风险。假如企业的筹资管理风险控制工作有失误，造成企业盈利不够偿还负债利息，那么要便用企业股东名下的出资金额支付债务利息，甚至会造成企业失去债务偿还能力而直接进入破产清算程序。公司企业在筹资举债经营过程中，需要面临负债经营的现实情况，如果筹集资金数额越高，企业的负债数额和债务利息也相应提高，企业的财务筹资管理风险也越高。

2.企业经营模式的选择出现了失误

我国企业普遍适用的举债经营模式总结有以下两种：一是向第三方金融机构担保贷款；二是以在市场上发行债券或者股票的方式，筹集资金。这两种主要举债经营模式各有缺陷与优势，一旦选择错误将对企业的财务管理工作造成负担和混乱，影响企业的利润收入，并间接影响了企业的预期利益和发展规划，对企业的良好发展造成阻碍。

3. 企业资金配置不合理

资金管理均衡性代表着企业在经营发展过程中，在各项目上的费用支出是否具有合理性，是否过于偏重其中一个或者多个项目，导致企业的资金配置不合理，资金支出数额多于资金收入数额，无法按照计划定期支付债务利息或者按期偿还债务。资金管理平衡，是指综合分析、预测企业的举债经营运作模式、举债数额、举债时间等因素，为企业的稳定、良好经营提供保证。

（五）企业筹资风险的规避

企业筹资管理会带来筹资效益，也会在一定程度上带来筹资风险。企业筹资风险的规避有利于切实保障企业的正常生产经营活动，可以避免因为负债筹资而导致的到期不能偿债问题的发生，也能够最大限度地避免净资产收益率的大幅度变化。筹资风险是企业筹资的环节中的一个非常关键的因素，必须引起足够的重视。所以，企业一定要切实采取各种各样的方法来规避企业筹资风险，一方面要实现降低筹资成本的目标，另一方面又能够有效地控制各种的风险因素。具体来说，为了规避企业筹资风险，要做好以下几个方面的工作。

1. 增强风险管理观念

在社会主义市场经济不断推进的新形势下，企业也正在面临着越来越激烈的市场竞争，也正在接受各种各样的风险，特别是在企业筹资管理中，更应该增强风险管理观念。企业必须结合具体的现实需要进行全方位的思考，最大限度地规避风险。在企业筹资管理的各个环节中，一定要坚持做到加强风险意识。也就是说，应该时时刻刻对于风险有一个清醒的认识，对于各种各样的风险要进行科学的评估和预测，尽可能地避免各种潜在的风险。

2. 进行科学有效的企业投资决策

企业筹资管理的目的就是投资项目，在投资的过程中，一定要进行科学有效的企业投资决策，才能够真正促进投资项目的成功运营。进行科学有效的企业投资决策也是企业筹资获取成功的一个非常重要的基础。进行科学有效的企业投资决策，就必须对于投资的未来收益和未来风险进行科学有效的预测，从而在一定程度上切实预防各种各样的筹资风险，切实提高企业筹资效率。

3. 做好企业生产经营管理工作，切实实现企业利润的提高

如果不能做好企业生产经营管理工作，那么企业就很难获取期望的经济利润。企业能否做好生产经营管理工作直接决定着企业能否获取最高的利润以及企业能否规避筹资风险。只有实现了企业的生产经营管理水平的提升，才能够切实在一定程度上降低企业进行正常运转所必需的资金的成本，从而能够实现企业的筹资风险的防范。因此，在下大力气重视企业筹资管理的同时，也一定要切实做好企业生产经营管理工作，切实实现企业利润的提高。

4. 利用各种各样的防范方法来规避企业筹资风险

利用各种各样的防范方法来规避企业筹资风险是非常重要的。具体来说，可以避免向同一家银行进行贷款的现象的发生，企业应该通过分散借款，分散归还的措施来进行企业筹资管理。另外，企业在经营项目上也能够通过多元化经营的方式来实现有效经营，从而规避筹资风险。

5. 建立适当的企业资金结构，实现企业筹资风险的规避

在进行企业筹资管理的工作中，必须建立适当的企业资金结构，可以从以下两个方面着手：一方面，结合企业的资金利润率和负债比率，科学有效地设置企业筹资规模；另一方面，实现企业的自由资金的不断扩充，从长远方面来实现企业筹资风险的降低。

第二节 筹资管理的现状及存在的问题

资金是企业的血液，是企业进行生产经营的必要条件。企业筹资是指企业向企业内部、企业外部相关单位和个人筹措并集中生产经营所需要资金的财务活动。企业为了扩大生产规模、开发新产品、提高产品生产技术水平等，需要增加投资，所以筹措资金是决定企业生存发展的重要环节，做好企业的筹资管理工作具有重要的现实意义。

一、企业筹资管理现状

（一）小微企业筹资管理现状

首先，小微企业没有建立完善的管理制度，没有确定企业的最佳资本结构并对外部融资需求做出合理的估计和预测。小微企业大部分是家族企业，在管理中并没有建立严格的规章制度，财务管理人员素质较低，没有能力为企业核算出最佳的资本结构。近几年来，随着我国小微企业的进一步发展，越来越多的企业对权益性资金的利用率降低而对外负债的比率越来越高。

其次，我国小微企业由于自身规模条件的限制，普遍存在着信用不足或者信用不稳定的现象。而与此相反，我国的商业银行的信贷监管力度正在逐步加大，降低不良贷款率、提高新增贷款的质量已经成了我国商业银行的一致目标取向。小微企业在这种信用等级状况下，很难吸引到银行等金融机构的借款或者投资。

再次，国家对小微企业的政策扶持力度不够，小微企业融资担保难问题依然突出。目前国家已经出台了很多小微企业的扶持政策，加大了对小微企业在财税、信贷等方面的扶持力度，小微企业的生产经营状况得到了很大的改善，但发展形势依然非常严峻。许多业内资深人士认为，担保问题是制约小微企业融资问题的关键因素之一。目前，为了对小微企业向银行贷款时提供担保，有些地方政府成立了各种各样的担保公司，用这种具有官方背景的担保公司作为连接企业和银行等金融机构之间的桥梁。但是实际上，担负着官方使命的担保公司难以完全按照市场化的规律合理选择小微企业进行担保。大部分的小微企信用度都很低，在我国的担保体系发展滞后的情况下，担保公司在银行与企业之间充当的桥梁角色也不能很好地发挥其应有的作用。

（二）中小企业的筹资现状

1. 局限性

企业要想进行金融筹资就必须上市，而对于中小型企业来说，上市会面临着多方面因素的限制。企业成立要超过 3 年，并且企业的注册资本需要超过 5000 万元，这使中小企业在上市上面临较大困难，对中小型企业的筹资造成了限制。

2. 筹资困难

在我国，债券的发行主体必须是两个国有或国有独资成立的股份公司、责任公司，这直接将中小型企业拒之门外。并且，股份有限公司净资产额要不少于 3000 万元，有限责任公司净资产额则不能少于 6000 万元，这也使得符合条件的中小型企业少之又少。就目前情况来看，我国的中小企业采取这种方式进行筹资是无法实现的。

3. 金融业经营原则造成的影响

资金对企业的发展的影响是巨大的。因此，金融行业经营过程中必须谨慎，这不仅对国民经济的健康发展影响巨大，同时对我国中小型企业的筹资也造成了不良影响，直接导致了中小型企业在发展过程中面临资金危机。

二、中小型企业筹资困难的主要原因

（一）中小型企业经营稳定差，风险较大

中小型企业规模无法和大企业比较，同时在分析市场和信息收集以及成本投入上都会受到金融环境、经济环境的影响。中小型企业的这一特点，意味着中小企业在还款上具有很大的不确定性，这也是以稳健性为投资基础的银行机构不愿意承当的风险。中小企业与大型企业相比，其经营稳定性差，投资风险也较大，而银行在投资上都以稳健性为基础原则，因此在投资上会尽量地减少或不给中小型企业贷款，从而将风险降到最低。这阻断了中小企业筹资的一条渠道，增加了中小型企业在筹资上所面临的困难。

（二）担保资产不足

金融机构在向中小型企业发放贷款时，虽然很难获取到贷款过程中需要的决策信息，但是在发放贷款过程中可以通过企业抵押或由第三者担保的方式，对企业未来的偿还能力进行评估，从而对是否放款做出合理的决策，并且通过抵押有助于逆向选择问题的解决。但是，中小型企业在筹资过程中，能够用于抵押的资产十分有限，商业银行对中小型企业未来的还款能力缺少信心，因此都不愿意向中小型企业放款。

三、解决中小型企业融资困难的对策

（一）中小型企业要提升自身的信用

中小企业在经营过程中，要想获取足够的资金，就需要不断地提升自身的综合素质和信用等级。中小型企业需要在运行过程中做好几个方面的工作：一是对项目论证要科学，尽量对短期产生的行为进行规避，使企业生产的产品在市场中具有足够的竞争力。二是对企业的管理必须科学，例如在企业内部建立合理的激励制度，用人要合理，企业在处于不同的发展阶段要进行适当的转型，并且要不断地学习管理知识，对经营管理制度进行完善。三是市场实际的选择要适当，其中包括的主要内容有市场时机的选择、产品的引进、资金的引进、产品生命周期以及资金成本的正确评估。四是中小型企业在经营过程中需要树立信用意识，要取得金融机构的信任，与金融机构建立相互信任的关系。

同时，还要对信用市场进行规范、完善信用制度、营造一个良好的信用环境，提升中小型企业的综合素质和在市场中的竞争力。一方面，逐步完善中小企业信用结构和信用评价体系，使银行能够掌握中小型企业的信用信息，对诚实守信的企业要予以一定的表彰和倾斜，通过树立典型的方式对信用管理的经验和模式进行推广；另一方面，在中小型企业内部应当建立信用机制，并对信用制度进行普及，还要加强营销预警、合约管理、账款催收等。

（二）构建信用担保体系

信用担保是专业的担保机构为中小型企业所提供的一种服务，通过担保机构的担保，银行在向中小型企业发放贷款时，如果企业无能力偿还，信用担保机构代替中小型企业进行偿还的一种体系。信用担保是在经济高速发展的背景下，为克服中小型企业在筹资上遇到的困难，化解银行风险而采取的一种服务方式。信用担保解决了中小型企业在运行过程中，寻保难、贷款难等问题。目前世界上的许多国家都建立了信用担保体系，并且在运转过程中取得了不错的效果。中小型企业间接融资——银行贷款难的一个最根本的原因和障碍就是中小型企业的信用低、缺少抵押物。由此可见，建立一套完善的中小企业信用担保体系，是解决中小企业筹资难问题的关键。

（三）买方贷款

如果企业生产的产品具有可靠的销路，但因为资金问题，财务管理差，无法提供担保产品时，银行可以依据企业的销售合同，对产品购买方提供一定的贷款支持，产品销售方可以向购买方收取一定比例的预付款，解决产品生产过程中所面临的资金难题。

（四）异地联合贷款

异地联合贷款就是不同地区银行之间或不同地区的银行与企业联合协作为相关的中小

企业提供贷款。一些中小企业具有很广的销售路线，或者是为某些大企业提供配套零部件，或者是企业集团的松散型子公司。在进行产品生产过程中，需要对生产资金进行补充，可以找一家银行牵头，为大企业或集团企业提供统一贷款，再由集团向协作企业提供生产经营需要的必要资金，在当地银行的配合下，完成对合同的监督。

（五）采取多种渠道进行筹资，拓宽中小企业的筹资渠道

加强政府的支持和建立健全的金融机构组织体系，允许新创设立或改建设立区域性股份制中小银行和合作性金融机构，一些经济发达、条件优越的地区，可以设立一些银行，专门为中小型企业服务，为中小型企业提供一些政策上的优惠。政府对中小型企业在筹资上的支持可以从多方面入手，其中比较重要的方面有以下几点：一是从政策上鼓励各地银行对中小型企业贷款上的支持。鼓励中小型企业在筹资上的创新，结合中小型企业自身的特点，对中小型企业的资信评估制度进行改进，完善评估中小型企业的资信制度，对符合要求的中小型企业进行放款，开展授信业务；对有前景、有效益、信用良好的中小型企业，应当适当地开展账户托管和公立理财业务，适当地放宽上市公司筹资的准入条件。二是适当地扩展中小企业的筹资渠道，促进多层资本主义市场的出现与建设。同时应当大力支持满足条件的中小型企业通过项目融资和股权融资的方式进行资金筹集，允许条件满足的企业尝试债权融资的方式进行资金筹集，还可以通过税收政策上的优惠，支持创业投资的开展，从而促进中小型投资企业的出现。在中小型企业发展过程中，政府应当充分发挥自己的职能，扶持中小型企业发展，中小企业自身则应当理性地认识各种筹资方式，解决企业在发展过程中在资金上遇到的困难，从而使企业能够得到良好的发展，拥有一个更好的明天。

四、企业筹资管理过程中存在的问题

当前，企业在筹资管理过程中还存在很多问题，这些问题限制了企业的长远发展，具体来说主要包括以下几个方面：

（一）缺乏相应的筹资决策制度

不少企业在筹资方面并没有制定完善的政策和决策制度，没有进行整体和长远的筹资规划，总是等到资金紧张的时候才开始筹集资金，这样就使得企业错过了最佳的经营机会和投资机会，甚至会造成企业资金周转困难，陷入经营上的困境。另外，企业在筹集资金的过程中，没有制定筹资质量标准，也没有对筹资质量进行相应的评价。

（二）企业筹资的规模不够合理

不少企业的管理层盲目认为只要钱多，就好办事，片面地筹集资金。等到筹集的资金到位后，往往却因为没有合适的投资机会、自身经营规模较小等原因使得资金闲置，增加了企业的财务风险。也有些企业因为筹集的资金不足，影响了企业的投资计划和正常业务

的开展。企业筹资规模合理与否会给企业带来很大的影响，所以，在进行筹资决策时，企业应该合理确定筹资规模。

（三）企业的筹资方式和渠道过于单一

企业进行筹资需要运用一定的筹资方式，通过一定的筹资渠道来完成。不同的筹资方式和筹资渠道具有不同的适用性和不同的特点。同一筹资方式能够筹集不同渠道的资金，同一渠道的资金可以采用不同的筹资方式。在实际筹资工作中，应该使筹资方式和筹资渠道有效配合。当前，我国很多企业还是面临筹资方式和渠道单一的问题，除了外部筹资，企业对企业内部的自有资金还没有加以充分考虑和利用。

（四）企业缺乏对筹资风险的控制

任何筹资决策都是具有一定风险的，但是企业在进行负债筹资时，并没有树立良好的风险意识，不能充分分析筹资风险产生的根本原因，在应对筹资风险时也就不能拿出具有很强针对性的措施，不能很好地控制筹资风险。

资本是企业生存和发展的源泉与动力，筹资则是满足企业资本需求的首要手段。随着市场竞争激烈程度的加剧，企业用资项目、资金规模都发生了变化，筹资活动成为财务管理的重点工作。如何根据市场条件和企业发展需求选择恰当的筹资方式，防范筹资风险也成为企业财务管理的难点。

五、解决企业筹资管理中存在问题的建议

（一）强化企业筹资管理意识

企业应正确认识资金成本，企业应把企业的筹资管理作为企业财务管理的重要组成部分，最大限度地做好企业筹资管理工作，将资金成本意识和资金的时间价值观念运用于资金筹集的各个工作环节，合理运用科学的方法和技术确定企业的最佳资金结构、降低企业资金成本、提高企业资金使用效益。

（二）科学地对筹资规模进行测算

企业的资金筹资活动的前提条件是合理地对企业资金的需求量进行预测。对企业资金的需求量的预测要结合企业的生产需要、企业的财务管理目标、企业的经营目标等因素。现在企业中常用的资金需求量预测方法是销售百分比法，此方法是一个对增量的猜测，其本质是在上一期期末的基础上去预估下一期收入的增长导致资产的增长，即资金占用的增长。

（三）拓宽企业筹资方式，优化企业资金结构

企业应通过多种方式来筹集资金，以优化企业资金结构、降低企业资金成本。企业应

改善自身的财务状况、提高还款能力、提高企业信誉特别是企业的银行还款信誉以确保企业可以及时有效地通过银行借款来筹借企业资金。另外，企业依据自身的实际状况来增加新的筹资方式，例如，发行股票、利用留存收益、向社会发行公司债券、融资租赁、赊购商品或劳务等。

（四）强化企业资金管理，提高闲置资金使用效率

企业应强化资金管理，有效地发现导致企业资金闲置的原因，并采取相应的措施来合理利用企业闲置资金。企业应特别关注企业应收账款的管理，实行应收账款的定时定量分析并将责任落实到人，制定应收账款回收制度，提高业务人员和财务人员的应收账款管理意识，实现应收账款的及时回收。

第三节 筹资管理的创新策略

一、加强内部管理，完善财务制度

近年来，随着我国市场经济体制的不断完善和加入 WTO（世界贸易组织）过渡期的结束，中小企业间的竞争越来越激烈，中小企业发展的根本出路在于改善和加强内部管理，不断完善中小企业各项财务制度。促使中小企业整体管理水平不断提高，降低中小企业经营风险，保证其长期持续发展。首先，中小企业应该加快产权改革以明确责、权、利关系，要建立基础性管理制度，实现科学决策的战略管理；其次，还应重视人才资源的开发与管理，塑造一种富有本企业特色的中小企业文化，以增强企业的凝聚力，进而提高企业的竞争力，保证企业的长期持续发展；最后，中小企业应该加强和完善企业财务管理，确保会计信息真实、准确。目前我国中小企业普遍存在财务管理混乱、会计信息失真，导致中小企业筹资更为困难。所以中小企业必须强化资金管理，重视和加强对投资项目的可行性分析，完善财务制度，增强信用观念，创造满足融资需求的良好条件。还要建立合理科学的财务控制制度，强化财务监督和内部审计工作。

二、健全中小企业信用担保体系

当前，受金融危机影响，我国部分地区和行业的中小企业生产经营出现较大困难，一些中小企业因资金链断裂而停产倒闭，中小企业筹资难的问题更为突出。从社会稳定的大局出发，必须切实提高对中小企业信用担保重要性和紧迫性的认识，加快建立健全中小企业信用担保体系的步伐。一方面充分发挥政府以及信用担保机构在支持中小企业发展中的重要作用，提升中小企业信用，分散分担中小企业贷款风险，缓解中小企业筹资难的问题；另一方面中小企业应不断完善自身信用建设，不断提升信用等级。

（一）建立中小企业联保贷款，为筹资提供信用保证

虽然改革开放30年来，中小企业得到了蓬勃发展，但由于各个独立的中小企业规模较小，设备落后，技术管理水平低下，信息闭塞，资金短缺，信用等级低下，资信相对较差，使得中小企业很难从银行中得到贷款。为解决上述问题，中小企业可以建立联保机制，实施市场联保贷款，例如在专业市场中（钢材市场、家电市场、木材市场等）做担保贷款，一户企业申请贷款，几户企业联合做担保。也就是说如果这个申请贷款的企业在规定期限内不能还上贷款，则由其他几家企业代还，与此同时，联保体制内的各个中小企业信用等级将全部被降低。这样一旦联保体制中的某个企业逃避银行债务，联保体制内的各个中小企业会联合起来向其问责。维持声誉的重要性，使得联保体制内的各个中小企业不敢轻举妄动，使中小企业逃避债务的可能性大大降低，从而使得银行向担保体制内的中小企业发放贷款的风险也大大降低，为中小企业提供了一条独特的筹资出路。

（二）政府加大补贴力度，建立中小企业信用贷款

现有不少担保公司为中小企业担保，但是反担保物品价值不够，往往贷款金额有限，解决不了中小企业筹资过程中的实际困难。为减少银行和担保公司为中小企业贷款和担保的压力，政府可以采取补贴方式，推动风险分担机制的建立。中小企业在信用记录良好的情况下，一方面银行可以发放信用贷款；另一方面政府应加大对银行的补贴力度，在条件许可范围内可以核销中小企业不良贷款。银行、担保机构采取签订协议的方式，约定担保贷款出现坏账损失时各自承担一定的比例，同时确定市和县财政分别给予一定比例补贴。政府加大补贴力度，建立中小企业信用贷款机制，是解决中小企业筹资难问题的着力点，也是关键所在。

（三）加强中小企业自身的信用建设

现在，各级银行和担保公司发放贷款时，主要注重"三品"即人品、产品和抵品：人品——企业信用情况、企业法人代表信用情况、企业实际控制人的信用情况；产品——产品是否适销对路、上下游企业的谈价能力、销售收入回款情况；抵品——抵押物的价值、抵押物的变现能、抵押物的保管。其中人品是各级银行和担保公司比较看重的，位列第一位。信用是市场和市场经济的生命线所在，要想推进中小企业的信用建设，中小企业本身一定要注重、规范自身的信贷行为，建立自身良好的信誉。

（四）完善中小企业信用担保相关政策法规建设

近年来，以中小企业为服务对象的中小企业信用担保机构发展迅速，担保资金不断增加，业务水平和运行质量也在稳步提高，但是我国现有的有关中小企业信用担保方面的法律规范，还存在一定不足。首先，担保行业的国家主管部门还比较模糊，事实上围绕着对担保机构的管理并行多个管理部门。其次，立法层次较低，担保行业尚未形成统一规范，缺乏配套的法律支撑。最后，《担保法》对担保行业的法律保护力度不够。

三、建立有利于中小企业筹资的金融筹资体系

（一）设立中小企业发展专项基金

改革开放40多年来，中小企业在社会发展中所起的作用越来越大，为充分体现政府对中小企业的扶持和重视，应该建立政府出钱出力的引导机制。在建立引导机制的基础上，各级财政应设立中小企业筹资专项资金，各区县设立配套资金，目的有二：其一，在于增加中小企业担保机构资本金以及商业银行和担保公司的坏账补贴；其二，在于完善中小企业信用体系建设，充分发挥公共财政的杠杆作用，体现政府在解决中小企业筹资难问题上发挥的主体作用和政策导向作用。

（二）建立专门面向中小企业筹资的政策性银行

我国中小企业数量庞大，分布范围广。由于我国中小企业又存在着严重的信息不对称，导致了筹资过程中交易成本提高和风险加大，金融机构，特别是大银行，一般都不愿意向中小企业贷款。我们可以借鉴国外的先进经验，建立专门面向我国中小企业筹资的政策性银行，专门为中小企业服务，促进中小企业发展。

四、中小企业进行筹资方法创新

根据中小企业筹资过程不畅通的问题，可以针对中小企业的实际情况，进行筹资方法的创新。

（一）积极推进创业板上市

由于新兴的中小企业本身基础较差，很难通过发行股票在现有的证券市场上进行筹资。我国在结合香港创业板成功上市为中小企业带来好处的同时，允许新兴的科技行业进入二板市场，虽然目前规模尚小，直接上市进行筹资的中小企业也仅几家，但这无疑是一种新型的筹资方法，进一步拓宽了中小企业的筹资渠道，为一些有实力、有发展的中小企业提供了筹资平台，是一种筹资方法的创新。

（二）实施员工持股计划

实行员工持股计划是一种新型的财务组织方式，也是中小企业筹资的一种新的有效的方法。所谓员工持股计划（Employee Stock Option Plan，简称ESOP）是指通过让员工持有本公司股票和期权而使其获得激励的一种长期绩效奖励计划。员工持股计划的实施使员工与企业利益高度一致，既满足企业内部筹资需要，还可以让员工以企业为家，努力工作。深圳金地集团便是一个成功的范例，该企业通过三个主要渠道：员工个人出资（35%）、公司划出专项资金借给员工（30%）、工会从历年积累的公益金中划转（30%）。解决员工持股资金来源问题，通过实施员工持股计划收获甚大，值得全面推广。

第四章 投资管理的创新

第一节 投资管理的概念及要素

每个企业投资的目的都不同,但概括来说,企业投资的目的是为了企业的成长,为了获取利益,从而实现企业的发展目标。企业在一定时期将利用价值不高的资金投入到特定的项目中去,不但有利于企业的成长和发展,还能带来一定的投资收益,有助于企业占领市场,做大做强,或有利于企业提升社会形象,提前布局战略要地。所以说,企业投资的成败,特别是重大投资,对企业今后的经营起着至关重要的作用。因此做好投资管理是当今企业的必修课程。

一、企业投资管理概述

企业投资管理是企业管理中的一项重要内容。以前的投资管理只是企业财务管理中的一个项目而已,只是单纯地从财务指标方面对其进行分析和研究。现在随着我国现代企业的不断发展和壮大,资本市场规模的不断扩大及市场环境日新月异的变化,投资管理已上升于财务管理的范畴之外,它不但包括财务管理的内容,还包括决策管理、人员管理和营运管理等许多方面。科学的投资管理对企业的健康发展具有重要意义,主要体现在以下几个方面:

(一)促进企业战略目标的实现

企业为了提高资产的利用率,把资金投向更有利于企业发展的方面,需要通过研究和分析,选择适合于本企业的投资方案,通过对投资项目有效的控制和管理,并严格监管投资项目的投入与执行,以达到投资目标,获得投资收益,优化企业资产结构,提升企业的竞争力,促进企业战略目标的实现。

(二)促进企业对投资进行规范化管理

对投资行为实施有效管理的基石是投资决策的科学性。投资决策是否科学,主要体现在投资方案应是为其量身定做的,企业必须在投资前做好对市场环境的研究,仔细分析投资风险。在市场经济条件下,企业在进行投资决策分析时,必须掌握投资环境复杂性、多变性的特点,熟悉投资环境的性质与发展变化,认清投资环境各要素对投资项目的影响作用,提高不断适应投资环境的变通能力和行动能力,能随时按照投资环境的变换特质,采用适合的策略来应对。

做投资决策时要重点分析投资方案的可行性和各类型风险对投资方案的作用力,做到全面掌控企业的投资行为和执行过程,以确保投资的实施能严格遵照投资方案的规划来执行,避免因投资管理的漏洞而带来的投资风险,提高投资的效率。

(三)促进企业规模化发展

通过科学的投资管理可以提高企业资产的盈利能力,扩充企业的规模,提高企业的整体效益。通过投资提升了企业资金的利用率,也使企业获取得了较高的资本报酬率,上升到企业战略的层面,则实现了企业多元化经营的目标,取得了新的利润增长点,改善了企业的经营环境。

(四)提升企业自身的管理水平

我国大的社会经济环境正处于转型阶段,是产业升级的时期,也就是对企业的一个优胜劣汰的过程。不管是何种行业,只有管理水平高,具有现代企业管理制度的企业才能在残酷的竞争环境中留下来。投资企业必须根据市场的变化,及时调整投资项目的管控措施,以实现最大限度的投资增值,在不断探索投资项目的管理体系,完善投资管理制度的过程中,持续审视自身的管理模式,出台防范与化解本企业经营风险的措施,从而加速企业管理能力的提升。

二、投资管理要素分析

投资活动对企业的生存、发展具有决定性的影响。在一个正常的企业经济运营中,每一项投资都是在相对开放的、不确定的环境下开展的独特的、一次性的活动,投资一旦实施,则不可挽回,尽管还可通过转让、拍卖等其他形式回收,但必然伴随着损失。加强投资管理,提高对投资项目的决策水平和管理水平,成为企业经营规范投资行为、防范投资风险、提高投资收益的基础。而就我国目前大部分企业的投资项目来说,并没有建立起科学有效的投资决策机制,盲目和随意的项目投资行为,以及缺乏有效管理和监督的投资管理机制,致使项目投产后所产生的经济效益与设计指标存在较大差距,项目的经济运行质量不高,给企业造成巨大的损失和浪费,甚至直接影响企业的生存和发展。为了确保企业建设投资项目的高效运行,实现企业投资项目的良性发展,有必要对企业项目投资的相关管理进行科学的分析。

(一)当前企业投资项目管理工作中存在的问题

1. 财务管理混乱,缺乏监督、监控,造成资金漏洞

一些企业投资项目在财务与资金的管理中存在着严重的问题,体现在项目配套资金有缺口,不落实;项目财务管理严重弱化,存在截留、挪用、挤占、浪费建设资金的现象等;投资项目管理存在监督失效失控的现象,而对于资金运动环节进行的监控工作甚至存在人

为的控制现象，这更是加大了企业资金管理的难度。尽管企业设置了一些监督职能，也制定了多种监督制度，但因为监督者并没有全面地掌握投资项目资金的必要信息，而不能及时有效地发挥作用，但同时又因为没有建立长效的决策约束机制，使得企业个人性垄断严重，企业投资风险加大。

2. 缺乏准确有效的市场信息，导致投资行为具有盲目性、风险性

随着社会经济的发展，企业的投资活动面临着各种风险：首先，在没有做好前期的市场调查及对未来风险的预测，导致企业投资活动存在盲目跟风的问题，从而使得投资项目效益较低。其次，盲目扩大固定资产投资，忽视对资金成本以及运用效率的控制，缺乏资金运用风险的意识，导致资金周转速度减慢，利息负担加重，使得企业陷入财务危机。再次，在当下的网络化和虚拟化的时代，信息的传播、处理和反馈的速度加快，如果企业缺乏有效接收信息的机构，必然加大企业的决策风险。最后，新型产业和高新技术的发展，使得产品的寿命不断缩短，同时加大了存货风险和产品设计、开发风险。

3. 监理工作不规范，导致投资招标不规范，存在暗箱操作

这是问题工程不断出现的一个十分重要的原因。由于一些企业监理队伍不足和素质不高，使得企业无视国家规定搞议标发包或直接发包甚至是少数领导内定中标单位搞假招标，这种感情工程，势必引发质量事故。

4. "项目估算超概算、概算超预算、预算超决算"的"三超"现象严重

这是企业的财务管理问题。企业财务管理是企业投资管理的基础和依据，在投资项目资金核算中，大多数企业严格遵循企业投资财务制度，对投资项目进行统一的核算。但也有一些企业在方法操作上存在不规范的行为，这种"三超"现象导致企业资产的严重浪费。

（二）加强企业投资管理的对策

1. 强化企业投资风险意识，形成长效的投资风险控制机制

企业在进行一系列的投资活动时必须强化风险意识，并形成长效的投资风险控制和风险防范制度体系。大部分投资的对象都是企业自身，因此投资的风险以及风险爆发后的经济损失也必须由企业自身承担。企业只有具备了投资的风险意识才能在投资时充分考虑自身的经营情况、财务状况等，才会在投资实施时严格遵守国家的相关政策措施，避免投资到技术水平超过企业自身能力以及投资规模大于企业筹资能力的领域中，才会对任何一个投资项目持以谨慎的态度，杜绝盲目投资的现象。同时，企业要建立完善的投资环境分析系统及投资风险控制系统，实施多元化的投资战略，合理配置企业的财务资源，建立一套包含完整投资活动的风险防范机制，减少投资风险积累爆发的概率。

2. 加强企业内部的投资管理和企业投资后期的审计验收

企业内部的投资管理体系包含了企业投资活动和投资决策的所有过程，贯穿于企业投资的整个环节，很多投资项目的失败大多是由于在投资过程中没有进行有效的监督控制，没有实施有效的防范措施。首先，企业要建立专业的投资管理监督职能部门，对项目各个

阶段的实施过程和结果实行严格的审核，保证投资项目和投资活动的真实性、有效性；其次，企业要积极贯彻落实投资管理中的责任制度，将投资决策的各个环节与其对应的责任具体到每一个工作人员身上，实行有效的奖惩措施，提高决策人员和管理人员的责任意识。当然，企业也必须在投资过程中对相关项目内容进行审计验收，以便及时发现问题、解决问题，有效地防范投资风险。

3. 企业要建立完善的评价体系，适当建立重大项目的投资终止机制

企业投资是涉及企业经济利益的重要活动，必须对其进行科学化、专业化的管理，通过建立完善的评价体系，将投资活动中涉及的不确定性因素及其带来的经济损失降到最低水平。完整的投资评价体系包含了投资项目的评价制度及投资责任的落实追究制度，前者是为了保证对投资活动中每一个可量化的指标都进行科学的评价，从而保证每一个决策的成功实施。投资责任的追究落实制度就是为了提高投资决策人员的风险意识和责任意识，保证他们在做出具体的投资决策时必须进行充分的分析、判断，避免因为盲目投资带来经济上的损失。同时，企业要适当建立重大项目的投资终止机制，即当一个项目因为风险的积累出现了严重的损失，短期内如果无法扭转这种局面，就可以发挥这种机制的作用，及时制止项目的进行，避免因为管理人员的主观作用造成更大的投资损失。

第二节 投资管理的现状分析

当前，随着经济的快速发展，企业投资管理与资金运作存在着诸多暂时未能解决的问题，体现出了复杂化的态势。企业的投资在建设与发展中比重不断上升，这成为经济持续的增长动力。如何确定企业的投资，如何获得相应报酬，这些都影响着企业的发展。

一、企业进行投资以及管理的意义

投资、筹资、经营均属于企业财务管理中的重要部分，而投资是财务管理的基础。投资管理作为能够规范企业经营的一种行为，其原则是建立科学合理的决策程序，进行投资项目的可行性分析与研究。企业根据自身发展认真研究投资中的外部环境，做好充分的调研，深入剖析投资中可能存在的风险，约束企业的投资行为，确保按照投资计划进行投资活动的开展，从而减少投资的风险。企业以投资活动控制资金流向，选择合适的投资方案，监控整个实施过程，有效管理投资活动，实现企业财务目标，提高企业的经济效益。良好的投资管理可以提高企业的资金使用率，拓宽企业的经营范围，实现企业的多元化经营，提高整体的资产质量，获得更多投资回报，从而提高市场的综合竞争力。企业在进行投资与发展时一般需要遵循几个基本原则，如企业的投资决策必须与整体的企业发展，与国家的法律法规相适应，再如投资活动必须符合行业的整体规划和基本要求。在投资管理与决

策中必须按照企业制定的程序与流程，避免盲目投资。在投资决策中需要秉持科学的决策与原则，决策以数据分析作为支撑。坚持成本效益尽可能少投入多产出，投资项目必须坚持以市场为导向，以效益为目标，确保将资金投入市场后取得收益，坚持投资管理中量入为出的原则，防止企业投资出现过快或者过慢的问题。

二、企业投资决策中的问题分析

（一）投资决策易受主观判断

企业投资决策活动是众多决策活动中的重要方面，我国当前市场经济下的生产经营是通过合理的资本运作以获得更高收益。在企业进行投资前必须开展风险论证与可行性研究。实际操作中的企业尚未及时获得市场资料，没有充分研究与分析，管理者凭借着丰富的经验在投资中过于主观影响了企业的资金运转，制约了经济效益，加大了投资风险。

（二）投资发展规划不合理

大多数企业没有符合实际的发展与投资规划，这往往是按政府以及区域的发展政策决定投资领域项目，相对来说有临时性与随机性。这种方式的缺点在于企业的自主投资经营比例低，因为政策的改变影响企业投资收益，此外系统性的规划使企业资本限额方面缺少约束，使高风险状况下的企业为了短期利益，不顾资本的限额去投资发展前景不明的项目，有的企业为了扩大企业规模甚至会去借高利贷来解决当下的企业问题。有些企业往往没有充足可靠的消息来源，所以必须专门研究如何规避风险。市场调查不全面，没有科学依据，这些都会导致最后的决策失误。在当前阶段中，回报期长的项目管理中企业缺少资金方面的控制会导致资金受困，从而制约了经营项目的进行，增强了企业经营的风险。

（三）缺乏有力的审计监督

企业投资管理方面，大部分企业关注的基本都是在投资的前期评估企业项目以及项目融资，这忽视了后期的投资项目以及经营管理，尚未制定有关的监督与管理制度，使得大部分投资项目由于管理疏忽，让企业处于水深火热之中，加大企业投资方面的风险，有的甚至会造成企业方面的经济损失。风险控制中的重要手段是审计，在企业的投资管理中审计还是比较单薄的，即使是在外界压力下的审计活动，也局限于审计中的利息计提与公允价值的考量上。在投资管理中缺少完整、有力的监督机制，这种审计结果会使企业管理者难以客观与全面地看待所投资的项目。

（四）高素质人才的匮乏

人才是企业发展的决胜因素，亦是企业经营管理中有序开展活动的关键。企业的投资与管理活动之所以能够成功，人才因素非常重要。几十年前只要凭着一张大学生学历证书就能够找到一份非常好的工作，而在当前市场经济的发展中，市场对于人才的要求也越来越高，市场不再单纯地考量人才的学历、在校理论知识，而是更加看重人才的经验、人才的语言表达能力。企业在实际的投资管理与决策的制定研究、评价总结环节，往往缺乏专业人才团队。多数的投资管理人员还是存在着基础知识不扎实、职业技能不完善、缺乏基本的道德素养、缺少工作经验等各式各样的问题。有的投资人员甚至连最基础的资产负债表、利润表、现金流量表都看不懂，更不用谈投资与决策的信息能力了。

三、如何强化企业投资管理

（一）制定合理的科学战略

企业应站在整体的战略角度中，长期规划企业的发展前景，构建出符合实际的投资活动纲领。在科学战略的构建中，企业需要把握好国家的政策与动向，包括当前的经济形势，及时把握行业中的市场需求与市场环境、经营状况等。在此类基础上深入研究与分析企业的投资管理，做好资源方面的统筹和调配，同时联系自身的发展制定出最优投资的战略，使企业在中长期的投资管理中发挥出自身的战略优势，确保在企业的管理与经营活动中有效开展活动，发挥投资管理者的超前作用，使在投资管理中实现客观、合理以及科学性。

（二）建立健全的预算管理制

在制订好企业未来的经营规划后还需要进行企业的预算管理，企业预算管理作为经营管理中的重要工具，能够合理配置有限的企业资源。健全的管理体系需要协助管理人员进行经营中的有效分析与评价，协调好企业管理中人员的经营工作，提高企业的效应。在预算管理中可提升企业的综合水平管理，提升企业的市场竞争力。市场环境的变化与企业发展状态需要适应国家的宏观政策发展，企业必须制定出合理完善的预算管理机制，提供企业投资中的保障。拥有目标明确、层级清晰的预算管理体制，能够有效地防控企业投资有可能涉及的风险，保证企业投资活动的安全开展。

（三）建设完善的管理制度

投资管理中除了有效监督外，还要定期审计投资的项目以及合理监督管理。各阶段投资目标的运行为企业管理人员提出了准确的判断与合理的决策。企业需要全面分析评价，提供有效的验收，保证投资的平稳运行。投资与管理中资金运作是其中的重要内容，主要涉及筹资、投放以及回收等方面。资金的管理在企业的经营管理中地位重要，资金管理制度的系统化可以降低企业的财务风险。在企业中进行投资活动是以投放资金为主的，将资金回收为重点，企业管理资金决定了投资的管理成效。在企业投资管理中能够建立系统化的运转与管理制度，此制度主要将资金的流动作为当前的目标，保证企业在资金安全的基础上以计划、统一、集中的管理制度，借助计算机技术来强化在投资管理中的资金分析，有效提升投资收益，保证在资金运作中投资管理水平的合理有效。

(四) 加强人才队伍的建设

为提高企业的管理水平，满足企业的发展需求，企业在现代化的建设管理中必须建立一支现代化的人才管理团队。在当前新经济的社会态势下，一个企业投资人员需要有良好的职业操守，具备专业的职业素养，精通财务知识、金融领域的专业知识以及生产环节中的一些知识，同时还需要有爱岗敬业的专业精神、刻苦奋斗的工作态度、不怕辛苦不怕累的钻研精神、对于自己不熟悉领域的探索精神以及较强的团队合作能力。在企业投资管理中人才的建设可以从以下两个方面着手。一是对于已经在企业工作的投资人员进行专业培训，以公费鼓励投资管理者在工作之余参与各式各样的技能培训，提高专业素养。对于尚未入职的投资管理者，企业可以让在该岗位工作多年的老员工辅导，并定期考核。二是对于投资管理人才应当建立专业的人才选用制度，科学地吸纳人才。构建适合企业发展的规律，具备专业化的人才队伍。建立人才信息库，不断吸收专业领域的优秀人才。

在我国当前的企业投资中，一直存在着科学指导不到位、企业投资管理把控不严等问题，这些都影响着企业的投资收益。解决现阶段投资管理中的问题，需要企业加强投资与管理，提升服务管理水平，建立健全的管理制度，加强人才队伍的建设，使企业获得最大化的利润。

第三节 风险投资管理的创新分析

企业风险投资是一个相对封闭、高度竞争且没有多少差异化的市场，大多数公司提供的都是完全相同的产品。因此，从投资行为的角度来讲，风险投资是指把资本投向蕴藏着失败风险的高新技术及其产品的研究开发领域，旨在促使高新技术成果尽快商品化、产业化，以取得高资本收益的一种投资过程。由于我国中小企业规模较小，抵抗风险的能力较差，并且缺乏此领域的相关专业人才和经验，所以中小企业更应该加强投资风险方面的管理体系建设。

一、风险投资及其属性

狭义上讲，风险投资是投资者向创业者或年轻企业提供的种子期、早期以及发展期所需的资金，以获取目标企业的股权，并最终获得高额回报；广义上讲，风险投资资金是由投资者私人企业提供所有权益性资金获取目标企业的股份，并使资本最大限度地增值。风险投资具有以下两个属性。

(一) 风险投资的权益性与战略性

一般投资的价值分析与判断是建立在物质价值基础上的，重视对有形资产的精确计算，而风险投资更加注重无形资产特别是权益的价值。它不同于借贷与国债一类投资只是追求眼前可见且基本确定的利息，也不同于一般的经营投资追求的是基本可预计的短期收益。风险投资追求的是极不确定且成功可能性极低的未来的极大增值价值。这种未来极大的增值潜力就是风险投资的战略目标。人们之所以愿意做出这种眼前实现不了收益甚至遭受损失而未来成功性又极低的投资，正是为了换取未来可能的极大增值的权益。风险投资提供的是资本支持，除拥有股权外，往往还约定享有知识产权、未来增资扩股的权利以及投资成功、经营成功后的经营权甚至产品抢手时的经销权等。权益性是风险投资最基本的属性之一，而也正因为风险投资拥有的权益性才保证了其投资一旦成功会获得比一般投资大得多的增值。这种权益价值往往远超过实物价值。与风险投资权益性相随的另一个属性就是风险投资的战略性。相对于一般投资而言，风险投资追求的目标显得相对遥远而缥缈，属于战略目标，风险投资愿意做出眼前获取不了收益甚至遭受损失的投资，正是为了未来的极大增值这一战略目标。

（二）是风险投资的高风险性与高增值性

风险投资承担的风险属于一种对投资结果把握的极不确定性以及实现投资战略目标的极低可能性，而不是指投资资本金遭受损失。一般是其遭受损失的程度是有上限的，即不会超过本金。因此，可以选定风险投资战略目标成功实现的概率作为评价风险投资指标；而且为了避免考虑风险投资的初始本金使问题简化，可以用风险投资的增值率作为评价其投资收益指标。由风险投资的战略性表明，风险投资从初始投资到战略目标实现有一个过程，并且要经历众多不确定的状态变化，因而需要多次决策。一般把风险投资分为种子期、导入期、成长期与成熟期四个阶段，而且每一阶段也在经历多次状态变化，因而也涵盖多次投资决策。

二、风险投资的运行模式

风险投资的运行模式是与地区的技术现状、市场环境及政策法规有关的投资行为方式。要判断何种模式适合自己的国家或地区，就首先要了解风险企业有何特征，风险企业和风险投资在本国或本地区的发展情况如何。其次，还要了解其他国家是如何运作的、有没有可行的国际惯例。

（一）风险企业的特征

研究开发高新技术产品的风险企业，通常具有下列特征：

1. 企业的创始人是懂技术且有经营头脑的科技人员

他们先有研究成果，然后想建立企业以开发新产品。但这些人往往缺乏启动资金，初始开发工作常常是在"家庭车间"中进行，工作条件差，非常辛苦。

2. 需要寻找资本的合作伙伴

即知识资本与金钱资本结合，才能开发出"市场产品"。许多高新技术，由于得不到"种子"资金的支持，或束之高阁，或半途而退。

3. 风险企业起初大多属于小企业

大多由科技人员个人或小组发起，这些人大多在大型研究机构或大公司工作过。一般的大企业对于本行业无直接关系的新技术设想，往往宁愿让发明者自找出路或帮助其另立新公司；但对于与本行业有直接竞争的新技术，则愿意本公司自己开发。这时，开发资金一般是从公司其他产品的盈余来支持的。

4. 消亡快，成长也快

风险企业一旦开发成功并且获得广泛的市场认可，则会高速成长。但多数的风险企业由于技术或市场的原因，也可能很快就消亡。因此，大多数风险投资公司都要采取分担风险和化解风险的做法。例如，采取组合投资的方式，把资金分散投向多个风险企业；又如采取联合投资方式，由多家风险投资公司共同向一个风险企业投资，以分散风险。

5. 市场是风险企业成长的环境

高新技术产品好比是"鱼"，市场好比是"水"，如鱼得水就能高速成长，相反就会迅速消亡。

（二）高新技术风险投资引起广泛关注的原因

从现有的政策法规看，支持高新技术产业开发的资金，主要来自银行贷款，而且"贷款期限一般为1~3年，某些高新技术项目可适当延长，最长不超过5年，贷款利息按人民银行颁布的期限利率执行"，并且贷款者"必须具有法人资格"。即贷款利率没有优惠，从事科技开发因有成果而想自己创业的个人或小集体是得不到贷款的。

从减免税的有关规定看，只有能生产"出口产品"的企业有减免税的优惠，只有来料加工企业有减免税的优惠。若无产品出口，也不是来料加工企业，尽管是将来很有发展前途的高科技企业，也无减免税的优惠。而且银行本身无评估高新科技性质的机构和人才，只能依靠科委的各类科技开发计划来放款，对风险难于预测。近年来，少数地区如北京、上海、广州、深圳等跳出全国性政策法规的框框，自己制定地方性的政策法规，除了支持开发"发达国家已成熟"的高新科技产品之外，开始重视自己具有知识产权的有期望大市场的新产品，并开始意识到"种子资金"的重要性，以少量财政资金支持和奖励科技开发。

三、我国风险投资发展中存在的问题

（一）政策法规不够完善

风险投资有别于一般投资行为和金融运作机制，其对象是高新技术产业。高新技术产业的特点是以知识为核心，在完成技术开发后可以实现极低成本的无限复制。后可以实现极低成本的无限复制。国外相关法律对风险投资的有关问题一般都作了专门性规定，如美国成立有专门的小管理局，并在《1940年投资公司法》基础上制定了专门的《小投资法案》，有力地规范和推动了小的发展。而在中国，风险投资始终缺少相关的法律作保障，风险投资法律环境并不完善，尤其是知识产权、公司制度、合伙方式等。对知识产权保护不够，使风险投资不敢涉足较大的中、前期项目投资，影响了风险投资公司对技术价值的肯定，也限制了进行无形资产运作的空间。我国现有经济法律法规中有许多地方与风险投资运作规则相冲突，需要进一步修改法律体系以适应风险投资事业的发展。目前，《公司法》的修改草案中，取消公司投资限制，新增一人有限责任公司，可用知识产权、股权等无形资产出资和股票上市门槛降低等新条例的颁布都将对中国的风险投资事业产生积极影响。

（二）风险投资的运作机制和退出机制不健全

评价机制须完善。目前，我国风险投资项目评价体系带有浓厚的人为色彩，缺乏严肃性、科学性。虽然风险投资公司仍可以找到项目，但蕴含的风险很大。这些公司如果不在体制和运作机制等方面大胆改革，不能逐步转变到政府引导、企业主体投资、运行市场化方面来，风险投资资金将不能有效地投入高科技产业，或风险投资企业不能持续健康发展，从而不能带动高新技术产业持续稳定发展。

（三）缺少风险投资专业人才

风险投资业的发展一刻也离不开风险投资家，风险投资家不仅要具有极强的风险意识和获取风险收益的耐心，更需要有高瞻远瞩的投资眼光，能够慧眼识珠选取好的项目进行投资，且还能够对风险企业的经营活动提供指导和咨询，推荐人才甚至参与企业管理。

（四）资金来源有限、资本结构单一

目前我国风险资本主要来源于财政科技拨款和银行科技开发贷款。由于国家财力有限，拨款在财政支出中的比例逐步下降，银行为防范风险也始终在控制科技开发贷款规模，风险资本增长缓慢。虽然在全国技术创新大会的推动下，各地投入大量资金建立了一批以政府为主要出资人的风险投资基金或公司，一定程度上缓解了高新技术产业发展的资金短缺问题，但从总体上看资金缺口仍很大，远不能满足我国高新技术产业发展的需要。另外，风险投资公司的资金来源大多有政府背景，限制了风险投资的资金规模，同时也不能有效分散风险。

（五）政府对风险投资业的扶持力度不够，财税政策的支持不够有力

目前，我国各级政府正积极参与和支持风险投资，但政府参与和支持的力度还存在一些问题：

第一，政府资金投向不合理。

第二，所得税减免力度过小。让好多参与风险投资的企业和个人有很重的包袱，也就无法刺激他们的热情和积极性了。

第三，政府缺乏对高科技风险企业的界定和评级标准，导致"假冒伪劣"的所谓高科技风险企业满天飞，进而影响了风险投资者的积极性。

四、企业风险投资管理创新机制思路

（一）加强宏观经济的研究

宏观经济学是相对于微观经济学而言的。宏观经济学研究社会总体的经济行为及其后果，它涉及经济中商品与劳务的总产量与收入、通货膨胀与失业率、国际收支和汇率，以及长期的经济增长和短期波动。由于企业发展与宏观经济发展具有高度正相关关系，基于企业工商登记数据构建的企业发展指数对宏观经济具有先行性。另外，企业风险投资在我国市场上还相对比较陌生，企业风险投资管理的意义重大但出现的问题也多，所以有效的宏观经济研究管理方法和措施对企业来讲十分重要。通过对宏观经济的研究可以合理引导市场主体的经营活动，引导市场主体战略决策和业务调整，减少经营的盲目性，避免市场风险，节约生产和交易成本，增强市场竞争力。

（二）积极防范经营风险

加强企业的风险防范意识与能力，降低企业的风险成本，从而形成整个市场良好的风险防范机制。必须预测本企业能够占多大市场份额、市场需求大小，只有充分了解市场情况才能防范市场风险。规模投资，化解成本风险。目前我国大多企业效益不佳的原因之一就是未能形成规模投资效益，运营成本高，无竞争力。树立战略思维，注重价值创新，倡导不断学习，才能有助于提高企业各个方面、各个层次的能力，有利于研究探索新的方法，寻找新的市场机会，才能适时实现市场各方的价值飞跃。企业需要从领导层到全体员工都高度重视风险防范与控制意识，对企业所处的环境有准确的把握，对市场变化保持高度的敏感性，使得企业全体员工都参与到风险防控建设和内部控制中来，营造出提高企业效益、加强风险管理的氛围。

（三）财务控制风险实施策略

企业的风险投资控制还可以通过经济手段进行处理和控制。企业可以采取风险转移和风险自留来实现风险的财务控制策略。财务风险是企业筹资决策的结果，表现在普通股收益率的变动上，如果企业的经营风险和财务风险大，投资者便会有较高的收益率要求。因此，我们首先要优化的财务管理制度。财务管理制度的设计起着举足轻重的作用，也就是通过一定的系统、程序、规章制度、法律法规等来规范企业财务管理方面的有效实施。在进行投资的时候对投资项目的财务评价是必不可少的，它直接关系到投资项目的价值认定问题。

当今市场经济环境下的企业竞争激烈，面对更加多样化和复杂化的投资风险，企业都不同程度地出现了在项目尽职调查阶段对很多风险估计不足，一般较少使用相关的定量分析方法，从而在一定程度上造成了在投资前对风险的规避不力。因此，企业要对投资风险进行评估，然后进行有效的控制与管理，从而将风险导致的损失减少到最低限度，以实现企业价值目标的最大化。

第四节 投资管理的创新路径

我国改革开放以来，企业面临的竞争越来越激烈，企业的投资管理越来越重要，技术拉动市场、管理创造优势。由于社会环境的影响，企业在投资管理方面没有有效的管理方法，给企业造成巨大的经济损失，强化投资管理创新就成为新形势下竞争取胜的根本保障。

一、企业投资管理创新的重要性

第一，企业投资管理是企业充分利用资金，提高企业资金利用率的最有效途径。

第二，创新企业投资管理可以扩大企业规模和生产经营活动，壮大企业。

二、企业投资管理存在的问题

企业投资管理是为了提高竞争力或获得最大投资收益，而对投资的各项要素或环节进行策划、决策、组织和控制的过程。投资的好坏对企业的长期发展具有重大作用，这就使得投资管理的作用显得尤为重要。尤其是长期投资，投资金额大、期限长，投资方案一旦实施就很难再做出调整。

（一）投资管理方式陈旧

改革开放以来，我国经济持续高速发展，而有些企业的投资管理却相对滞后，方式陈旧，缺乏创新性。由于之前的企业投资管理方式和目前的市场经济体制已不相适应，投资管理方式较为陈旧，严重制约了企业的发展。

（二）投资决策主观性强，盲目投资

在实际操作中，不少企业仅仅凭借自己的主观判断，缺乏对投资项目的了解，对投资项目中的各种资料没有认真分析，盲目地进行投资。这就严重影响了企业的资金运转，甚至会危及企业的生存。

（三）没有制定有效的制度，监督不力

企业在投资过程中，应当制定一套完整的规章制度，而大多数企业在投资管理方面存在制度不健全的问题，对投资项目的审计和评审制度，许多企业根本就没有制定出来，更谈不上执行。所以项目提出者、策划者和执行者都不存在责任方面的压力，对项目研究上

没有认真对待，又何谈积极性呢？在投资之后，管理上又疏忽大意、监督上一片空白，导致亏损，从而给企业带来损失。

（四）企业投资管理型人才缺乏

由于大多数人认为会计与财务管理是一回事，更有甚者把财务管理当作是会计的一部分，工作中也常有会计人员从事投资管理工作的现象。在经济管理领域中，尤其是企业投资管理方面，我国严重缺乏专业的投资管理人员。这就与企业投资管理高速发展不相适应。

三、企业投资管理创新的途径

目前在企业的投资管理中存在的这些问题，使得大多数企业不能进行有效的投资，使企业投资的收益降低了，企业的投资加大了风险，增加了企业的损失。创新的途径有：

（一）对企业投资管理理念的创新

所谓投资管理理念是管理者在管理活动过程中所持有的思想观念和价值判断。管理者要重视企业投资管理理念的创新。

（二）对企业投资管理员工管理上的创新

企业要提供给企业投资管理员工各种成长和发展的机会，一定要重视企业投资管理人才，制定措施让物质奖励与精神激励合二为一，让企业与投资管理人才达到双赢。主要采取人性化管理方式——精神激励，把投资管理人才的主动性、创造性和积极性调动起来，其目的就是为了追求利润最大化。

（三）对企业投资管理制度的创新

思维创新、技术创新和组织创新活动都达到制度化、规范化，制定一套行之有效的制度，执行周全的风险防范措施，加强事前、事中、事后的风险管理与控制，将风险损失降到最低。

四、创新企业投资管理措施建议

（一）企业投资前广开言路调查研究

投资决策是一个长期的过程，会受到很多因素、方方面面的影响。在投资管理的全过程以及投资和投资决策的每一个重要环节，企业投资决策人都应保持谦虚冷静、自省自律的清醒心态，广开言路，在技术、财务、市场、经济评价和社会等方面，严加考察，然后进行投资决策；对投资项目进行科学的预测分析，制作项目建议书、可行性研究和调研报告等。要组建能够胜任投资管理职责的智囊团，只有科学投资决策，项目投资风险就会降低，经验得到积累,就会为今后的投资提供更加翔实的资料,为后期的企业投资管理打牢基础。

(二) 执行周全的风险防范措施

当前形势下,以下任何一种风险被忽略了,都可能给企业的投资行为带来不可估量的损失,这些风险包括:投资风险、市场风险、信贷风险、营运风险、法律风险、技术风险等,这些不同的风险类型都直接或间接地影响着企业的投资。为了将风险预警与防范措施做到最好,大多企业就会根据种子期、创立期、发展期、扩张期和成熟期的分类方法将投资产品合理定位,把这些风险类型系统性的进行风险分析与管理融入投资的各个时期,这样做是十分必要的。因为只有对不同投资时期的不同投资产品针对其所面临的风险分别制定有效的风险防控措施、建立责任制度和奖惩制度;才能在投资的全过程中保证监管有效;结束时还要做好评审验收工作,及时进行归纳总结,实现效益的最大化。

(三) 时刻密切关注是否存在通货膨胀

通货膨胀会影响到项目资金的资本成本率和项目预期的现金流量,所以大家知道投资产品的选择和投资方案的优先顺序和通货膨胀及其膨胀程度有着直接的关系。但是很多企业在平衡成本与收益时,对通货膨胀考虑得太少甚至缺失的前提下,对企业根据预期投资收益而做出的投资决策也是值得怀疑的。这就表明影响投资资本收益核算的两大指标都失去合理性,那么企业也必将会承受不可估量的风险损失。

随着经济全球化步伐的加快,在我国企业投资规模越来越大、投资品种越来越丰富的今天,更多的企业会参与到市场化的投资管理中来。只要通过创新投资管理方法和采取行之有效的办法,企业就一定可以最大限度地规避风险。

第五章 营运资金管理

第一节 营运资金管理概述

一、营运资金含义及特点

(一) 营运资金含义

营运资金（Working Capital）也叫营运资本，有广义和狭义之分。

广义的营运资金又称总营运资本，是指一个企业投放在流动资产上的资金，具体包括应收账款、存货、其他应收款、应付票据、预收票据、预提费用、其他应付款等占用的资金。

狭义的营运资金是指某时点内企业的流动资产与流动负债的差额（不包含现金及现金等价物，以及短期借款）。

营运资金的管理既包括流动资产的管理，也包括流动负债的管理。

流动资产在资产负债表上主要包括以下项目：货币资金、短期投资、应收票据、应收账款、预付费用和存货。

流动负债是指需要在一年或者超过一年的一个营业周期内偿还的债务。流动负债又称短期融资，具有成本低、偿还期短的特点，必须认真进行管理，否则，将使企业承受较大的风险。流动负债主要包括以下项目：短期借款、应付票据、应付账款、应付工资、应付税金等。本章主要介绍流动资产中有关现金、应收账款和存货的管理活动。流动负债的相关内容在前述第四章中已述及，在此不再赘述。

(二) 营运资金特点

1. 周转时间短

企业占用在流动资产上的资金，通常在一年或一个营业周期内收回。营运资金可以通过短期筹资方式如商业信用、银行短期借款等方式加以解决。

2. 形态具有变动性和易变现性

企业营运资金的实物形态是经常变化的，一般按照现金、材料、在产品、产成品、应收账款、现金的顺序转化。在进行流动资产管理时，必须在各项流动资产上合理配置资金数额，做到结构合理，以促进资金周转顺利进行。非现金形态的营运资金如存货、应收账款、短期有价证券容易变现，这一点对企业应付临时性的资金需求很重要。

3. 数量具有波动性

流动资产或流动负债容易受内外条件的影响，数量的波动往往很大。季节性企业如此，非季节性企业也如此。随着流动资产数量的变动，流动负债的数量也会相应发生变动。

4. 来源具有多样性

营运资金的需求问题既可通过长期筹资方式解决，也可通过短期筹资方式解决。企业筹集营运资金的方式较为灵活多样，通常有银行短期借款、短期融资券、商业信用、应交税金、应交利润、应付工资、应付费用、预收货款、票据贴现等多种融资方式。

二、营运资金管理的原则

一个企业要维持正常的运转，就必须拥有适量的营运资金，要搞好营运资金管理，必须解决好流动资产和流动负债两个方面的问题。营运资金过多，变现能力强，说明资产利用率不高；营运资金过少，说明流动资产问题多，潜在的偿债压力大。营运资金管理的核心内容就是对资金运用和资金筹措的管理，以维持两者间合理的结构或比例并增强流动资产的变现能力。

企业进行营运资金管理，应遵循以下原则：

（一）合理确定营运资金需要量

企业营运资金的需求数量与企业生产经营活动密切相关。企业进行营运资金的管理，首先必须满足正常合理的资金需求。企业在生产经营过程中涉及购买存货的资金需求、短期偿债资金需求等，企业应采用恰当的方法，结合企业实际，合理确定资金需要量。

（二）提高资金的利用率

提高资金的利用率需要加速资金周转。企业可以通过缩短营业周期，加速变现过程来加快营运资金周转。企业还应该采用适当的销售策略和收账政策加速存货、应收账款等流动资产的周转，以便获得更多的经济效益。

（三）节约资金使用成本

在营运资金管理中，需要做到既能够保证生产经营需要，又能够节约资金使用成本。在保证生产经营需要的前提下，厉行节约，使资金使用成本降到最低。这需要企业充分挖掘资金潜力，精细合理地使用资金，同时企业也应该积极地拓宽筹资渠道。

（四）保证短期偿债能力

合理安排流动资产与流动负债的比例关系，保持流动资产结构与流动负债结构的适配性非常重要。流动资产、流动负债以及二者之间的关系能反映出企业的短期偿债能力。如果一个企业的流动资产比较多，流动负债比较少，说明企业的短期偿债能力较强；反之，则说明短期偿债能力较弱。企业的流动资产太多，造成流动资产闲置；企业的流动负债太少，是流动负债利用不足所致。这两种情况都不是正常现象。

第二节 现金管理

一、现金概述

（一）现金的含义

现金（Cash）有广义、狭义之分。广义的现金是指在生产经营过程中以货币形态存在的资金，包括库存现金、银行存款和其他货币资金等。狭义的现金仅指库存现金。本节所讲的现金是指广义的现金。

（二）现金的特点

企业日常生产经营活动开支的各种需要要求财务部门必须保持合理的现金水平。具体来说，现金具有如下特点：

1. 现金是流动性最强的资产

在不考虑资金的时间价值及通货膨胀的情况下，现金所代表的价值是它的实际价值，而其他资产会因为不容易变现或市场需求等因素而价值不稳定。

2. 现金是变现能力最强的资产

现金是所有资产中变现能力最强的，可以保证债务的可清偿性。

3. 现金是风险最低的资产

现金的安全性最高，拥有足够的现金，可以降低企业的风险。但应注意的是，如果存在通货膨胀或者丧失了投资机会，过多持有现金是不利的，因为此时现金存在贬值风险。

4. 现金是唯一不创造价值的资产

现金持有量不是越多越好。一个企业不能靠现金创造价值，因为即使是银行存款，其利率也非常低。现金存量过多，它所提供的流动性边际效益便会随之下降，从而使企业的收益水平下降。

（三）现金管理的目标

企业现金管理的目标，就是要在资产的流动性和盈利能力之间做出抉择，谋求企业最大的长期利益，合理确定现金持有量，在保证企业经营活动所需现金的同时，节约使用资金，尽量减少闲置现金的数量，提高资金收益率。

二、持有现金的动机

企业持有现金有三种动机：交易性动机、预防性动机和投机性动机。

（一）交易性动机

交易性动机（Transaction Motive）又称支付动机，是指企业持有现金以便满足日常周转及支付的需要。如购买原材料、支付工资、缴纳税款、偿付到期债务、派发现金股利等。企业每天的经济交易都会发生许多支出和收入，但是这些支出和收入在数额上不相等，同时在时间上也是不匹配的。所以企业需要持有一定的现金来调节，以保障生产经营活动能持续顺利地进行。

（二）预防性动机

预防性动机（Precautionary Motive）是指企业持有现金，用来应付意外事件时对现金的需求。为了应付突发事件，企业有必要维持比日常正常运转所需金额更多的现金。一般来说，企业预防性动机所需要的现金额取决于企业愿冒缺少现金风险的程度、企业预测现金收支可靠的程度、企业临时融资的能力。

（三）投机性动机

投机性动机（Speculative Motive）是指企业持有现金，以便在证券价格剧烈波动时，从事投机活动从而从中获得收益。投机机会大都是一闪即逝的，具有时间短、收益高的特点。如证券价格的突然下跌，企业若没有用于投机的现金，就会错过这一机会。企业基于投机动机的现金持有量往往与企业在金融市场的投资机会以及企业对待风险的态度有关。

三、持有现金的成本

企业持有现金的成本通常有持有成本、转换成本、短缺成本和管理成本。

（一）持有成本

现金持有成本（Holding Cost）也称机会成本，是指企业因保留一定的现金余额而丧失的投资收益。这里所指的投资收益通常指投资于有价证券所获得的收益，例如，某企业持有现金 60 万元，如果用于证券投资，按 10% 的收益率计算，投资收益为 6 万元。这 6 万元就是该企业持有 60 万元现金的持有成本。持有现金的成本用公式衡量如下：

持有成本 = 现金平均余额 × 有价证券收益率

通过上述公式可以看出，企业的现金持有量越多，机会成本就越高；企业持有的现金越少，机会成本就越低。即现金持有量与机会成本呈正比例关系。

（二）转换成本

现金转换成本（Transferring Cost）是指购入有价证券和有价证券变现时付出的交易费

用,即现金与有价证券之间相互转换的成本,如证券过户费、交割手续费等。转换成本用公式表示如下:

转换成本 = 证券变现次数 × 每次交易成本

通过上述公式可以看出,证券转换成本与现金持有量的关系是:在每次交易成本一定的情况下,现金持有量越少,证券变现次数就越多,证券转换成现金的成本就越大;现金持有量越多,证券变现次数越少,证券转换成现金的成本就越少。

(三)短缺成本

现金短缺成本(Out-of-Stock Cost)是指缺乏现金又无法及时加以补充,给企业带来的损失。这种损失有直接损失和间接损失两种。直接损失指当企业现金短缺造成无法购进生产经营必需的原材料,造成生产断链无法完成订单而给企业造成的损失。间接损失主要是指企业不能按期支付货款或归还贷款而使企业信用降低等无形的损失。

短缺成本一般随现金持有量的增加而下降,随现金持有量的减少而上升。

(四)管理成本

现金的管理成本(Administration Cost)是指企业因持有一定数量的现金而发生的管理费用,例如管理者工资、安全措施费用等。一般认为这是一种固定成本,这种固定成本在一定范围内和现金持有量之间没有明显的比例关系。

四、最佳现金持有量的确定

现金持有不足,则可能影响企业的生产经营,加大财务风险;现金持有过多,则会降低企业的整体盈利水平。企业必须确定最佳现金持有量(也写作现金最佳持有量)。确定最佳现金持有量的方法主要有成本分析模式、存货模式和现金周转模式。

(一)成本分析模式

成本分析模式是通过分析现金的有关成本,寻找总成本最低时现金持有量的一种方法。运用成本分析模式确定最佳现金持有量时,不考虑持有成本中的转换成本。持有现金的机会成本和现金持有量呈正比例关系,短缺成本和现金持有量呈反比例关系。具体来说,成本分析模式下每种方案的现金总成本的计算公式如下:

现金总成本 = 机会成本 + 管理成本 + 短缺成本

成本分析模式下通过上述公式进行预测和选择,最终选择的方案是使总成本最低时的现金持有量为最佳现金持有量。公式中管理成本属于固定成本,机会成本是正相关成本,短缺成本是负相关成本。因此,成本分析模式是要找到机会成本、管理成本和短缺成本所组成的总成本曲线中最低点所对应的现金持有量,把它作为最佳现金持有量。

（二）存货模式

存货模式又称鲍莫模式。存货模式是借助存货控制中的经济批量法，确定有价证券变现次数和最佳现金持有量的一种方法。存货模式只考虑现金的持有成本（机会成本）和转换成本，不考虑现金的管理成本和短缺成本。不考虑管理成本，是因为管理费用与现金持有量一般没有关系，属于决策无关成本。不考虑短缺成本，是因为短缺成本不易确定，所以在存货模式下也不考虑。在存货模式下，如果现金持有量多，则持有成本高，转换成本低；如果现金持有量少，则持有成本低，转换成本高。

运用存货模式的基本假设如下：

（1）企业所需现金可通过证券变现取得。

（2）企业在一定时期（通常为1年）所需的现金总量可以预测。

（3）现金使用比较均匀。

（4）证券利率和每次交易费用可以获悉。

（5）不允许出现短缺成本。

存货模式下现金总成本公式如下：

现金总成本＝持有现金成本＋有价证券交易成本

＝现金平均余额×证券收益率＋证券变现次数×证券每次交易成本

（三）现金周转模式

现金周转模式是从现金周转角度出发，根据现金总需求量和周转速度来确定最佳现金持有量。

现金周转期用公式来表示如下：

现金周转期＝存货周转期＋应收账款周转期－应付账款周转期

其中：

存货周转期＝平均存货÷每天的销货成本

应收账款周转期＝平均应收账款÷每天的销货收入

应付账款周转期＝平均应付账款÷每天的购货成本

现金周转率和最佳现金持有量公式为：

现金周转率（现金周转次数）＝360÷现金周转期

最佳现金持有量＝预计全年现金总需求额÷现金周转率

通过上述公式可以看出，要减少现金周转期，可以从以下几个方面着手：加快制造与销售产成品来减少存货周转期，加速应收账款的回收来减少应收账款周转期，减缓支付应付账款来延长应付账款周转期。

五、现金的日常管理

（一）现金回收管理

1. 邮政信箱法

邮政信箱法又称锁箱法，是指企业在各主要城市租用的专门用来收取客户汇款的邮箱。它是西方业加速现金流转的一种常用方法。企业可以在各主要城市租用专门的邮政信箱，并开立分行存款户，授权当地银行每日开启信箱，在取得客户支票后立即予以结算，并通过电汇将货款拨给企业所在地银行。

伴随着互联网的发展，国内外的一些公司转而使用电子锁箱作为传统锁箱的替代品。在电子锁箱中，客户利用电话或互联网来点击他们的账户（比如利用某家银行的网上/电子银行），查阅账单并授权支付，不再在交易中有纸单的转手。从出票人的角度看，电子锁箱比传统的账单支付方式要方便得多。这种电子锁箱方式会随着互联网的发展而越来越流行。

是否采用锁箱法（电子锁箱），必须在锁箱法带来的收益与额外付出的成本之间进行权衡。如果增加的费用支出比收益小，则可采用该系统；反之，则不宜采用。

2. 集中银行法

集中银行法是为了缩短从顾客寄出支票到现金进入公司账户并处于可利用状态的时间的一种加速收款方法。集中银行法是指在收款比较集中的若干地区设立多个收款中心来代替通常只在公司总部设立单一的收款中心，并指定一个主要银行（通常是公司总部所在地的银行）作为集中银行，以加快账款的收回速度的一种方法。

企业的客户只须将款项交到距其最近的收款中心即可，不必交到企业总部，各个收款中心的银行再将扣除补偿性余额的多余现金汇入企业总部的集中银行账户。

（二）现金支出管理

1. 合理运用现金浮游量

现金浮游量是指由于企业提高收款效率和延长付款时间所产生的企业账户上的现金余额与银行账户上的企业存款余额之间的差额。也就是企业和银行之间的未达账项，产生的原因是现金收支凭证的传递和处理都需要一定的时间。企业应合理预测现金浮游量，有效利用时间差，提高现金的使用效率。现金浮游量分为有利的浮游量（支出浮游量）和不利的浮游量（存款浮游量）。

第一，有利的浮游量是企业作为付款人产生的支出浮游量，是由款项被银行划转的时间比支票签发时间晚所引起的。

企业从签发票据到真正付款可分为三个阶段：第一阶段是寄交浮游阶段，即签发支票寄交对方；第二阶段是处理浮游阶段，即供应商收到票据，进行内部处理（审核、入账），再送存银行；第三阶段是清算浮游阶段，即银行将款项从付款方账户划转到收款方账户。

如某企业支付原材料货款，支票的签发和寄交供应商要两天，供应商内部处理要一天，银行间办理清算要一天，则支出浮游总天数为四天。

第二，不利的浮游量是企业作为收款人产生的存款浮游量，是由开户银行登记存款增加的时间比企业收到票据的时间晚所引起的。具体分为企业内部的处理浮游和银行办理手续登记企业存款账户的清算浮游两个环节。

第三，净浮游量。有利浮游量和不利浮游量的差值就是净浮游量，具体可用下式表示：

净浮游量 = 支出浮游量 – 存款浮游量

考虑到时间因素，可用下式表示：

净浮游量 = 每天平均开出的支票张数 × 平均面额 × 平均支出浮游天数 – 平均每天收到的支票张数 × 平均面额 × 平均存款浮游天数

2. 应付款推迟支付

应付款推迟支付，是指企业在不影响自己的信誉的前提下，充分运用供货方所提供的信用优惠，尽可能地推迟应付款的支付期。

3. 汇票代替支票

汇票分为商业承兑汇票和银行承兑汇票，与支票不同的是，承兑汇票并不是见票即付。这一方式的优点是推迟了企业调入资金支付汇票的实际所需时间。这样企业就只须在银行中保持较少的现金余额。

它的缺点是某些供应商可能并不喜欢用汇票付款，银行也不喜欢处理汇票，它们通常需要耗费更多的人力。同支票相比，银行会收取较高的手续费。

4. 透支

透支是企业开出支票的金额大于活期存款余额。它实际上是银行向企业提供的信用。透支的限额由银行和企业共同商定。

5. 使现金流出与现金流入基本同步

企业应尽量使现金流出与流入同步，这样，就可以降低交易性现金余额，同时可以减少有价证券转换为现金的次数，提高现金的利用效率，节约转换成本。

6. 运用零余额账户

即企业与银行合作，保持一个主账户和一系列子账户，企业只在主账户保持一定的安全储备，而在一系列子账户不需要保持安全储备。当从某个子账户签发的支票需要现金时，所需要的资金立即从主账户划拨过来，从而使更多的资金可以用作他用。

第三节 应收账款管理

一、应收账款的功能

应收账款是企业对外销售产品或提供劳务时采用赊销方式而形成的债权，是采用商业信用的直接结果。其功能如下：

（一）增加销售

在市场激烈竞争的情况下，赊销是促进销售的一种重要方式。对于大多数企业来说，赊销能明显地达到增加销售的目的。因为企业提供赊销，不仅向顾客提供了商品，也在一定时间内向顾客提供了购买该商品的资金，顾客将从赊销中得到好处。所以赊销会带来企业销售收入和利润的增加。

（二）减少存货

企业持有一定产成品存货时，对存货进行管理会相应地占用资金，形成仓储费用、管理费用等支出。当企业产成品存货过多时，就可以考虑采用较为优惠的信用条件进行赊销，以减少产成品存货，将存货转化为应收账款，以便节约支出。

二、应收账款的成本

（一）机会成本

应收账款会占用企业一定量的资金，而企业若不把这部分资金投放于应收账款，便可以用于其他投资并可能获得收益，例如投资债券获得利息收入。这种因投放于应收账款而放弃其他投资所带来的收益，即为应收账款的机会成本。有关应收账款机会成本的计算公式如下：

应收账款平均余额 = 年赊销额 ÷ 360 × 平均收账天数

维持赊销业务所需资金量 = 应收账款平均余额 × 变动成本率

（其中：变动成本率 = 变动成本 / 销售收入）

应收账款机会成本 = 维持赊销业务所需资金量 × 资金成本率

（二）管理成本

管理成本主要是指在进行应收账款管理时所增加的费用。包括调查客户信用情况的费用、搜集各种信息的费用、账簿的记录费用、收账费用、其他费用。

（三）坏账成本

这是指由于应收账款无法收回而给公司造成的经济损失。在赊销交易中，债务人由于种种原因无力偿还债务，债权人就有可能无法收回应收账款而发生损失，这种损失就是坏账成本。企业发生坏账成本是不可避免的，一般情况下，坏账成本与应收账款的数量呈正比，即应收账款越多，坏账成本也越多。

三、信用政策

信用政策是企业对应收账款进行规划和控制的一些原则性制度，是企业财务政策的一个重要组成部分。

（一）信用标准

信用标准是指顾客获得企业的交易信用所应具备的条件，一般以坏账损失率表示。一般来说，企业信用标准高，则可以降低违约风险，进而使企业坏账少，收账费用少，但是会影响企业的市场竞争力和销售收入的增加；如果企业信用标准低，则会增加违约风险，企业坏账可能增多，花费的收账费用增加，但是赊销能增强企业的市场竞争力和促使更多的产品销售出去。

1. 信用标准的定性分析

（1）同行业竞争对手的实力

一般来说，竞争对手实力强大，则可以适当降低信用标准，以增强企业的竞争力，维护和扩充企业的客户群，扩大销售；如果企业在竞争中处于优势地位，则应当制定较高的信用标准，以便减少坏账损失。

（2）企业承担违约风险的能力

一般来说，企业实力较强，承担风险的能力强，则可以制定较低的信用标准，以争取客户；如果企业实力一般，承担风险的能力有限，则应该采用严格的信用标准，以降低企业将面临的客户违约风险。

（3）客户的信用状况（"5C"系统）

第一，品质（Character）。这是指个人申请人或企业申请人管理者的诚实和正直表现。品质反映了个人或企业在过去的还款中所体现的还款意图和愿望。信用品质是决定是否给予客户信用的首要因素。

第二，能力（Capacity）。能力反映的是企业或个人在其债务到期时可以用于偿债的当前和未来的财务资源。可以使用流动比率和现金流预测等方法评价申请人的还款能力。

第三，资本（Capital）。资本是指如果企业或个人当前的现金流不足以还债，他们在短期和长期内可供使用的财务资源。资本反映了客户的经济实力与财务状况的优劣，是客户偿付债务的最终保证。

第四，抵押（Collateral）。抵押是指当企业或个人不能满足还款条款时，可以用作债务担保的资产或其他担保物。

第五，条件（Condition）。条件是指影响顾客还款能力和还款意愿的经济环境，对申请人的这些条件进行评价，以决定是否给其提供信用。

2. 信用标准的定量分析

（1）信用标准的定量分析主要解决两个问题。

①确定客户拒付账款的风险，即坏账损失率。

②具体确定客户的信用等级，作为制定信用标准的依据。

（2）信用评分包括以下四个步骤：

第一，根据信用申请人的月收入、尚未偿还的债务和过去受雇用的情况，将申请人划分为标准的客户和高风险的客户。

第二，对符合某一类型申请人的特征值进行加权平均以确定信誉值。

第三，确定明确的同意或拒绝给予信用的门槛值。

第四，对落在同意给予信用的门槛值或拒绝给予信用的门槛值之间的申请人做进一步分析。

（二）信用条件

信用条件是指企业提供商业信用时所提出的付款要求，包括信用期限、折扣期限和现金折扣率。信用条件通常表示为"2/10、1/20、n/30"，其含义是：若客户在 10 天之内付款，可享受 2% 的现金折扣；若客户在 20 天之内付款，可享受 1% 的现金折扣；若放弃现金折扣，必须在 30 天内付清全部款项。这里，30 天为信用期限，10 天和 20 天为折扣期限，2% 为现金折扣率。

1. 信用期限

信用期限是企业允许顾客从购货到付款之间的时间，或者说是企业给予顾客的付款期间。如果企业允许顾客在购货后的 30 天内付款，则信用期限为 30 天。根据相关会计准则的规定，不能收回的应收账款应该确认为坏账损失。一般来说，如果信用期限过短，坏账少，收账费用少，但不足以吸引顾客，影响市场竞争力和销售收入的增加；如果信用期过长，坏账增加，收账费用增加，可以促进销售，但所得到的收益有时会被增长的费用抵销，甚至造成利润减少。因此，企业必须慎重研究，合理确定恰当的信用期限。

2. 现金折扣和折扣期限

现金折扣是企业为了鼓励客户尽早（在规定的期限内）付款而给予的价格扣减。现金折扣包括两方面的内容：一是折扣期限，即在多长时间内给予折扣；二是折扣率，即在折扣期内给予客户多少折扣。

当企业给予顾客某种现金折扣时，应当考虑折扣所能带来的收益与成本孰高孰低，权衡利弊，最终确定最佳方案。

现金折扣是企业对顾客在商品价格上的扣减。向顾客提供这种价格上的优惠，主要目的在于吸引顾客为享受优惠而提前付款，缩短企业的平均收款期。另外，现金折扣也能招揽一些视折扣为减价出售的顾客前来购货，借此扩大销售量。

因为现金折扣是与信用期间结合使用的，所以确定折扣程度的方法与程序实际上与前述确定信用期限的方法与程序一致，只不过要把所提供的延期付款时间和折扣综合起来，计算各方案的延期与折扣能取得多大的收益增量，再计算各方案带来的成本变化，最终确定最佳方案。

3. 收账政策

收账政策是指企业针对客户违反信用条件，拖欠甚至拒付账款所采取的收账策略与措施。合理的收账政策应在权衡增加的收账费用和减少的坏账损失后做出。

（1）客户发生拖欠的信号

①付款变慢。

②推翻已有的付款承诺。

③未经同意退回有关单据。

④突然或经常转换银行或账号。

⑤不经许可退货。

⑥交易额突然增大，超过客户的信用限额。

⑦客户提出延期付款。

⑧客户提出改变原有的付款方式。

⑨客户提出了破产申请。

⑩在同行业中听到对客户不利的消息。

⑪在媒体或其他场合看到对客户不利的文字。

⑫在业务员中听到对客户不利的消息。

（2）选择有效的追讨手段

在实际当中，当客户出现拖欠的情况之后，到底用什么手段进行追讨，往往是一个较难处理的问题，企业主要应从追账的有效性、时间、成本（费用）等方面进行权衡。

（3）收账政策选择

企业收账政策的收紧与宽松会带来不同的效果。

四、应收账款的日常管理

随着商业信用的推行，企业应收账款数额明显增多，对应收账款的管理已经成为企业生产经营活动中的重要问题。企业应从以下几个方面加强应收账款的日常管理工作。

（一）应收账款的跟踪评价

应收账款一旦形成，企业就必须考虑如何按时足额收回欠款，而不是消极地等待对方付款，应该经常对所持有的应收账款进行动态跟踪分析。加强日常监督和管理，要及时了解赊销者的经营情况、偿付能力，以及客户的现金持有量与调剂程度能否满足兑现的需要，必要时，企业可要求客户提供担保。

须注意的是，并不是对全部应收账款都实施追踪分析，主要以金额大或信用品质较差的客户的欠款为主要考察对象。

（二）应收账款账龄分析

应收账款账龄分析就是对应收账款账龄结构的分析。应收账款账龄结构的分析是指各账龄应收账款的余额占应收账款总额的比重。

账龄分析表将应收账款划分为未到信用期的应收账款和以 30 天为间隔的逾期应收账款。企业可以依据应收账款总额或分客户进行账龄分析。账龄分析法可以确定逾期应收账款，随着逾期时间的增加，应收账款收回的可能性变小。

相比于应收账款周转天数，账龄分析表更能揭示应收账款的变化趋势。原因在于账龄分析表给出了应收账款分布的模式，而不仅仅是一个平均数。应收账款周转天数有可能与信用期限相一致，但是有一些账户可能拖欠得很严重。因此应收账款周转天数不能明确地表现出账款拖欠情况。当各个月之间的销售额变化很大时，账龄分析表和应收账款周转天数都可能发出类似的错误信号。

（三）加强销售人员的回款管理

销售人员须具备以下工作习惯：

（1）货款回收期限前一周，电话通知或拜访客户，预知其结款日期。

（2）回收期限前三天，与客户确定结款日期。

（3）结款日当天，一定要按时通知或前往拜访。

企业在制定营销政策时，应将应收账款的管理纳入对销售人员考核的项目之中，即个人绩效不仅要和销售挂钩，也要和应收账款的管理联系在一起。

（四）定期对账

加强应收账款的催收力度要形成定期的对账制度，每隔三个月或半年就必须同客户核对一次账目，并对因产品品种、回款期限、退换货等原因导致单据、金额等方面出现的误差进行核实。对过期的应收账款，应按其拖欠的账龄及金额进行排队分析，确定优先收账的对象。同时应分清债务人拖延还款是否属故意拖欠，对故意拖欠的，应考虑通过法律途径加以追讨。

（五）控制应收账款发生的频率与额度，降低企业资金风险

在购销活动中，要尽可能地减少赊销业务。一般宁可采取降价销售，也不要选择大额的赊销，企业可选择购货方承兑汇票支付方案、货款回收担保方案及应收账款风险比较选择方案。

总之，要尽量压缩应收账款发生的频率与额度，降低企业资金风险。一般情况下，应要求客户还清前欠款项后，才允许有新的赊欠，如果发现欠款过期未还或欠款额度加大，企业应果断采取措施，通知有关部门停止供货。

（六）计提减值准备，控制企业风险成本

按照现行会计准则和会计制度的规定，企业根据谨慎性原则的要求，应当在期末或年终对应收账款和存货进行检查，合理地预计可能发生的损失，对可能发生的各项资产损失计提减值准备和坏账损失，以便减少企业风险成本。

（七）建立健全公司机构内部监控制度

完善的内部控制制度是控制坏账的基本前提，其内容应包括以下几个方面：

第一，建立销售合同责任制，即对每项销售都应签订销售合同，并在合同中对有关付款条件做明确的说明。

第二，设立赊销审批职能权限，企业内部规定业务员、业务主管可批准的赊销额度，限额以上须经领导人审批的职级管理制度。

第三，建立货款和货款回收责任制，可采取谁销售谁负责收款的方式，并据以考核其工作绩效。

总之，企业应针对应收账款在赊销业务中的每一个环节，健全应收账款的内部控制制度，努力形成一整套规范化的应收账款的事前、事中、事后控制程序。

第四节 存货管理

一、存货的功能

存货是指企业在生产经营过程中为了生产或销售而储备的物资，包括企业持有的待销售的产成品或商品，或为了出售仍然处于生产过程中的产品，或在生产过程、劳务过程中消耗的材料、物料等。它是反映企业流动资金运作情况的晴雨表，因为它不仅在企业营运资本中占很大比重，而且又是流动性较差的流动资产。存货管理水平的高低直接影响着企业的生产经营能否顺利进行，并最终影响企业的收益、风险等状况。因此，存货管理是财务管理的一项重要内容。企业应尽力在各种存货成本与存货效益之间做出权衡，在充分发挥存货功能的基础上，降低存货成本，实现两者的最佳组合。

存货的功能是指存货在企业生产经营过程中起到的作用。具体包括以下几个方面：

（一）保证生产经营不中断

为了保证生产经营过程的持续性，企业必须有计划地购入、消耗和销售存货，它是生产经营过程中不可缺少的资产，也是保证生产经营活动连续顺利进行的必要条件。否则，可能会造成生产中断、停工待料的现象，从而使企业生产秩序受到干扰。

（二）利于企业产品销售

一定数量的存货储备能够满足企业销售方面的机动性和适应市场变化。若市场需求量增加，但企业储备不足，就有可能失去销售良机，甚至损害企业的信誉。所以，保持一定量的存货有利于市场销售。

（三）维持均衡生产，降低产品成本

对于企业产品属于季节性产品或者需求波动较大的产品，若根据需求状况组织生产，则可能使生产能力得不到充分利用，或者超负荷生产，这会造成产品成本的上升。所以，对于这种类型的企业，保有存货非常必要。

（四）降低存货取得成本

一般来说，企业采购时，进货总成本与采购物资的单价和采购次数有密切关系。许多供应商为鼓励客户多购买其产品，往往在客户采购量达到一定数量时，给予商品折扣，所以企业通过大批量集中进货，既可以享受价格折扣优惠，降低购置成本，也因减少订货次数，降低了订货成本，使总的进货成本降低。

（五）防止意外事件的发生

企业在采购、运输、生产和销售过程中，都可能发生意料之外的事故，保持必要的存货保险储备，可以避免和减少意外事件的损失。

二、存货的持有成本

与存货持有成本有关的成本包括以下三种：

（一）取得成本

取得成本指为取得某种存货而支出的成本。存货的取得成本，包括购置成本和订货成本。

1. 购置成本

购置成本又称存货进价，是指存货本身的价值。其公式可表达为：

购置成本 = 采购单价 × 采购数量

在全年进货总量既定的条件下，如有数量折扣，属于存货分析相关成本；否则，属于存货分析无关成本。

2. 订货成本

订货成本指取得订单的成本，如办公费、差旅费、邮资、电报、电话费、运输费等支出。订货成本中有一部分与订货次数无关，如常设采购机构的基本开支等，称为固定的订货成本；另一部分与订货次数有关，如差旅费、邮资等，称为订货的变动成本。

变动订货成本 = 年订货次数 × 每次订货成本

变动订货成本与订货次数相关，属于存货分析相关成本；固定订货成本与订货次数无关，属于存货分析无关成本。

（二）储存成本

储存成本指为保持存货而发生的成本，包括存货占用资金所应计的利息、仓库费用、保险费用、存货破损和变质损失等。

储存成本也分为固定成本和变动成本。固定成本与存货数量的多少无关，如仓库折旧、仓库职工的固定工资等。变动成本与存货的数量有关，如存货资金的应计利息、存货的破损和变质损失、存货的保险费用等。用公式表达的储存成本如下：

储存成本 = 储存固定成本 + 储存变动成本

储存变动成本 = 年平均储存量 × 单位存货年储存成本

储存变动成本与采购数量相关，属于存货分析相关成本；储存固定成本与采购数量无关，属于存货分析无关成本。

（三）缺货成本

缺货成本指由于存货供应中断而造成的损失，包括材料供应中断造成的停工损失、成品供应中断导致延误发货的信誉损失以及丧失销售机会的损失等；如果生产企业以紧急采购代用材料解决库存材料中断之急，那么缺货成本表现为紧急额外购入成本。

允许缺货时，缺货成本与每次进货量反向相关，属于决策相关成本；不允许缺货时，则缺货成本为零。

三、最优存货量的确定

（一）存货经济订货批量模型

1. 假设条件

（1）存货总需求量是已知常数。
（2）订货提前期是常数。
（3）货物是一次性入库。
（4）单位货物成本为常数，无批量折扣。
（5）库存持有成本与库存水平呈线性关系。
（6）货物是一种独立需求的物品，不受其他货物影响。

2. 存货经济订货批量的含义

在存货成本中，通常采购成本与订货数量无关；缺货成本也由于能够预计存货的年需要量和平均耗用量，存货可以随时得到补充，所以不存在缺货的问题。所以采购成本和缺货成本在确定经济订货批量时不予以考虑。

由前述内容可以知道，变动订货成本与订货次数相关，属于存货分析相关成本；储存变动成本与采购数量相关，属于存货分析相关成本。所以在确定存货经济订货批量时，应该使变动订货成本和储存变动成本之和最低，这个最低的采购批量即为经济订货批量。下述有关存货经济订货批量公式中的订货成本实际上指的就是变动订货成本，储存成本实际上指的是储存变动成本。

3. 存货经济订货批量公式

假设兀 TC 为年储存成本与年订货成本之和，A 为存货的全年需要量，Q 为存货的每批订货量；F 为存货的每批订货成本；K 为每单位存货等年储存成本，则有如下公式：

$$TC = \frac{A}{Q} \times F + \frac{Q}{2} \times K$$

（二）确定订货点

对于企业来说，不能等到存货全部用尽才采购，必须提前订货。所以确定何时订货非常重要，企业确定订货点需要考虑保险储备、订货提前期和平均单位时间耗用量等要素。

1. 保险储备

缺货会给企业带来损失，为防止这种损失，就需要多储备一些存货以备应急之需。保险储备是指为防止耗用突然增加或交货延期等意外情况而进行的储备。

保险储备确定公式如下：

保险储备量 = 平均每日耗用量 × 保险储备天数

2. 订货提前期

订货提前期是指从发出订单到货物验收完毕所用的时间。

3. 订货点

订货点是提出订货的物资储备量，它等于从提出订货到物资进库并能投入使用这一段时间的物资需要量加上安全库存量。相关公式如下：

订货点 = 平均单位时间正常用量 × 订货提前期 + 保险储备量

最高库存量 = 保险储备量 + 订货点

四、存货的日常控制

（一）ABC 分类控制法

ABC 控制法又叫重点管理法、ABC 分析法、ABC 分类法，是把企业种类繁多的存货，依据其重要程度、价值大小或者资金占用等标准分为三大类：A 类为高价值库存，品种数量占整个库存的 10% ~ 15%，但价值占全部库存的 50% ~ 70%；B 类为中等价值库存，品种数量占全部库存的 20% ~ 25%，价值占全部库存的 15% ~ 20%；C 类为低价值库存，品种数量多，占整个库存的 60% ~ 70%，价值占全部库存的 10% ~ 35%。

（二）JIT 库存控制

1.JIT 的基本原理

JIT 是 Just In Time 的缩写，直译为"正好准时"。如将其与库存管理和生产管理联系起来，则为"准时到货"之意。JIT 是日本丰田汽车公司在 20 世纪 60 年代实行的一种生产方式。JIT 生产管理方式在 20 世纪 70 年代末期引入我国。近年来，JIT 不仅作为一种生产方式，也作为一种通用管理模式在物流、电子商务等领域得到推行。

JIT 的基本原理是以需定供，即供方根据需方的要求（或称看板），按照需方需求的品种、规格、质量、数量、时间、地点等要求，将物品配送到指定的地点。不多送，也不少送，不早送，也不晚送，所送品种要个个保证质量，不能有任何废品。

JIT 原理虽简单，但内涵却十分丰富。

（1）在品种配置上，保证品种的有效性，拒绝不需要的品种。

（2）在数量配置上，保证数量的有效性，拒绝多余的数量。

（3）在时间配置上，保证所需的时间，拒绝不按时的供应。

（4）在质量配置上，保证产品的质量，拒绝次品和废品。

2.JIT 四要素

（1）零库存

零库存是一种现代库存管理方法，它基于在准确的时间把准确的数量送到准确的地点。超过需要的，一切都是浪费，因此，任何库存都是浪费。JIT 概念认为，库存是由于计划不当、能力不够、供应商过失、订单处理延迟和生产运作不规范、设备保养差等原因造成的。

JIT 生产可以发现其他生产方式由于过多的库存和过多人员而隐藏的问题。

（2）备货期短

由于采用小批量供货和较短的供货周期，JIT 使备货时间大大地缩短了。生产提前期的缩短也使成本下降。

（3）高频率、小批量补货

高频率、小批量供货可以减少和避免存货，当发现问题时，容易得到改进和实现均衡作业，以及柔性生产等。

（4）高质量和无缺陷

JIT 要求消除各种引起浪费的不合理的原因，要求在整个生产过程中每一个操作都要达到精益求精，将质量管理引入每一个操作中，对产品质量进行及时的监测和处理。

（三）存货归口分级控制

存货的归口管理是加强存货日常管理的一种重要方法，就是把存货资金计划指标分解给企业各有关职能部门进行管理。如各种材料物资归供应部门管理，在产品、半成品归生产部门管理，产成品归销售部门管理等。各归口部门负责制定分管存货的资金定额和管理办法，保证即安全又加快周转。

存货的分级管理就是将各部门分管的存货指标层层分解，下达到所属各级单位和个人。做到千斤重担万人挑，人人肩上有指标。

第六章 现代企业财务管理程序

第一节 财务预测与规划

一、财务预测

(一) 财务预测的概念

财务预测是指利用企业过去和现在的财务活动资料，根据企业未来财务目标，结合企业未来经营战略和面临的财务管理环境，对企业未来营业收入增长及资金需求情况做出的科学推测与估计。

(二) 财务预测的意义

财务预测的意义和目的主要包括以下五个方面：

1. 财务预测是融资规划的基础和前提

企业要对外提供产品和服务，必须有一定的资产。营业收入增加的同时，也会带来流动资产和固定资产的增加。为取得对外销售所需增加的资产，企业要通过内源融资和外源融资来筹措资金。企业融资往往需要较长时间，这就要求预先明确财务需求，以便提前安排融资计划。财务预测所确定的预期营业收入增长率、盈利能力等相关财务指标是进行财务规划进而满足融资需求的基础和前提。

2. 财务预测有助于改善投资决策

根据营业收入增长前景估计出的融资需要不一定总能得到满足。因此，就需要根据筹措到的资金来安排营业收入增长，以及有关的投资项目，使投资决策建立在统一的基础上。

3. 财务预测有助于评价企业价值的实现程度

通过财务预测可以估计企业未来发展能否实现企业总体价值目标，有助于股东或利益相关者确定对企业未来的预期目标。

4. 财务预测可以增强财务活动的可行性和一致性

除了创造企业价值这个总目标外，企业还有一系列具体的目标，如：市场份额、财务杠杆、权益报酬率等。这些不同目标之间的联系很难看出来，财务预测和随之而来的财务规划可采用统一的结构来协调这些不同的目标，把它们紧密联系起来，达到可行性和一致性。

5. 财务预测有助于应变未来

财务预测是面向未来，是超前思考的过程，不可能十分准确。但是财务预测给人们展现了未来的前景，促使人们制订应变计划，提高对不确定事件的反应能力，从而减少不利事件出现带来的损失，增加利用有利机会带来的收益。

（三）财务预测的方法

财务预测是对企业未来营业收入增长及资金需求情况做出的推测与估计。为企业决策提供依据，这就需要科学和严谨的方法与程序。

财务预测的方法有定性预测法和定量预测法两大类。

1. 定性预测法

定性预测法，又称判断预测法。它是由企业组织一些业务熟悉，并有一定理论知识和综合判断能力的专家和专业人员，利用相关资料，依靠个人经验的主观判断和综合分析能力，对未来状况和趋势做出预测的一种方法。常用的定性预测方法主要有意见汇集法、专家小组法和德尔菲法。

（1）意见汇集法

意见汇集法是由企业财务预测人员根据事先拟定好的预测提纲，对相关管理人员、专家和业务人员展开调查，广泛征求意见，然后把各方面的意见进行整理、归纳、分析、判断，最后做出预测结论。

该方法能广泛收集专业人员的意见，集思广益，并且耗时和耗费都比较少，运用灵活。但预测结果易受个人主观判断的影响，对一个问题可能产生多种不一致的观点，难以得出令人信服的结论。

（2）专家小组法

专家小组法是由企业组织有关方面的专家组成预测小组，通过召开座谈会的形式，进行充分、广泛的调查研究和讨论，然后根据专家小组的集体研究成果做出最后的预测判断。

该方法由专家小组成员面对面地进行集体讨论和研究，可以相互启发、印证和补充，使预测问题的分析和研究更充分、全面和深入，避免各专家因信息资料不能共享而使预测带有片面性。但由于会议上进行的是面对面的讨论，参加者可能碍于情面而不能充分发表自己的意见，有些观点难免会受到别人左右。

（3）德尔菲法

德尔菲法又称专家调查法，主要是采用通信方法，通过向有关专家发出预测问题调查表的方式来搜集和征求专家们的意见，并经过多次反复、综合、整理、归纳各专家的意见之后，做出预测判断。

该方法既让各个专家可以各抒己见，又可以集思广益，取长补短。对专家意见进行综合分析，有助于克服预测中的片面性。但该方法占用时间较多，速度较慢。总体来讲，定性预测法容易受主观因素影响，因而精确度、客观性相对较差。

2. 定量预测法

定量预测法是指借助于一定的数学方法对企业财务发展趋势、未来财务状况和财务成果做出数量分析的预测方法。财务预测中的定量预测方法主要有营业收入百分比法、回归分析法等。

（1）营业收入百分比法

营业收入百分比法是根据营业收入与资产负债表和利润表项目之间的相关关系，假设企业营业收入与部分成本、费用、资产和负债之间存在稳定的比例关系，根据预测出的营业收入就可以对预测期的资产负债表、利润表项目进行预测的方法。营业收入百分比法有三个主要特点：一是成本、费用、资产和负债随营业收入的增长而同比例放大；二是总体和单项的资产周转率都不变；三是资产结构保持不变。基于以上三个特点，用营业收入百分比法，就可以根据预测期营业收入的增长率、比例关系预测成本、费用、资金和负债的数值，进而计算企业未来的资金需要量，为企业资金筹措提供参考依据。

该方法操作简单，通俗易懂，但也存在局限性。由于没有考虑各项资产对当期营业收入贡献的差异性，按同比例增长的方法与实际情况可能产生较大的误差。因此在实际操作中，还需要参考其他因素的影响做出适当的调整。此外，未来期间资产结构保持不变也可能与实际情况不符。

（2）回归分析法

回归分析法是利用一系列历史资料求得资金需求量和营业收入的函数关系，在已知预期的营业收入后，根据函数关系预测资金需求量的方法。

回归分析法需要根据资金习性对资金进行划分。资金习性，是资金需要量和业务量之间的依存关系。一般地，资金需求量会随着业务量变化而变化。按照资金需求量和业务量之间的依存关系，可以把所有资金分为不变资金和变动资金。不变资金是指在一定的相关范围内，不受业务量变动的影响而保持固定不变的那部分资金；可变资金是指随业务量的变动而呈正比例变动的那部分资金。根据资金习性建立资金模型，对资金需要量预测分析。

回归分析法可以建立总资金需求模型，即按营业收入与占用资金总额的历史资料进行回归分析，得出总资金需求函数，然后根据预测的营业收入一次计算出资金需求。

回归分析法也可以分别建立各项资产、负债项目和营业收入的函数关系，即分别按营业收入与各项资产、负债与历史资料进行回归分析，得出各自的资金需求函数然后根据预测的营业收入，分别完成各项资产、负债项目的预测。后面的计算步骤与营业收入百分比法相同。回归分析法因利用一系列的历史资料和回归技术进行预测，预测结果较为准确。一般地，历史资料跨期越长越准确，在没有足够历史资料的情况下，难以实施。由于回归技术比较复杂，可以使用相关软件进行操作。

（四）财务预测的程序

财务预测是进行财务规划的前提，财务预测将预期市场目标转化为预期财务目标，并进一步转化为预期资产需求和融资需求目标,从而进行财务规划。一般情况下,财务预测之前先要制定市场战略,然后经过预测收入,预测资产需求、融资需求的过程。根据财务预测到财务规划的两次目标转化过程,财务预测的一般程序如下:

1. 预测营业收入

营业收入预测是财务预测的起点,是资产需求、成本费用、融资需求等一系列预测的基础。营业收入预测完成后才能开始财务预测,一般情况下,财务预测是把营业收入数据视为已知数,作为财务预测的起点。预测营业收入时需要分析过去及现在财务报表显示的业绩状况,并根据经营战略判断企业的发展状况,研究产品结构和市场结构等。可以采用回归分析法和产品结构法进行预测,回归分析法是利用历史数据,寻求营业收入与资金需求量之间的函数关系,然后根据函数关系预测营业收入。产品结构法主要是对企业各类产品的营业收入进行预期和调整,按照各类产品所占的比重进行加权汇总来预测总营业收入。

营业收入预测对财务预测的质量有重大影响。如果销售的实际状况超出预测很多,企业没有准备足够的资金添置设备或储备存货,则无法满足顾客需要,不仅程序会失去盈利机会,还会丧失原有的市场份额;相反,当企业筹集了大量资金购买设备并储备存货,但没有实现预期销售时,则会造成设备闲置和存货积压。

2. 预计各项资产和自发增长的经营负债

一般来说,资产与营业收入之间存在一定的数量对应关系,用营业收入百分比法或回归分析法可以把这种对应关系用函数表示出来。根据预测期的营业收入和函数就可以预计各项资产的数额。负债项目的预测与资产同理。由于大部分的流动负债项目是经营活动自发增长的,预测期营业收入必然要有一定的经营负债,用营业收入百分比法或回归分析法可以把这种数量对应关系表示出来,从而对经营负债进行预测。这种自发增长的经营负债可以抵减预测期的一部分融资需求。

3. 预计各项费用和增加的保留盈余

营业收入百分比法假设营业费用、管理费用等利润表项目与营业收入也存在稳定的比例关系,这样可以根据预测的营业收入估计费用、支出和损失,并在此基础上确定净收益。净收益和股利支付率共同决定保留盈余所能提供的资金数额。

4. 预计外部融资需求

预测期的外部融资需求是根据会计恒等式计算的,资产总额等于负债总额与权益总额之和。因此,预测期资产增加额等于经营负债自发增长额、保留盈余增加额和外部融资需求额之和。

(五)长期财务预测

长期财务预测的时间跨度一般为 3～5 年,最长不超过 10 年。长期财务规划涉及基期和预测期,一般以预测期开始的上一年度为基期,是预测工作的起点。基期数据包括各项财务数据的金额、增长率以及反应财务数据之间关系的财务比率。通常情况下,如果经过历史财务报表数据分析，上年财务数据具有可持续性，则以上年数据作为基期数据；如果不具有可持续性，则要经过修正，以修正后的数据作为基期数据，使之适合预测期的发展情况。

长期财务预测的方法与上述方法基本相同，也是以营业收入预测为起始点，预测时需要注意年度之间的数据关系。

二、财务规划

（一）财务规划的概念

财务规划是在充分考虑使营业收入增长的投资需求与融资保障能力之间关系的前提下，对企业未来财务活动的整体性决策和科学判断。财务规划的基础和前提是进行财务预测，即财务规划是在对未来期间营业收入、资产、负债、权益等变化趋势与程度预测的基础上进行的，财务预测与规划可以为企业经济效益增长建立指南。

企业以发展求生存，营业收入增长是企业发展的主要表现。营业收入增长需要资产的增长来支撑，比如应收账款、存货、固定资产等，这就需要补充资金。资产增长所需的资金除了企业经营负债的自发增长和留存收益之外，还需要一定的外部融资。企业的外部融资受资本结构和融资规模等的限制，一般不能随意实现，从而会限制资产的增长，进而限制营业收入的增长。因此，这就需要进行财务规划，来协调营业收入增长和融资需求之间的矛盾，而缺乏有效的财务规划是企业出现财务困境和财务失败的主要原因之一。

（二）财务规划的研究内容

财务规划的核心问题是协调营业收入增长和融资能力约束的配合关系。主要包括以下两个方面：

1. 营业收入增长要求下的融资需求

按照资产负债表从左至右的过程规划，即：营业收入增长带来资产增长，资产增长先用自发性负债增长和留存收益增长满足，资金缺口需要外部融资。

2. 融资能力约束下可以实现的营业收入最大增长率

按照资产负债表从右至左的过程规划，即资本结构和融资规模决定了企业的融资能力，融资能力约束了资产的增长，从而限定了营业收入可以实现的最大增长。

（三）财务规划的基本模型

企业的融资能力会限制企业的增长，从融资来源上看，企业增长的实现方式有三种：一是完全依靠内部资金增长。有些小企业无法取得借款，有些大企业不愿意借款，它们主要是靠内部积累实现增长，但有限的内部财务资源往往会限制企业的发展。二是主要依靠外部资金增长。外部筹资，包括增加债务和股东投资，增加负债会增加财务风险，导致筹资能力下降甚至完全丧失；增加股东投入资本不仅会分散控制权，且会稀释每股盈余。因此主要依靠外部资金实现增长是不能持久的。三是平衡增长，也称为可持续增长。即保持目前的财务结构和与此有关的财务风险，按照股东权益的增长比例增加借款，以此支持销售增长。

1. 可持续增长率的假设条件

可持续增长率是指不增发新股并保持目前经营效率和财务政策条件下营业收入增长的最大比率。可持续增长率并非追求增长的最大化，企业应在不耗尽财务资源的情况下合理安排营业收入的增长，使得营业收入的增长与企业的财务政策相配合。过快或过慢的营业收入增长都有可能导致企业陷入财务困境。通过比较实际增长率和可持续增长率，可以判断企业的增长目标是否与财务资源相配合，从而适时进行调整，促使企业健康发展。

持续增长率模型的基本假设条件有以下几条：

（1）企业当前的资本结构是一个目标结构，并且打算继续维持下去。

（2）企业当前的股利支付率是一个目标支付率，并且打算继续维持下去。

（3）不增发新股。

（4）维持之前的营业收入净利率水平，并且可以涵盖负债的利息。

（5）维持当前的资产周转率水平。

在上述假设条件下，营业收入实际增长率与可持续增长率相等。

可持续增长的思想，不是说企业的增长不可以高于或低于可持续增长率，而是在于管理人员必须进行预测，并加以解决由于过快或过慢增长所导致的财务问题。如果增长过快，在不增发新股的情况下，超过部分的资金只有两个解决办法：提高资产收益率，或者改变财务政策。提高经营效率并非总是可行的，改变财务政策是有风险和极限的，因此超常增长只能是短期的。从长期来看，企业增长总是受到可持续增长率的制约。

2. 可持续增长率的计算

（1）根据期初股东权益计算的可持续增长率

限制营业收入增长的是资产，限制资产增长的是融资来源（包括负债和股东权益）。在不改变经营效率和财政政策的情况，限制资产增长的是股东权益增长率。

可持续增长率 = 满足五个假设前提条件下的营业收入增长率。

假设1（资产周转率不变）：营业收入增长率 = 总资产增长率。

假设2（资本结构不变）：总资产增长率 = 负债增长率。

假设3：负债增长率 = 股东权益增长率。

假设4（不增发新股）：股东权益增长率 = 留存收益增长率。

假设5：留存收益增长率 = 净利润增长率。

（2）根据期末股东权益计算的可持续增长率

根据期初股东权益计算的可持续增长率，需要知道上年度的股东权益，否则无法计算。

3. 可持续增长率与实际增长率的关系

可持续增长率是企业当前经营效率和财务政策决定的内在增长能力。实际增长率是本年营业收入比上年营业收入的增长百分比。在不增发新股的情况下，它们之间有如下关系：

第一，如果某一年的经营效率和财务政策与上年相同，则实际增长率、上年的可持续增长率以及本年的可持续增长率三者相等。这种增长状态，在资金上可以永远持续发展下去，可称之为平衡增长。当然，外部条件使公司不断增加的产品，能为市场所接受。

第二，如果某一年的公式中的四个财务比率有一个或多个数值增长，则实际增长率就会超过本年的可持续增长率，本年的可持续增长率会超过上年的可持续增长率。由此可见，超常增长是"改变"财务比率的结果，而不是持续当前状态的结果。企业不可能每年提高这四个财务比率，也就不可能使超常增长继续下去。

第三，如果某一年的公式中的四个财务比率有一个或多个数值比上年下降，则实际销售增长就会低于本年的可持续增长率，本年的可持续增长率会低于上年的可持续增长，这是超常增长之后的必然结果，公司对此事先要有所准备。如果不愿意接受这种现实，继续勉强冲刺，现金周转就会面临危机。

第四，如果公式中的四项财务比率已经达到公司的极限水平，单纯的销售增长有助于增加股东财富。销售净利率和资产周转率的乘积是资产净利率，它体现了企业运用资产获取收益的能力，决定于企业的综合效率。对于采用"薄利多销"还是"厚利少销"，则是经济政策选择的问题。收益留存率和权益乘数的高低是财务政策选择的问题，取决于决策人对收益和风险的权衡。因此，企业的综合效率和承担风险的能力，决定了企业的增长速度。

实际上一个理智的企业在增长率问题上并没有很大的回旋余地，尤其是从长期来看更是如此。一些企业由于发展过快陷入危机甚至破产；另一些企业由于增长太慢遇到困难甚至被其他企业收购，这说明不当的增长足以毁掉一个企业。

（四）营业收入增长要求下的融资规划

外部融资需求是在营业收入增长率已知的前提下，计算出在预测期内支持营业收入增长率所需的外部融资，进而在企业财务目标之下对外部融资来源进行规划。这是按照资产负债表从左至右的过程规划。

如果继续提高财务杠杆，能够承受权益乘数，则借款资金来源可以满足营业收入增长带来的资金需求。但财务杠杆的高低是重要的财务政策，不可能随便提高，更不可能无限提高。如果借款无法满足资金需求，就要考虑发行新股、提高利润留存率、销售净利率、资产周转率等，来弥补资金缺口，如同财务杠杆一样，这些财务政策都不可能无限提高，否则会限制企业的增长率，这就说明企业的增长要考虑融资约束。

第二节 财务决策

一、财务决策概述

决策理论（Making Decision Theory）是把第二次世界大战以后发展起来的系统理论、运筹学、计算机科学等综合运用于管理决策中，形成的一门有关决策过程、准则、类型及方法的较完整的理论体系。决策理论已形成了以诺贝尔经济学奖得主赫伯特·西蒙为代表人物的决策理论学派。"决策"一词通常指从多种可能中做出选择和决定。

决策在我们当今社会中无所不在，大到国家，小到个人，都离不开决策。例如，日常生活决策、工作决策、企业经营决策、国家发展决策等，而财务决策对企业来说也是无所不在的。例如，财务管理中的订货决策、资本结构决策、产品定价决策、成本决策、投资决策、销售决策、最优生产量决策、采购决策、生产决策、赊销决策、目标销售量决策、新产品开发决策、风险投资决策、兼并收购决策、广告支出决策、品牌投资决策等。

决策理论广泛应用于管理、经济领域，于是就出现了管理决策、经济决策的相关概念。其中财务决策便是决策理论在财务管理活动中的具体应用。本章后面的部分也将重点讲解财务决策的相关内容。

（一）财务决策的概念

财务决策是对财务方案、财务政策进行选择和决定的过程。财务决策的目的在于确定最为令人满意的财务方案。只有确定了效果好并切实可行的方案，财务活动才能取得好的效益，完成企业价值最大化的财务管理目标。因此财务决策是整个财务管理的核心。财务预测是财务决策的基础与前提，财务决策则是对财务预测结果的分析与选择。财务决策是一种多标准的综合决策，决定方案的取舍，既有货币化、可计量的经济标准，又有非货币化的非经济标准，因此决策方案往往是多种因素综合平衡的结果。

（二）财务决策的类型

财务决策按照能否程序化，可以分为程序化财务决策和非程序化财务决策。程序化财务决策指对不断重复出现的例行财务活动所做的决策，非程序化财务决策是指对不经常重复出现、具有独特性的非例行财务活动所做的决策。

财务决策按照决策所涉及的时间长短，可分为长期财务决策和短期财务决策：前者指所涉及时间超过一年的财务决策；后者指所涉及时间不超过一年的财务决策。

财务决策按照决策所处的条件，可分为确定型财务决策、风险型财务决策和非确定型财务决策。确定型财务决策指对未来情况完全掌握、每种方案只有一种结果的事件的决策；风险性财务决策者指对未来情况不完全掌握、每种方案会出现几种结果，但可按概率确定的事件的决策；非确定型财务决策指对未来情况完全不掌握，每种方案会出现几种结果，且其结果不能确定的事件的决策。

财务决策按照决策所涉及的内容又可以分为投资决策、筹资决策和股利分配决策。投资决策指资金对外投资和内部配置使用的决策；筹资决策指有关资金筹措的决策；股利分配决策指有关利润分配的决策。

财务决策还可以分为生产决策、市场营销决策等。生产决策是指在生产领域中，对生产什么、生产多少以及如何生产等几个方面的问题做出的决策。具体包括剩余生产能力如何运用、亏损产品如何处理、在产品是否进一步加工和生产批量的确定等。市场营销决策往往涉及两个方面的问题：一是销售价格的确定，即定价决策。它可以针对标准产品，需要从较长时期角度考虑成本补偿和目标利润实现问题，往往要根据完全成本法的单位产品成本来确定；也可以针对新产品，这往往涉及企业的竞争策略，而管理会计提供的决策支持信息也主要是新产品的生产成本；而短期财务决策中的定价决策涉及的主要是剩余生产能力情况下的特殊订货，需要通过成本、业务量和利润之间关系的分析来确定最低可以接受的价格。二是如何在销售价格和销售量之间取得平衡，以谋求利润最大。它要利用经济学中关于供需变化规律的研究成果，通过对成本、业务量和利润之间的依存关系来分析确定最优的价格水平，为市场竞争中的价格竞争提供决策依据，充分利用有限的资源，谋求利润最大。它涉及单一约束条件的品种规划和多因素约束条件下的品种规划两方面的决策。

（三）财务决策的目的

所有决策的目的都是使企业目标最优化。例如，营利企业财务决策的目的是利润最大化，非营利慈善组织财务决策的目的是某种非定量化目标最大化。对于财务决策来说，其影响是短期的，对于战略的因素考虑较少，而主要注重收益最大化，或在收入不变的情况下寻求成本最低。

（四）财务决策过程中的障碍

如同企业管理决策中的其他决策一样，在企业财务决策过程中也会碰到一些障碍，通常可将财务决策过程中的障碍分为主观障碍和客观障碍两大类。

1. 财务决策过程中的主观障碍

财务决策过程中的主观障碍是指由决策者在决策过程中的不良心理效应而造成的障碍。因此，决策的主观障碍亦可称为决策的心理障碍。此类障碍具体有以下八种：

（1）完型心理障碍

所谓完型心理即人们总是自觉或不自觉地追求完整或完美的一种心理。按"格式塔"心理学派的解释，人们的心理现象总是表现为结构性、整体性，而心理组织也具有"良好完型原则"，完型心理的积极效用不言而喻，但现实生活中的"完整"或"完美"往往既不现实也无必要。如果我们的决策建立在一种面面俱到的假想中，就很可能患得患失，从而既会使决策缺乏可行性，也会使决策缺乏有效性。

（2）定势心理障碍

定势是人们从事某项活动时的一种预先准备的心理状态，它能影响后继的心理活动的趋势、程度、方式，其中包括知觉定势、思维定势、观念定势、情感定势、意向定势等。在决策活动中，决策者已有的心理定势的消极效用主要表现在容易使决策者的心理活动特别是思维固化，进而缺乏变通，妨碍科学决策。

（3）自利人格障碍

人的态度总存在着自利倾向，总是因为自我维护的需要而不自觉地形成相应态度。应该说，自利人格具有一定的普遍性。人们的态度形成及改变总是脱离不开自利倾向的影响，但自利人格也具有明显的偏颇性。在自利倾向的影响下，个体态度的形成总是以自己的认知、情感和意向为依据，而不是以一般的事实为依据。由此，在决策过程中，自利人格也是潜在的心理障碍之一。

（4）权威人格障碍

权威人格实际上是权威意识的泛化及定型。其表现在决策中的心理障碍主要有两方面表现：一方面，决策者由于权威地位（包括其职位、社会地位、资历、专业地位等）而形成的封闭意识及独断人格，听不得反面意见，唯我独尊，一意孤行；另一方面，社会群体由于权威情结而形成依附意向、盲从意向。权威地位在决策中有着重要作用，但以权威为核心而不是以科学为核心则是决策的大忌。

（5）从众意向障碍

从众意向是指个体受到群体态度或行为的刺激后所表现出来的趋向。在从众的情景下，个体可能会简单地服从群体而放弃自己的意见，这是决策的心理障碍之一。另外在从众意向的支配下，也容易产生所谓的"冒险转移"，因为在群体决策中，人们敢冒决策风险的水平远远高于个人决策风险的平均水平。表现在决策实践中，就是使决策呈现出"左"的倾向，显然是有碍科学化的决策。

（6）情绪意向障碍

决策活动伴随情绪的影响是经常的甚至是合理的，但由于情绪泛化会冲击人们的理性结构，导致非理性决策，因此过多过度的情绪也是决策的心理障碍之一。

（7）逆反情结障碍

逆反情结也称逆反心理，是个体由于刺激物的消极特征而诱发的非常规性质的逆向反应。在决策中主要表现为平衡逆反，这是一种由于人际关系与认知系统不协调而导致的逆反心理。由于人际关系不协调，有关决策便可能造成"故意对着干""反其道而行之"的结果。

（8）拜物情结障碍

拜物情结是指在决策活动中重视物的因素而忽略人的因素特别是忽略对人的心理状态及心理特征的分析。影响社会发展的有诸多杠杆，如"政治杠杆""经济杠杆""文化杠杆"等。但关键还在于"心理杠杆"的作用，因为任何社会活动总是由具体的人去推动的，人的活动又是由一定的心理现象操纵的，脱离了心理分析——包括更为广泛的社会心理分析——就很容易导致决策的失误。

2. 主观障碍的解决对策

决策中的主观障碍即心理障碍源自于决策主体不良的心理效应，所以其解决对策主要集中在矫正决策者各种心理障碍上。具体做法有：

（1）培养决策者的整体性思维

培养决策者的整体性思维可以有效矫正完型心理障碍。决策中的整体性思维要求决策者总揽全局、统筹兼顾、抓住问题的主要矛盾和矛盾的主要方面。科学的决策应当把全局作为考虑问题、分析问题和做出决策的出发点和归宿，要注意研究事物的结构，通过优化结构来提高全局的整体功能，要把注意力的重心放在对全局有决定意义的问题和动作上。这样便矫正了面面俱到的完型心理障碍。

（2）培养决策者的自我否定意识

培养决策者的自我否定意识是矫正定势心理的有效方法。只有使决策者时刻保持自我否定意识，才能使其在决策不局限于已有的经验、习惯和观念，跳出"用有限推导无限，用过去推导将来，用静态推导动态"的定势心理嵌套，与时俱进。

（3）提升决策者的职业道德素质

从众意向、情绪意向、权威人格、自利人格及逆反情结障碍出现的根本原因是决策者职业道德素质不高，所以矫正这几种心理障碍只能从源头入手，逐步提高决策者的职业道德素质。只有决策者有较高的职业道德素养，才能本着对工作、对组织负责的态度，实事求是地进行决策；既敢于坚持正确意见，同时也善于接受正确的意见，才能不为其本人和本部门利益所诱惑；破除自利倾向，才能不为决策时的情绪所困，使决策客观地进行。总之，提升决策者的职业道德素质，是矫正从众意向等心理障碍的根本途径。

（4）强化决策者的人本主义意识

强化决策者的人本主义意识是矫正拜物情结的有效方法。只有强化人本主义意识，才能在决策过程中充分尊重人、理解人、关心人，以人为本。多进行对组织成员的心理分析，发挥人员的积极性，而不仅仅拘泥于决策的"物质"层面，进而矫正决策过程中的拜物情结。

3. 财务决策过程中的客观障碍

财务决策过程中的客观障碍是指由于组织所处环境的复杂多变性、人的认识能力和计算能力的有限性，使得财务决策者不可能无所不知，进而在决策过程中形成的障碍。这类障碍源于决策者对客观世界认识的理性限制，其存在是客观的，对组织的影响也是客观的，故将此类障碍称为客观障碍。其具体有以下几种类型：

（1）决策者知识有限性障碍

找出所有可供选择的行动方案，了解每一个备选方案在未来实施的后果，是以决策者拥有完全的知识为前提的。然而，由于时间和精力的限制、认识能力的限制和信息收集所需成本的限制，决策者对于环境中的不同因素对组织活动的影响方面、影响方式、影响程度不可能有完全的了解。这种知识的有限性必然限制着决策者关于行动方案的制订、实施后果的预见以及对不同方案的评价能力，在决策过程中形成障碍。

（2）决策者预见能力有限性障碍

任何决策方案的有效实施都需要决策者正确地描述未来的环境状况。然而，决策者不仅知识有限，而且对于这些有限的知识，其认识、利用的能力（如计算能力）也是有限的。这种利用能力的限制决定了他们对未来的预测不可能是完全准确的，他们所预测的未来环境与未来发生变化后的环境状况不可能完全相符，从而影响对不同方案未来实施效果的评价，在决策过程中形成障碍。

（3）决策者设计能力有限性障碍

在一定时间内，决策者能够考虑到的行动范围、能够设计出的备选方案的数量也是有限的。组织的规模越大，面对的环境就越宽泛，存在的行动场所就越广阔，能够设计的行动方案相对于可能存在的行动机会也就越有限，合理性决策造成障碍的可能性就越大。

（4）决策者信息处理能力有限性障碍

决策者作为独特的个体，其信息处理能力相对于决策过程中所需要处理的问题，从客观上来说是有限的，必然会造成决策的障碍。科学研究证实：在短时间的记忆中，大多数人仅能维持七条左右的信息。这样的信息处理能力相对于合理性决策所需的处理能力是远远不够的，给合理性决策造成障碍。

4. 客观障碍的解决对策

决策中的客观障碍源于决策者对客观世界认识的理性限制，在决策实践中是客观存在的。所以人们不可能完全消除这种影响，决策者能做的只是努力减弱人类理性有限性的消极影响，使组织的决策尽可能逼近"合理"的标准，具体做法有：

（1）合理地分配决策权力

合理地分配决策权力即把适当的决策任务交给需要解决的问题直接相关的人去制定。组织内部的不同成员，在公司的岗位和层次上从事着不同的活动，这些不同活动中的决策，要求掌握与之有关的大量信息。只有让直接从事这些活动的人去制定与他们直接有关的决策，才可以尽可能地收集决策所需的信息，促进这些决策尽可能地合理。

（2）组织专家参与决策

组织专家参与决策，建立决策"智囊团"或"思想库"。"智囊团"中集中了一大批掌握组织活动有关的各方面知识的专家，利用他们的知识帮助组织分析问题，拟订和评价方案，为决策提供依据。克服决策者知识不完备的局限，使组织在决策时对环境的特点、行动可能性以及各行动方案在未来实施的效果考虑得尽可能全面，从而提高决策的科学性和正确性。

（3）组织员工参与决策

组织是由员工个体所组成，让尽可能多的员工参与决策，可以利用他们对组织内部不同部门和环节的活动条件及要求的充分了解来弥补组织决策者的信息不足，使组织未来行动的设想更加丰富、备选方案更多。通过员工提出的各种建议还可以启发组织决策者的思路，开拓决策者的视野，了解组织中各利益集团的特征信息。从而有利于组织决策者协调组织中各利益集团的利益关系，制订出支持率较高的决策方案。此外，通过组织员工参与决策可以加强组织成员之间的思想交流和信息沟通，提高员工对所制订决策方案的认同感，进而保证决策方案的顺利实施。

（五）财务决策人自身因素对财务决策的影响

1. 羊群效应行为对财务决策的影响

羊群行为（Herd Behavior），也称为从众倾向。是一种特殊的非理性行为，它是指经理人在信息环境不确定的情况下，行为受到其他经理人的影响，模仿他人决策，或者过度依赖于舆论，从不考虑信息的行为。羊群行为的发生原因：一是节约信息搜寻成本的需要。决策人时常处于繁杂的信息中，而信息的搜集、筛选是需要大量时间的，这无疑给企业造成巨大的交易成本。如何尽可能地节省成本，模仿他人的决策或者通过舆论来获得信息就成了决策人做财务决策的常用方法。二是推卸责任的需要，即维护职业声誉的需要。我们可以这样理解，经理人自己做财务决策，项目失败了责任则全部由个人承担。如果决策人采取跟随他人的策略，可能是同行业最好的经理人或其他具有丰富经验的经理人，成功了则皆大欢喜，倘若失败，自己也不至于声誉扫地。因为其他好的决策人也是这样做的，从而起到一定的维护职业声誉的作用。

2. 决策人恶性增资的非理性行为对财务决策的影响

恶性增资是指当决策者面对一系列负面行动后果信息时，仍然执着于先前的决策方案，继续向不利项目投入许多的资源、人力，使企业越来越深地陷入困境的一种现象。恶性增资是证实偏差影响经理人财务决策的一种表现。通常是指当向一个项目投入大量资源（如资金和时间）后发现完成该项目取得收益的可能性很小，在明确而客观的信息表明应放弃该项目的情况下，经理人仍然继续投入额外资源的现象。决策人的恶性增资倾向普遍存在，因此应该引起经理人的足够重视。决策人在进行财务决策时应该根据一定的标准，如投资收益率、市场占有率等，对投资项目进行评估，尽量根据客观标准来做出决策。

3. 过度自信对财务决策的影响

过度自信可以理解为人们在对某一现象做出判断时总是倾向于高估自己对该现象判断的准确性。人们在做出决策时，总是倾向于过高估计高概率事件发生的概率而低估低概率事件发生的概率。导致过度自信的原因，一是人们在做复杂决策时容易过分相信自己的能力，而在做简单决策时对自己能力却没有把握；二是人都有自我归因的倾向，企业的经理人本来就可以说是成功人士，加上自我归因偏差的存在，就更有过度自信的倾向；三是在企业人才的选用过程中，由于信息不对称的存在，企业无法对经理人进行全面的了解；四是治理环境（Parade），指出CEO的高收入会增强其成功感，从而导致了过度自信；五是竞争选择，过度自信的经理人会低估其从事活动的风险，从而承担了更多的风险，也更容易取得最好的业绩；等等。

4. 经理人框架依赖对财务决策的影响

框架依赖是指情境或问题的描述和出现方式（框架）会影响人们的判断和选择。框架依赖意味着在不确定的决策情境中，人们的判断与决策依赖于问题的表达形式。本质相同而形式不同的问题往往会导致人们做出不同的决策，产生所谓的框架效应。财务决策人、经理人等企业中高层管理者在进行企业各种财务决策时同样会受到经理人框架依赖的影响，会或多或少地因框架效应而做出相应的财务决策和判断。

二、财务决策的内容

（一）财务决策的程序

一个完整的财务决策程序包括六个基本步骤：第一步就是明确财务决策的问题，认识问题，诊断问题；第二步就是确认最优化的目标，即收益最大或成本最小；第三步就是在目标的制约下，根据资源和机会，设计备选方案，运用各种定性和定量的方法分析各方案的影响及其能够达到的目标；第四步，比较各备选方案，选择其中最优的方案，这一最优的方案就是使目标最优化的方案；第五步，执行备选方案，按所选备选方案，进行财务决策；最后一步，进行方案执行后的效果评估，检验方案最后是否解决了财务决策问题，是否实现了决策目标。进行财务决策须经如下具体步骤：

1. 诊断问题

在决策过程中，决策者必须知道哪里需要行动，因此决策过程的第一步是诊断问题或识别机会，而我们认为这也是决策中最关键的一步。诊断问题是决策的关键，必然有它的重要之处。当决策者面对问题需要做出决策时，必须认清问题所在，不能盲目诊断，否则结果也许会南辕北辙。这就像我们平时遇到问题一样，你要先诊断出这是个什么问题，导致问题出现的原因是什么，如何去解决这个问题。只有当你准确诊断之后，才能做出满意的决策。

任何企业都面临一个由小到大的问题。大了以后怎么发展，基本的路子有两条：一条是多元化，一条是专业化。这时候，决策者就要为企业的发展做出决策。因此必须先要明确，是应该多元化发展还是专业化发展。

2. 确定决策目标

确定决策目标是指确定决策所要解决的问题和达到的目的。目标的确定往往并非决策的基础与前提。在摸索选择中辨析自己的归宿与诉求；在具体的路径中揭示决策者的偏好与企图；在实际的行动中逐渐审视和明确自己的目标。这样做虽是迫不得已，却也合乎情理。这样确定目标的原因主要有几种：其一，决策者无法在事前明确地知晓或者清楚地描述决策的目标；其二，决策者目标的确立取决于所出现的备选方案与路径的特点及其可行性；其三，决策者面临多种相互冲突的目标，难以清楚地排序；其四，目标的明确通常是一个连续化的过程，需要在事中体会和修正以及在事后追认与确立。

3. 设计备选方案

所谓制订方案，就是以企业所要解决的问题为目标，对收集到的情报和信息资料认真整理、分析和科学计算，并以此为依据制订出几个实现目标的方案，以供管理决策者选定。拟订方案也是一项比较复杂、要求较高的重要工作，有时还须采用试验的方法，有的要采用数学的方法，进行可靠性和可行性的分析，提出几个方案的利与弊，然后才能提供备选。

目标确定之后，就要研究实现目标的途径和办法，制订出实现目标的方案。决策方案要立足于公众，搞好预测，坚持一般拟订方案的原则，重视方案的多样性。下面以公关决策方案为例谈拟订方案。

（1）立足公众

拟订方案要先想到公众，这是必不可少的。因为方案的拟订是以目标为依据的，它是围绕目标而设想的措施和途径。目标之中已有公众的一切因素，方案的拟订自然离不开公众。方案制订要立足公众，详细制订提供优质服务、建立良好信誉和形象的方案。这就要求方案制订者必须了解公众，熟悉公众需求心理及其变化趋势，并拟出对应措施，尤其要有提高内部职工素质的措施。若要建立良好的信誉和形象，关键要有过硬的员工，人过硬，产品才过硬；人的形象好，产品形象、企业形象才好。所以，教育人、提高人的素质是根本。

（2）搞好调研

决策目标确定以后，职业经理就要围绕决策目标，积极进行有关情况的调查研究。要收集大量的信息，研究有关的背景资料、统计数字、文献综述、专题报告等。利用大量情报和资料进行严格论证、反复计算和细致推敲，明确实现目标的未来环境和条件，认清有利因素和不利因素，预测可能出现的问题，从不同角度，设想出各种各样的可行方案。研究资料、引出方案都不能离开决策目标，因此需要估计方案的执行结果对目标的实现情况。每个方案都是有利有弊的，要对方案执行结果可能出现的正反两方面都做出充分的估计和确切的评价，这样才便于对方案做出取舍。同时，除研究情报资料外，还要估计人的因素以及其他物质的因素，拟订出多种方案。

（3）勇于创新

拟订方案应当遵守某些原则，比如：约束原则，即考虑各方面的条件约束；时间原则，即考虑事物发展的阶段性和对决策的时间要求；相互排斥原则，即各方案在内容上相互排斥，不相互重复，不相互包含等。但首要的原则是创新原则，因为事物是发展的，情况是变化的，任何决策目标的实施，都面临许多新问题、新情况。特别是公关决策，面对公众，人们的需求、情绪、愿望经常发生变化，拟订方案决不能抱残守缺，只凭经验，而要勇于创新，充分运用新思维、新格局、新路数。

（4）多元备选

办任何事情都有多种途径、多种办法。好与坏、优与劣、对与错，都是在比较中发现的。拟订方案必须多元化，可分为一般方案、应变方案和临时方案。一般方案是从积极的角度保证决策目标实现的方案，它可分为实现最理想指标方案、实现中等指标方案和实现最低指标方案。不同层次的方案，成效不同，在组织人力、物力、财力实施方面也是不同的，付出的代价也是不一样的。应变方案，就是在情况发生变化时，有适应这种变化的各种措施。不管情况向好的方面变化还是向坏的方向变化，都要有应变方案，而且不等情况发生变化，就要事先拟订好预防情况变化的方案。有了应变措施，才能争取主动地位。如果发生了预料外的情况，应变措施可使目标的实施不至于严重受挫，能迅速恢复正常运转。还有一种应变方案应对临时性的内部或外部的情况突变，事故瞬间发生。对于这种中途性的变异，要有临时措施，当然也会出现振奋人心、从天而降的好消息。如订货量突然骤增，需要调整生产部署，这也需要临时方案。总之，预防性的应变方案、中途性的应变方案和善后性的应变方案都是必要的。

4. 筛选和确定最满意方案

决策过程的第四步是运用决策方法和根据决策标准对拟订的各备选方案进行分析论证，做出综合评价，确定所拟订的各种方案的价值或恰当性，选出其中最为满意的方案。为此，管理者起码要具备评价每种方案的价值或相对优势和劣势的能力。在评估过程中，要使用预定的决策标准（如预期的质量）并仔细判断每种方案的预期成本、收益、不确定性和风险，最后对各种方案进行排序。例如，管理者会提出以下的问题：该方案有助于质量目标的实现吗？该方案的预期成本是多少？该方案有关的不确定性和风险有多大？在此基础上，管理者就可以做出最后的选择。尽管选择一个方案看起来很简单，只需要考虑每项可行方案并从中挑选一个能最好地解决问题的方案，但实际上做出选择是很困难的。由于最好的选择通常建立在仔细判断的基础上，所以管理者必须仔细考察所掌握的全部事实，并确信自己已获得足够的信息。

首先，你必须将先前所搜集到的客观资料作为评量的依据，同时评估自己是否有足够的资源与人力采纳这项选择方案。除了理性的思考外，个人的主观感受也很重要。反复思索每一个选项，想想未来可能的结果。你对这些结果有什么感受，有的你可能觉得是对的，有的可能觉得不太对劲，你可以问问自己："如果我做了这个决定，最好的结果是什么？最坏的结果又是什么？"再仔细想想，有没有什么方法可以改进让自己觉得"不对劲"的方案，或是消除自己负面情绪的感受，也许你需要更多的资料消除自己的疑虑，但也有可能你的直觉是对的，某些负面的结果是你当初没有考虑到的。

5. 执行备选方案

选定方案之后，紧接着的步骤是执行方案。执行方案是进行具体的计划安排，组织实施，并对计划执行过程进行控制和搜集执行结果的信息反馈，以便判断决策的正误，及时修改方案，确保决策目标的实现。管理者要明白，方案的有效执行需要足够数量和种类的资源做保障。如果组织内部恰好存在方案执行所需要的资源，那么管理者应设法将这些资源调动起来，并注意不同种类资源的互相搭配，以保证方案的顺利执行。如果组织内部缺乏相应的资源，则应想办法找到所需要的资源。

相对于客户提案、可行性方案，执行方案把策划的重心放在了"如何高效实施"上。它既要避免内容过于理论性而不便于具体应用，又要避免形式平淡而无新意。更重要的是，它还将企业相应的考评制度、营销模式及管理章程融入其中，将方案的意义、执行的方法宣贯给每一个执行人，让其产生巨大的实践价值，最终完成策划的初衷，实现执行方案的终极目标。

6. 执行后的效果评估

效果评估是对项目投资的不同方案预期成本和效果的比较，也可以是对几个条件相同、项目相同的终期既成的成本效果的比较。

效果评估的双重作用：一方面是对活动执行效果的评价，它将有利于我们总结经验教训，及时调整下一步的执行；另一方面也是对我们执行代理公司策划、执行能力的考量。活动效果评估指标实际也是衡量执行代理公司在本次执行推广中的价值指标。这不单单是对执行代理公司的一种考核，通过这样的评估，执行公司更容易发现自身在执行中存在的问题，更好地改善服务、提升自己。效果评估既可检测企业执行推广的效果，又可以考核为企业自身提供服务的执行公司。其双层价值的存在，是我们必须去重视、去执行的一项工作。现阶段，绝大部分的中小型企业压根没有效果评估；大型企业的非大型推广活动也不做效果评估；大众媒体不发达的二线、三线城市没法进行效果评估（缺乏基础数据）。很显然，这些问题不是一时半会儿能解决的，也不是一两个企业可以解决的。

（二）财务决策方法

财务决策的方法分为定性决策方法和定量决策方法两类。定性财务决策是通过判断事物所特有的各种因素、属性进行决策的方法，它建立在经验判断、逻辑思维和逻辑推理之上，主要特点是依靠个人经验和综合分析对比进行决策。定性决策的方法有专家会议法、德尔菲法等。定量决策是通过分析事物各项因素、属性的数量关系进行决策的方法，主要特点是在决策的变量与目标之间建立数学模型，根据决策条件，通过比较计算出决策结果。定量财务决策的方法主要有：适用于确定型决策的量本利分析法、线性规划法、差量分析决策法、效用曲线法、培欣决策法、马尔可夫法等；适用于非确定型决策的小中取大法、大中取大法、大中取小法、后悔值法等。

（三）财务决策依据

管理人员在做出决策前必须权衡比较各个备选方案。列出各个备选方案的正反效果（包括定量和定性因素），确定各个备选方案的净效益，然后比较各个备选方案的净效益。选择净效益最好的方案实施，就是决策在财务决策过程中，成本效益分析贯穿始终，成本效益分析的结果就成为选择决策方案的依据。效益最大或成本最低的备选方案就是管理人员应采取的方案。成本效益分析需要两方面的信息。

1. 财务信息

所谓财务信息是指与特定决策相关的能够用货币计量的因素。如在零部件是自制还是外购的决策中，自制成本和外购的价格因其能用货币进行计量，就属于财务信息。管理会计关注的主要是定量化因素或能用货币计量之因素的成本效益分析。其基本规则是，在其他因素相同的情况下，用货币计量的效益最大或成本最低的方案就是最佳方案。在管理会计中，成本效益分析比日常生活中的决策更为系统化。系统化研究的好处之一，就是能够保证在成本效益分析时与决策有关的所有成本和效益因素都不会被遗漏。如被遗漏，就可能导致错误的决策。在成本效益分析时，最困难的是在所有的信息中识别出与被选方案有关的成本（即相关成本）和效益因素。在成本效益分析中，成本效益分析的方法是简单的。首先，考察所取得的全部信息，并识别备选方案中与决策有关的成本和效益。然后用表式列出所有的成本及相关的效益。最后将效益减成本，两者之差就是某个或某系列备选方案的净效益或净成本。如何列示成本和效益因素没有固定的形式，但是在陈述相关信息时，必须保证这些信息容易理解，所有备选方案的最终比较结果是在一个相似的基础上得出的，这样有利于最佳方案的选择。

2. 非财务信息

尽管管理会计主要关注的是决策方案的财务信息，但非财务信息（或称定性因素）对成本效益分析以及决策，其重要性绝不亚于定量因素或可用货币计量的因素。大多数备选方案中都隐含着非财务性因素。这些非财务性因素中包括决策中的人际因素，如雇员士气、公共关系、素质以及不能用货币确切计量的长远影响等。管理人员在做出具体决策前，必须充分考虑这些定性因素。

决策是面向未来的，而未来含有许多不确定性因素，因此良好的预测是决策的基础，是决策科学化的前提。没有准确科学的预测，就不可能做出符合客观实际的科学决策。同时，决策是规划的基础，没有具体的决策结论，就无法做出相应的计划和预算，也无法进行相应的控制和考核。

三、财务决策支持系统

（一）财务决策支持系统的概念

财务决策支持系统（Financial Decision Support System，FDSS）是以现代管理科学和信息技术为基础，以计算机为工具，运用数量经济学、模糊数学、控制论和模型技术，对财务管理中的结构化、半结构化和非结构化问题进行决策分析的人机交互系统。财务决策支持系统是个庞大的系统工程，需要财务学（会计学、财务管理、管理会计等）、计算机科学、统计学、数学、行为科学、心理学、人际关系学等其他学科的支持。这些学科知识构成财务决策支持系统的理论基础。整个财务决策过程与决策者的主观能动性、决策经验、知识、智慧和判断力分不开。以计算机为基础构建的财务决策支持系统能对财务决策者的决策起到辅助和支持作用，尤其增加财务决策的正确性。

（二）财务决策支持系统的分类

1. 专用财务决策系统

专用的财务决策系统（Specific FDSS）是直接面向应用的财务决策系统，它能够完成具体财务决策任务，它允许财务决策者利用它去处理一组财务决策任务，它是由计算机和一组软件组成的综合财务系统。

2. 财务决策支持系统生成器

财务决策支持系统生成器（FDSS Generator）是间接面向应用以生成一个专用的财务决策支持系统的软件包，它具有较快建立一个面向特定应用的财务决策支持系统的能力。

3. 财务决策支持系统工具

财务决策支持系统工具（FDSS Tools）是由一组工具类软件组成，它可以用于开发特定财务决策支持系统，也可以用于开发财务决策支持系统生成器，工具可减少开发相应系统的工作量，简化开发过程和提高开发质量和效率。

（三）财务决策支持系统的功能

第一，财务决策支持系统能用来管理和提供本系统与财务决策问题有关的各种数据。尽可能地收集、存储和及时提供与财务决策有关的财务信息，及时提供有关各项财务活动的反馈信息。包括系统内和系统相关的信息，保证正确决策。

第二，FDSS能提供财务决策所能用到的数学、统计和运筹等方法，能对各种数据、模型、方法、知识等进行有效的管理。为使用者提供查找、变更、增加和删除等操作功能，使用户可以对系统提供的数据、模型和方法等进行有效而灵活的运用。

第三，运用自有的方法和模型等能对数据进行汇总、分析预测等，提供有效的财务决策支持信息，并具有人机对话接口和图形加工输出功能，支持分布式使用。

（四）财务决策支持系统的功能子系统

1. 财务预测决策子系统

财务预测是根据会计核算信息、财务分析信息、ERP（即企业资源计划的简称）信息以及有关市场信息，采用一定的模型对企业未来的财务活动和成果做出预计。该功能是财务决策的基础，通过预测的各种方案，来选择最优方案进行决策。财务决策是根据企业经营决策（来自企业ERP）的总体要求，从预测的若干个可以选择的财务活动方案中，选择出最优方案的行为。财务管理的核心是财务决策。本功能的实现经历两大步：一是根据财务预测所提供的信息，确定决策的备选方案；二是对各种备选方案进行分析、评价、对比、选定最佳方案。本系统的财务预测决策子系统主要进行筹资预测决策、投资预测决策、资产预测决策、成本预测决策、收入和利润预测决策等。

2. 财务计划与控制子系统

该系统的财务计划主要有：固定资产需要量计划、流动资产需要量计划、资金来源计划、营业收入计划、利润计划、产品成本和期间费用计划等。各计划中的基础数据（上期财务实际数据和非财务资源数据）由会计管理系统中直接调用和 MI-A/ERPS 中间接调用；本期计划数据以财务决策指标为控制数据，各项明细计划指标根据有关标准测算产生。财务控制的方法，在实践中各企业因规模的大小、组织机构状况和业务的繁简等情况各异而有差别。在本系统中设计了预算与经济指标控制和模拟银行控制两种模式，供用户选用。预算与经济指标包括：现金流量预算控制、流动资产及其来源、周转指标控制、收入和利润指标控制等。模拟银行控制包括：现金流量预算、内部各单位存贷款的核算与控制、现金流量预算指标的考核等。

3. 财务分析子系统

财务分析是评价、分析企业的财务状况和经营成果，找出企业经营中存在的问题，以期改进经营管理与财务决策，提高经济效益。财务分析主要根据会计管理信息、企业 ERPS 信息和财务计划指标，用一定的模型进行分析。该子系统的功能主要包括：企业财务状况发展趋势分析、企业盈利能力分析、企业偿债能力分析、企业经营能力分析等综合分析，企业资金来源及其运用情况分析、成本费用分析、销售收入和利润分析等。

（五）财务决策支持系统的逻辑结构

1. 财务决策支持系统的模型库管理系统

该系统的模型库存放财务预测决策、财务计划与控制、财务分析三方面的模型。这些模型按其性质可分为数学模型和模拟模型两大类。数学模型是运用一定的经济数学方法，对面临的客观环境比较明确、影响因素比较确定的财务问题，按其性质和规律直接构造的模型，主要用于结构化和半结构化问题的决策，如总资产报酬模型、销售利润模型、负债模型、存货模型、股权模型等等。模拟模型则是对于系统特性和模型结构比较清楚，但影响因素和环境条件却不确定，数量描述或求解比较困难的财务活动而建立起来的模型，这种模型能解决半结构化或非结构化的问题。考虑到财务决策环境经常变化，相应的模型应设计成能做一定的修改和评价，使决策者能充分地认识问题，发挥其创建力和判析才能，做出正确的决策。

2. 财务决策支持系统的数据库管理系统

一是分析数据来源。首先要清楚地了解 FDSS 的工作过程。全面分析与其相关的各个系统及原始数据，确定从哪些系统中提取数据。数据库的数据来源于企业内外的多个不同系统，各系统的数据之间存在着许多差异，如结构、单位不一致，同名异义或同义异名等。因此，在将数据放入数据库之前，必须进行清理。

二是设计数据库的数据模型，对数据进行转化与综合。数据模型是面向主题建立的，同时又为多个面向应用的数据源的集成提供了统一的标准。数据模型一般包括：FDSS 的各个主题域、各主题域之间的联系、编码及属性值、命名规则等。根据数据模型，确定如何对源数据进行析取、合并、汇总、变换、清除等处理，然后传送到数据库。

三是选择硬件设备和数据库管理软件，建造数据库本身。由于数据库的数据来源复杂、数据量非常大，因此对硬件的速度、存储容量、可靠性和容错能力有更高的要求。数据库的软件是由许多部分组成的，包括：数据的提取、清理和转换。数据通过网络的传递、数据装入、数据库管理系统、数据分析工具、数据的维护、数据库的管理等。其中有些可以选择商品软件，有些则要自行开发，将各部分完美地集成起来并不容易。绝大多数数据库要与各种平台连接，因此要构成开放式的平台体系结构，具有良好的可伸缩性，以满足用户对信息不断增长的需求。数据库管理系统是数据库软件的重要组成部分。

四是建立数据存取工具。数据的存入是指从外部数据源将数据装入数据库。存入方式取决于数据的更新方式。数据库的最终用户使用这些应用软件，并生成特定的查询，在这里提取信息、分析问题、实施决策。这部分的工具软件，主要是查询生成工具、多维分析工具和数据提取工具等。设计这部分时需要更多地考虑最终用户的要求，易于使用是十分关键的一个因素。

3. 财务决策支持系统的知识库管理及推理机制

决策支持系统应该具有一定的智能，FDSS 解决问题的能力很大程度上还依赖于知识库拥有知识的多少。知识越丰富，解决问题和决策支持的能力就越强。为使本系统尽可能覆盖企业财务决策中可能碰到的问题，通过收集、整理财务专家们对财务预测、决策、计划、控制、分析的研究成果和实际经验，并在此基础上加以总结和提高，构成系统的知识库。

4. 财务决策支持系统的人机交互系统

一是输出格式形成器。用来建立一个数据结构，该结构包含描述输出表达式的值和属性，且数值和属性对设备是独立的，因此使得对话部分能支持多种硬件。

二是输出构成器。取得由输出格式形成器建立的数据结构，并发出命令给设备输出功能，通过子程序调用来实现。即输出构成器转译对话数据结构命令，以产生一个或几个设备上显示的输出表达形式。它是独立的设备。所产生的用于设备输出功能的命令不为任何设备所专有。

三是设备输出功能。能产生设备特有的命令来对一个或更多的专用设备进行输出。

四是设备驱动器。它是用户与对话系统的接口，在用户与系统之间传递命令。当输出信息是一个中断信息而不是产生表达方式的命令时，设备驱动器对它们进行缓冲。

五是设备输入功能。它的功能与设备输出功能相反。

六是输入格式形成器。将用户的输入命令转换成一组动作和动作所对应的目标。

七是响应构成器。利用一组动作及其目标，将产生命令和数据发送给系统的其他部分，如响应构成器可能调用数据库中的某些数据来进行更新。

八是数据结构管理器。存储输入和输出的数据，即存取对话部分所用的数据，如描述输出表达或形成的数据结构。

第三节 财务控制

一、财务控制的基本内容

（一）财务控制的含义

财务控制是指企业财务管理主体根据国家的财务法规、政策以及相关财务制度、财务预算和财务计划指标等，通过财务手段指导、衡量、约束和影响组织财务活动的各个环节、各个方面，规范企业及其内设机构与员工的行为，确保预期财务目标得以实现的一项管理活动。认识和理解财务控制的含义，对我们做好企业的财务控制工作极为重要。

其一，企业财务控制的主体首先是企业经营者（或公司董事会）。企业代理理论认为，代理关系存在于企业内部的每一个管理层上。在现代企业制度下，法人治理结构架构中一个重要的特点是董事会对经营者财务约束和控制的强化。根据我国《公司法》有关规定，董事会由创立大会或股东大会选举产生。从董事会的职权来看，我们很容易得出这样的结论：公司治理结构以董事会为中心而构建，董事会对外代表公司进行各种主要活动，对内管理公司的财务和经营，只有董事会才能全方位负责财务决策与控制，从本质上决定公司的财务状况。从机制的角度分析，财务控制首先绝不只是财务部门的事情，也不只是企业经营者的职责，而是出资人对企业财务进行的综合的、全面的管理。一个健全的企业财务控制体系，实际上是完善的法人治理结构的体现。反过来，财务控制的创新和深化也将促进现代企业制度的建立和公司治理结构的完善。

其二，财务控制的目标是企业财务价值最大化，是代理成本与财务收益的均衡，是企业现实的低成本和未来高收益的统一，而不仅仅是传统控制财务活动的现实合规性、有效性。财务控制的首要目标是董事会出于降低代理成本——指因经营者、雇员等代理人偷懒、不负责任、偏离股东目标和以种种手段从公司获取财富等发生的成本，这种成本最终由股东承担。代理成本的存在会影响公司经营效益，甚至可能威胁公司的生存。其次，财务控制目标促进企业战略目标的实现，所以财务控制过程必须是围绕着企业战略的制定、实施、控制而采取一系列措施的全过程。最后，财务控制致力于将企业资源加以整合优化，使资源消费最少、资源利用效率最高、企业价值最大。

其三，财务控制的客体首先是人，包括经营者、财务经理等管理者和员工，以及由此形成的内、外部财务关系，其次才应该是各种不同的企业财务资源（包括资金、技术、人力、信息等）或现金流转过程。

其四，财务控制的实现方式应该是一系列激励措施与约束手段的统一。为了降低代理成本，实现财务目标，必须设计一套完善的激励和约束机制。在这个机制中，内部机制的因素或手段包括：解雇或替换表现不佳的经营者；通过董事会下设的各类委员会完善公司董事会对经营者的监控职能；清晰界定股东大会、董事会、经理之间的决策权、控制权的界限；推行经营者、员工的报酬与经营业绩挂钩的"激励制度"，包括年薪制、利润分享制、认股权计划等；实行预算管理；通过组织机构的设计与重整，完善内部组织控制和责任控制、业绩评价制度。外部机制的因素或手段包括：经理人和劳动力市场的调节，一个理性的经营者、员工在人才市场的影响下，可能不会过度违背公司股东的利益；控制权市场上潜在购并者的威胁；政府的法律；资本市场上的监管者，如政府、中介机构、专业证券分析师等。

就企业而言，财务控制的主体是企业经营者（同时也是所有者）和各级财务部门（或财务人员），财务控制的客体（即对象）是企业的各项财务活动，财务控制的目标是企业预期的财务预算目标（或财务预算）。

（二）财务控制的构成要素

1. 控制环境

控制环境是指对建立、加强或削弱特定政策、程序及其效率产生影响的各种因素。控制环境是企业财务控制体系的核心和基础。人的活动在环境中进行，人的品性包括操守、价值观和能力等，它们既是构成环境的重要要素，又与环境相互影响、相互作用。环境要素是推动企业发展的引擎，也是其他一切要素的核心。财务控制环境不但直接影响财务控制的建立，还直接决定财务控制实施的效果以及财务控制目标的实现。影响财务控制的环境因素表现在：企业领导层的合理配置和经营理念、企业组织结构与权责分配、企业员工职业素质和品行以及管理模式等。

2. 风险评估

企业必须制定目标，该目标必须和销售、生产、财务等作业相结合。为此，企业也必须设立可发现和辨认、分析和管理相关风险的机制，以随时了解自身面临的风险，并适时加以处理。企业应特别加强对环境改变时的事务管理，因为控制和风险是紧密相连的，一旦企业内、外部环境发生明显变化，就最容易产生风险。每个组织所面临的风险都是与其特定的存在环境相联系的，必须根据实际情况同时从企业整体与个别作业层次进行有效的甄别和评估内部和外部风险，控制活动才能有的放矢。现代企业的风险主要来源于：

（1）经济环境的变化。

（2）聘用新员。

（3）采用新的或改良信息系统。

（4）迅猛的发展速度。

（5）新技术的应用。

（6）新的行业、产品或经营活动的开发。

（7）企业改组。

（8）海外经营。

（9）新会计方法的采用等。

3. 控制活动

企业必须制定控制的政策及程序，并予以执行，以帮助管理阶层保证其控制目标的实现。公司的政策和程序具体包括：为员工建立的行为准则、内部控制标准、财务管理和标准作业程序（指为贯彻财务控制标准而建立的具体指导和操作程序）等。

控制活动是确保管理阶层指令得以执行的政策及程序，比如核准、授权、验证、调节，复核评价业绩、保障资产安全及职务分工等主要的控制活动，包括：

第一，业绩评价即管理层记录经营活动的结果，然后与预算、预测、前期及竞争者的绩效相比较，以衡量目标达到的程度和监督计划的执行情况。

第二，信息处理、控制。对信息系统的控制活动可以分为两类：一类是一般控制，自助管理层确保系统能够持续、适当地运转，如资料中心运作的控制；另一类是应用控制，包括应用软件中的电算化步骤及相关的人工程序，如输入控制。

第三，实物控制。要保护设备、存货、证券、现金和其他资产的实体安全，定期盘点并与控制记录显示的金额相比较。

第四，职务分离。即先将责任划分，然后将不相容职务分派给不同员工，以降低错误或不当行为的风险。

4. 信息和沟通

围绕在控制活动周围的信息与沟通系统，使企业内部员工能及时取得他们在执行、管理和控制企业经营过程中所需的信息，并交换这些信息。一个良好的信息系统应该能够确保企业中每个人都清楚地知道其所承担的特定职务和责任，如业务部门对实现控制目标、落实政策、确保控制实施负主要责任；财务部门负责辅助完成公司的目标和检查财务程序的履行。此外，业务部门与财务部门应相互配合，不断地完善内控系统，并激励在内部财务控制方面做出成绩的人员等。

5. 监督

必须对整个财务控制的过程施以恰当的监督，通过监督活动在必要时对财务控制过程加以修正。监督主要包括：

第一，职业道德的约束，公司成立由董事长、财务总监、首席法律顾问等组成的"职业道德监督委员会"，负责调查违反行为准则的人员。

第二，通过外部审计，检查和确认财务报告的合法性、公允性和一贯性。

第三，通过内部审计，对内部各部门的财务、管理、效益进行审计。

第四，加强集团对分部的监控和对分部财务状况的监控。

（三）财务控制与财务预算

财务控制与预算作为企业财务循环体系的两个方面，二者既存在联系，又有区别。它们是相互依存、相互配合的关系。它们的联系在于：

①目的相同

编制预算的目的是为了加强对企业各项经济活动的控制，而预算的目标就是控制的标准。预算一经制定，就要组织实施，而控制就是实施的具体过程。

②目标一致

财务控制需要具体的财务目标，而财务预算是财务目标的具体化，二者都是出于控制经济活动的目的。预算目标不仅能够帮助企业员工更好地明确自己的目标，而且能够使人们清楚地了解自己部门的任务，从而保证企业未来一定期间的生产经营活动不致脱离决策、计划所确立的正常轨道，进而保证企业总体目标的实现。

它们的区别在于：

①性质不同

预算体现在目标上，只是控制的工具；而控制是一种管理活动，表现为一个完整的活动过程，财务预算的执行要依靠财务控制。

②各自的职能、地位不一样

预算的职能在于协调，而控制的职能是为了制衡（包括监督和调节）；预算只是一个目标，是财务控制的主要依据。

二、财务控制的体系

（一）组织系统

财务控制组织系统主要解决控制和被控制问题，即财务控制主体和被控制对象的问题。从控制主体层面看，企业的所有者（或公司董事会）应该围绕财务控制工作建立和提供有效的组织保证。如围绕财务预算的制定建立相应的预算决策和预算编制机构；围绕日常财务控制的组织实施，建立相应的监督、协调和仲裁机构；基于内部结算考量建立相应的内部结算组织；基于预算执行结果的考评，而建立相应的考评机构等。就控制对象（即企业的各项财务活动）而言，应该本着有利于将财务预算分解落实到企业内部各部门、各层次和各岗位的原则，建立各种执行预算的责任中心，使各个责任中心对于分解的各项预算指标能够在可控的状况下承担并完成责任。

（二）制度系统

制度系统包括企业组织机构的设计和企业内部所采取的各种相互协调的方法和措施。这些方法和措施，主要作用是为了保护企业财产安全，检查企业财务信息和会计信息的准确性和可靠性，以进一步提高经营效率，确保既定管理方针的实施。此外，围绕财务预算执行而建立的诸如人事制度、奖惩制度等相关保证措施或制度，也应该包括在制度系统的范畴之中。

（三）预算目标

财务控制需要具体的财务目标，而财务预算目标就是财务目标的具体化，预算目标是财务控制实施的主要依据。预算一经制定，就要组织实施，而控制就是实施的具体过程之一。

（四）信息系统

信息是控制的基础，财务控制不能没有信息。财务控制信息系统是一个既能跟踪、监控各个责任中心预算执行情况，又能够及时反馈和调整执行偏差的动态的信息系统。

（五）奖惩制度

为提高财务控制的最终效果，奖惩制度的制定必须与责任中心的预算责任目标相结合，同时还需要与之配套的、严格的考评机制，并且要求做到过程考核与责任考核相结合。只有这样的奖惩制度才是切实可行的。

三、内部控制的原则

内部控制原则指对建立和设计内部控制制度具有指导性的法规和标准。内部控制原则是解决为实现控制目标应当如何科学地建立和设计内部控制制度的问题。具体而言，内部控制的原则体现为：

1. 合法性原则

合法性原则是指内部控制制度必须符合有关法律法规的规定，体现法律法规和政策的要求，以保证控制系统的权威性。坚持合法性原则是建立内部控制系统的前提条件。

2. 全面性原则

全面性原则是指在符合企业内部控制系统要素要求的前提下，业务流程的设计必须能够覆盖企业业务活动的全貌和企业经营管理的各个环节，并将业务流程中关键控制点落实到政策、执行、监督等各个环节，不得留有制度上的空白或遗漏。

3. 岗位分离原则

岗位分离原则是指在企业会计业务流程中把不相容职务进行岗位分设，以避免相关部门和岗位之间产生串通舞弊、谋取私利的风险。

4. 有效性原则

有效性原则是指在内部控制制度的构建过程中，应注意体系的严密性、协调性、适度性和简便性，力求能有效防止错误和弊端的发生，产生效率和效益。设计财务控制制度时，要考虑到国家的需要，同时要根据企业的内外环境与经营特点，因地制宜地进行设计。既要注意制度的健全、手续的完备，又要抓住控制的重点，注意程序的简化，千万不能生搬硬套、盲目采用。

5. 协调性原则

协调性原则是在业务流程的设计中，各部门或人员必须相互配合，各岗位和环节都应协调同步，从而保证业务程序和手续能够紧密衔接，保持业务活动的连续性和有效性。

6. 相互牵制原则

相互牵制原则是指一项完整的业务活动，必须经过具有相互制约关系的两个或两个以上的岗位，在横向关系中，至少要有彼此独立的两个部门或人员办理；在纵向关系上，至少要经过互不隶属的两个岗位和环节，以使下级受上级的监督，上级受下级的牵制。

7. 实时性原则

实时性原则是指内部控制系统的制定应当具有前瞻性，并与企业的外部环境和内部管理的需求相适应，应随着企业经营战略、经营方针以及内部管理需求等内部环境的变化和国家相关法律、法规及政策制度等外部环境的改变进行适时的调整。

8. 经济性原则

经济性原则是指业务流程的设计应以企业治理结构的要求、业务特点、部门设置以及企业规模的特点为依据，正确处理成本和效益的关系，实现运行成本最低、效益最大的目标。这就要求我们在保证控制有效性的前提下，着重抓好关键控制点的工作。

9. 成本与效益兼顾原则

企业在建立和设计自身的财务控制制度时，应根据自身规模大小及具体经营管理情况，合理地控制设计成本与执行成本，以达到最佳的控制效果。这是任何企业从事经济活动时都必须遵循的一项基本原则。

10. 不相容职务分离原则

合理设置岗位，对职责权限的划分做到不相容职务相互分离，起到相互制约的作用。同时，采取业务分割方式，把企业每一笔经济业务发生的全过程，特别是一些关键环节，分别交由不同的部门和人员去处理。不相容职务分离原则，能够使经济业务在合理、合法中完成，同时有效防止不法行为的发生。此外，还应适时进行职务轮换，防止串通作弊等。

四、财务控制的方法

（一）制度控制法

制度控制法是指依据国家有关法律、法令和相关条例以及企业自行制定的管理制度、规定和相关管理办法等进行的控制。如财产物资盘存制度、现金收支管理制度、预算控制制度、投资管理制度、筹资管理制度、成本管理制度、薪酬制度以及岗位责任制等。制度控制通常具有规范性、超前性、防护性等特点。

（二）定额控制法

定额控制法是指以事先确定的定额作为控制标准，对企业经济活动或资金运动所进行的控制。从性质看，定额是对财务各方面工作提出一个定量或定时的基本要求，通过各种定额的确定，组成一个科学、有效的定额管理体系。一般而言，企业对于定额内的各项经济业务，应该积极支持，及时满足资金需求；对于超定额部分则需要严加控制，视实际情况再进行处理。

（三）授权控制法

授权控制法又称授权与批准控制法。即单位内部部门或职员处理经济业务时，必须通过授权通知书来明确授权事项和使用资金的限额。其原则是对在授权范围内的行为给予充分的信任，但对授权之外的行为不予认可，以切实保证既定管理方针的执行。授权批准控制包括一般授权与特定授权两种形式。授权通知书除授权人持有外，还下达给企业相关的部门，这些部门一律按授权范围严格执行。有效的内部财务控制要求每项经济业务活动都须经过适当的授权批准，以防止内部员工随意处理、盗窃财产物资或不如实记录。

（四）责任控制法

责任控制法是以明确经济责任、检查和考核部门或个人责任履行情况为重要内容的一种财务控制方法。其中，部门责任制，是按照企业各部门承担的职能来明确以及考核相关责任的制度；岗位责任制，则是按照事前确定的岗位职责来明确和考核责任的制度。实行责任控制法，实现责任和权利、工作任务和工作方法以及横向工作和纵向工作的"三个结合"，有利于明确职权范围和工作责任，实现企业的整体目标。

（五）预算控制法

预算控制法是指对单位各项经济业务编制详细的预算或计划，并通过授权，由有关部门对预算或计划执行情况进行控制。具体要求包括：

第一，编定的预算应当体现单位经营目标，并明确责权。

第二，定期、及时反馈预算执行信息。

第三，预算执行中应允许经授权批准对预算调整，以切合单位实际。

这种全方位、全过程、全员的预算控制法的实施，强化了预算的财务功能，使企业的财务目标和决策得以细化落实。实际上，预算是在年度经济业务开始之前根据预期的结果对全年经济业务的授权批准控制。

（六）利益控制法

正如西方经济学"经济人"理论所假定的，人其实都是自私的"经济人"，都追求个人利益的最大化。这也间接证实了那句名言，"没有永远的敌人，只有永恒的利益"。就企业而言，参与企业财务活动的各个行为主体，基本目的都是为了追求自身的经济利益。如果各个行为主体之间利益界限清楚，并且各自行为结果与其利益直接相关时，外来的利益调控措施就能发挥作用。利益控制法就是要充分发挥利益的调控作用，尽可能地使各行为主体的财务活动符合调控主体的计划和目标。

（七）实物保全控制

内部控制各种方式都具有保护资产安全的作用，这里所述的实物保全控制是指对实物资产的直接保护，主要内容有以下几个方面：

第一，限制接近：限制接近现金；限制接近其他易变现资产；限制接近存货。

第二，定期盘点：定期与会计记录核对；进行差异调整与协调。

第三，记录保护：严格限制接近会计记录的人员；会计记录应该妥善保存；重要资料应留有备份，以便在遭到意外时能够重新恢复。

第四，财产保险：通过投保增加实物资产受损后补偿的机会，保护企业实物安全。

第五，财产记录监督：建立资产个体档案，对资产的增减变动做记录。同时加强对财产的所有权凭证的登记与管理。

（八）职工素质控制

内部控制成效的关键在于职工素质的高低。职工素质控制的目的在于保证职工忠诚、正直、勤奋、有效地工作，从而保证其他内部控制有效实施。职工素质控制包括：建立严格的招聘程序，保证应聘人员符合招聘要求；制定职工工作规范，用以引导考核职工行为；定期对职工进行培训，帮助其提高业务素质，更好地完成规定的任务；加强考核和奖惩力度，应定期对职工业绩进行考核，奖惩分明；对重要岗位职工（如销售、采购、出纳）应建立职业信用保险机制，如签订信用承诺书，保荐推荐或办理商业信用保险；工作岗位轮换，可以定期或不定期地进行工作岗位轮换，通过轮换及时发现存在的错弊情况，甚至可抑制不法分子的不良动机。

（九）风险防范控制

企业在市场经济环境中，不可避免地会遇到各种风险，因此为防范风险，企业应建立评估机制。企业常用的风险评估内容包括：筹资风险评估；投资风险评估；信用风险评估；合同风险评估。风险防范控制是企业一项基础性和经常性工作，企业必要时可设置风险评估部门或岗位，专门负责有关风险的识别、规避和控制。

（十）内部报告控制

内部报告控制要求企业建立和完善内部报告制度，明确相关信息的收集、分析、报告和处理程序，及时提供业务活动中的重要信息，全面反映经济活动情况，增强内部管理的时效性和针对性。常用的内部报告有：资金分析报告、经营分析表、费用分析表、资产分析表、投资分析报告、财务分析报告等。

五、企业加强财务控制的对策与途径

企业根据自身实际，建立有效的财务控制体系，加强财务控制已迫在眉睫。具体对策如下：

（一）创新理财理念

企业普遍对财务管理作用认识不清，有的认为财务管理就是记账、算账、报账，无视财务信息的作用，不重视财务人员的职能发挥，更不能认识财务控制的核心作用。往往融资时不考虑资本结构，不权衡资本成本；投资时不分析现金流量，只注重短期效应，不为长期发展打算。要加强财务控制，关键在于创新观念：一要确立财务管理核心的理念，重视财务管理。在市场经济条件下，企业经营环境复杂多变，风险越来越大，要确保利润最大化，就必须确立财务管理的核心地位，发挥财务管理在预测、决策、计划、考核，特别是控制等方面的作用。二要确立财务控制核心的理念，强化财务控制。强化财务控制理念，使加强财务控制建设成为企业领导人的自觉行动，就能控制资金、成本、利润，也就抓住了企业生产经营的各个方面。三要树立科学理财观念，重视对财务信息的研究分析，防止盲目决策、盲目投资。四要强化企业的社会责任感和风险防范意识，逐步实现财务控制观念由内部牵制、单一会计控制向全面、全员、全程的风险控制转变。

（二）完善控制机制

完善控制机制是指建立健全内部控制机制，逐步完善财务控制体系，为财务控制提供制度保证。建立科学、完善、适合企业的财务管理制度，如预算控制制度、投资管理制度、筹资管理制度、成本管理制度、薪酬制度等。加强对资金、存货、各项债权债务的管理，有计划、有目的地使用资金，提高资金使用效率；建立严格的采购供应制度，减少库存物资的积压和浪费；加强对应收账款及其他各项债权债务的管理，防止坏账、呆账的发生等。建立严密有效的财务控制制度，加强内部控制。一要建立会计系统控制制度，如企业核算规程、会计工作规程、会计人员岗位责任制、财务会计部门职责、会计档案管理制度等。良好的会计系统控制制度是企业财务控制得以顺利进行的有力保障。要依据国家统一的财务法规和制度，制定适合本单位的会计制度，以规范工作流程，明确岗位责任，充分发挥会计的监督职能。二要建立授权批准控制制度，如以制度的形式明确规定涉及财务及相关工作的授权批准的范围、权限、程序、责任等内容，要求单位内部各管理层必须在授权范围内行使职权和承担责任，经办人员必须在授权范围内办理业务。三是建立不相容职务分离制度。企业不相容职务主要包括授权批准、业务经办、会计记录、财产保管、稽核检查等。企业要按照不相容职务相分离的原则，合理设置财务会计及相关工作岗位，明确职责权限，形成相互制衡机制。

（三）优化控制环境

优化控制环境主要从以下几方面入手，打造企业文化环境。一要建设良好的企业文化。企业文化是一种无形动力，它影响企业员工的思维、理念和行为方式。良好的企业文化可以促进企业的发展，激发企业员工不断进取，反之可能使企业陷入困境，弱化员工的凝聚力和进取心。家族企业文化的"家族情结"使企业管理不到位，难以发挥企业员工的积极性，即使监督完善也难以控制员工的"逆向选择"行为。因此，建立现代企业文化，形成有效的利益共同体，让员工对企业有归属感，才能真正实现有效的控制。二要建立科学的企业经营理念。企业经营理念是指在经营活动中企业领导层与员工之间培养或形成一体的意念，实际上是企业文化的浓缩，是企业领导人事业宗旨的体现，是企业形象基本要素，是企业的经营哲学和企业精神的结合体。科学的企业经营理念的建立，既有利于企业的长远经营和发展战略目标的确定，又有利于凝聚企业员工的精神力量，还有利于规范员工的企业行为和社会行为。三要增强员工对财务控制制度的认识，提高员工素质。注意在日常管理中加强对员工的宣传教育，使管理人员和员工充分认识内部控制的重要性；建立激励机制，采用科学、合理、适用的人员管理制度和控制措施；加强日常工作考核，促使员工按制度完成本职工作。

在企业内部控制系统运行过程中，企业管理者所起的作用举足轻重，其素质直接影响到企业的行为，进而影响到企业内部控制的效率和效果。要建立完善的内部控制系统并使之真正发挥应有的作用，必须提高企业管理人员特别是主要决策人的综合素质。为此，不仅要重视约束、监督与激励相结合的外部机制建设，建立约束激励的控制方式，而且要从法律法规或制度层面提出内部控制工作要求，并制定相应的惩罚性措施。

（四）规范控制成本

成本分资本成本和产品成本两类。资本成本是指企业为取得和使用资本而付出的代价，是资本预算决策以及进行重要财务决策、制定有关资本管理政策、评价企业经营业绩的重要依据，在财务管理中处于至关重要的地位。控制资本成本主要从选择合适的融资渠道和建立合理的资金结构入手。产品成本是反映产品从研究、设计开发到制造、销售等各个环节发生的各项资金耗费。由于成本直接关系到企业的财务效益，必须特别重视对生产经营过程中成本费用的控制。如严格控制业务招待费；业务招待费开支办法和标准应报监管机构备案；员工的工资必须经过董事会的审批；固定资产应严格备案；对确须转入递延资产的有关费用支出，必须将新增项目的名称、金额、摊销计划报监管机构同意等。

（五）重视预算控制

预算控制是以全面预算为手段，对企业财务收支和现金流量所进行的控制。预算控制主要包括以下几个环节：建立预算体系；编制和审定预算；下达预算指标；授权预算执行；监督预算执行；分析预算差异；考核预算业绩等。

1. 科学编制部门预算

要以企业发展战略为导向，通过预算对战略执行的财务结果实施控制。在编制部门预算时，按照统筹兼顾、标准统一、公开公平的原则，对人员经费和公用经费按规定标准和定额细化到项。对专项经费根据单位工作开展和事业发展需求，按财力大小和轻重缓急的次序安排。通过交互式的有效沟通和预算管理的预测、协调及控制作用，使企业的预算目标更明确，并能以更高的效率、更优的发展质量、更有效的资源配置来实现企业的战略发展目标。

2. 提高预算的控制力和约束力

预算管理要求一切经济活动都围绕企业目标的实现而展开，在预算执行过程中落实经营策略、强化企业管理，严格执行预算，增强预算的严肃性。必须围绕实现企业预算落实管理制度，提高预算的控制力和约束力。预算一经确定，企业各单位各部门在生产经营及相关各项活动中，都要严格执行，要切实围绕预算开展经济活动。

3. 建立预算管理的监督机制

建立包括内部审计、预算管理委员会和责任预算实施主体在内的监督机制，并定期或不定期地对这种机制的有效性进行评估并不断加以改进，确保预算执行到位。

4. 建立合理的预算考评奖惩体系

"考核与奖惩是预算管理的生命线"，作为一种价值化的目标体系，在期末时，应对预算执行和完成情况通过合理的程序进行考评，奖优罚劣，体现客观公正，发挥预算的激励和约束作用。

5. 建立完善的财务信息系统

预算控制系统的建立不仅需要在制度上对流程和控制环节加以规定，还要求在实际工作中建立有效的以计算机网络为基础的信息系统，从而充分利用数据库和管理系统的支持，提高信息传递和分析效率。

（六）加强风险控制

风险是指某一行动的结果具有不确定性，一般分为市场风险、经营风险和财务风险。市场风险属于系统风险，不能通过多元化投资来分散，企业风险防范的重点是生产经营过程中产生的经营风险和因为举债产生的财务风险。企业先天的缺陷，导致其抗风险能力较差。必须牢牢树立风险意识，对市场和形势谨慎估计，并随着国内外经济环境和形势的变化不断转换经营方式、理念。作为抗风险较弱的企业，在做任何投资之前，都应把风险因素放在第一位，并考虑一旦出现风险企业的承受能力有多强。必须谨记股神巴菲特的三条风险防范金律：第一，尽量避免风险，保住本金；第二，还是尽量避免风险，保住本金；第三，坚决牢记前两条。如此才能立于不败之地。

一般而言，风险控制策略包括规避策略、减少策略、转移策略和接受策略，前三种属于主动应对策略，后一种属于被动策略。企业必须采取主动的风险控制策略，才能立于不败之地。

第一，注重市场调研，规避和防范经营风险。要经常进行市场调查，及时了解企业产品或服务的市场价格及变化情况、市场容量及波动情况、竞争对手或潜在竞争对手情况等，掌握市场第一手资料，特别要着眼于市场的未来需求。当资产风险所造成的损失不能由该资产可能取得的收益予以抵消时,就应"壮士断腕",果断放弃,如拒绝与失信厂商进行业务往来,放弃可能明显导致亏损的投资项目等。

第二,重视财务决策,尽量减少风险。如通过在财务决策以前进行及时、准确的预测,及时获取政府政策信息以及科学决策,一方面控制风险因素,减少风险发生的概率,另一方面尽可能降低风险的损害程度。

第三,理清专业化生产与多元化经营的关系,分散和化解经营风险。经营风险大都由内部因素造成。要在利用企业已有优势坚持专业化经营、牢固占领主营业务市场、强化企业核心竞争力的基础上,合理配置和利用现有资源,积极研发具有自主知识产权的核心技术与核心产品,不断提高企业技术创新能力,走多元化发展之路。

第四,企业有针对性地建立起财务风险分析、财务风险处理、财务风险责任三大财务风险管理机制,将企业风险牢牢控制在一定水平内。如在保证合理的资金结构,维持适当的负债水平前提下,既要利用举债手段获取财务杠杆收益,提高自有资金盈利能力,又要注意防止过度举债引起财务风险,避免企业陷入财务困境。

第五,建立企业的财务预警系统,充分发挥预警作用,实现风险的监测、诊断、治疗,进而达到"强身健体"的功能。通过建立和完善风险识别、风险预警、风险评估和风险报告机制,构建灵敏的风险预警系统,完善企业财务管理信息系统,对企业进行全面的风险防范与控制,将风险可能带来的负面效应降到最低。

第四节 财务分析

一、财务分析的概念及意义

(一)财务分析的概念

财务分析是指利用会计报表及其他有关资料,运用科学方法对企业财务状况和经营成果进行比较、评价,满足企业经营管理者、投资者、债权人及政府有关部门掌握企业财务活动情况和进行经营决策的一种方法。会计报表是对企业前一个会计期间经营状况的总结,是一份提供企业过去经济财务信息的文件。会计报表使用者为了取得其在经济决策中有用的信息,就必须对会计报表披露的信息进行分析、比较、评价,从而进行有效的决策。

(二)财务分析的意义

财务分析以企业财务报告反映的财务指标为主要依据,对企业的财务状况和经营成果进行评价和剖析,以反映企业在运营过程中的利弊得失、财务状况及发展趋势,为改进企业财务管理工作和优化经营决策提供重要的财务信息。财务分析是一项科学的、复杂细致的管理工作，它是对企业一定期间的财务活动的总结，为企业下一步的财务预测和财务决策提供依据。开展财务分析具有以下一些重要的意义：

1. 有利于企业经营管理者进行经营决策和改善经营管理

社会主义市场经济为企业之间的平等竞争创造了有利条件，也给企业的生产经营带来风险。复杂的经营环境要求企业的经营管理者不仅要广泛、准确地了解社会信息，而且要全面、客观地掌握本企业的具体情况。只有这样，企业的经营管理者才能运筹帷幄，无往而不胜。评价企业财务状况、经营成果及其变动趋势，揭示企业内部各项工作出现的差异及其产生的原因，是帮助企业经营管理者掌握本企业实际情况的重要方法，它对于开展企业经营决策和改善企业经营管理具有重要意义。

2. 有利于投资者做出投资决策和债权人制定信用政策

企业的财务状况和经营成果好坏，不仅是企业经营管理者需要掌握的，而且也是企业的投资者、债权人十分关心的，它直接关系到投资者和债权人的利益。投资者为了提高投资收益，减少投资风险，就需要正确进行投资决策；债权人为了及时收回贷款或收取应收账款，减少呆账或坏账损失，就需要制定正确的信用政策。因此，投资者、债权人对有关企业的盈利能力、偿债能力、营运能力及其发展趋势，必须深入了解。这就要求对企业的财务报告进行深入的考察和分析，以利于选择最佳投资目标或制定最佳信用政策。

3. 有利于国家财税机关等政府部门加强税收征管工作和进行宏观调控

国家财政收入主要来自企业上缴的税收。为了保证国家财政收入，国家财税机关必须改善和加强对税收的征收管理工作，一方面要促进企业改进生产经营管理，增加企业收益；另一方面要监督企业遵纪守法，保证税收及时、足额纳入国库。另外，为了保证社会主义市场经济的稳定发展，国家财税机关等政府部门必须制定宏观调控措施，规范企业的生产经营行为。无论是加强税收的征收管理，还是制定宏观调控措施，都有必要进行财务分析，全面、深入地掌握企业的财务状况、经营成果及其变动趋势。

（三）财务分析的内容

财务分析的依据，主要是企业编制的会计报表。由于企业会计报表的使用者进行财务分析的目的各不相同，其分析内容应由分析的目的所决定。

1. 投资人分析的内容

所有者或股东作为投资人，其分析的目的是决定是否进行投资，其分析内容是企业的资产和盈利能力；如果目的是决定是否转让股份，其分析的内容是盈利状况、股价变动和发展前景；如果目的是考察经营者业绩，其分析内容是资产盈利水平、破产风险和竞争能力；如果目的是决定股利分配政策，其分析内容是筹资状况。

2. 债权人分析的内容

债权人因为不能参与企业剩余收益的分配，决定了债权人必须首先对其贷款的安全性予以关注。债权人分析的目的如果是决定是否给企业贷款，其分析内容是贷款的报酬和风险；如果目的是了解债务人的短期偿债能力，其分析内容是流动资金状况；如果目的是了解债务人的长期偿债能力，其分析内容是盈利状况；如果目的是决定是否出让债权，其分析内容是评价其价值。

3.经理人员分析的内容

为了改善财务决策满足不同利益主体的需要，协调各方面的利益关系，企业经营者必须对企业经营管理的各个方面，即外部使用财务报表的人所关心的所有问题进行分析。

（1）供应商分析的内容

供应商对财务报表的分析，意在决定是否与购货方长期合作和是否应对其延长付款期。通过分析，能够了解购货方销售的信用状况。

（2）政府有关部门分析的内容

政府对国有企业投资的目的，除关注投资所产生的社会效益外，必须对投资的经济效益予以考虑，在谋求资本保全的前提上，期望能够同时带来稳定增长的财政收入。政府经济管理机构分析的目的是了解企业纳税情况、遵守政府法规、市场秩序、职工收入、就业状况，其分析内容应包括资金占用的使用效率和对社会的贡献程度。

尽管不同利益主体进行财务分析有着各自的侧重点，但就企业总体来看，财务分析的内容可以归纳为四个方面：偿债能力分析、营运能力分析、盈利能力分析和发展能力分析。其中偿债能力是财务目标实现的稳健性保证；营运能力是财务目标实现的物质基础；盈利能力与发展能力既是营运能力与偿债能力共同作用的结果，同时也对增强营运能力与偿债能力起着推动作用。四者相辅相成，构成企业财务分析的基本内容。而财务综合分析可以全面分析企业的财务状况、经营成果以及未来的发展趋势。

二、财务分析的基础

财务分析是以企业的会计报表以及其他资料为基础，通过对会计所提供的核算资料进行加工整理，得出一系列科学的、系统的财务指标，以便进行比较、分析和评价。这些会计核算资料包括日常核算资料和财务报告。财务分析主要以财务报告为基础，日常核算资料及其他资料只作为财务分析的一种补充资料。财务报告是企业向政府部门、投资者、债权人等与本企业有利害关系的组织或个人提供的，反映企业在一定时期内的财务状况、经营成果以及影响企业未来经营发展的重要经济事项的书面文件。提供财务报告的目的是为报告使用者提供财务信息，为他们进行财务分析、经济决策提供充足的依据。

企业的财务报告主要包括资产负债表、利润表、现金流量表、所有者权益变动表、其他附表以及财务状况说明书。这些报告集中、概括反映了企业的财务状况、经营成果和现金流量情况等财务信息，对其进行财务分析，可以更加系统地揭示企业的偿债能力、营运能力、获利能力以及发展能力等。

三、财务比率分析

企业财务报表提供了企业特定日期财务状况和特定时期经营成果与现金流量的信息。财务比率分析通过对这些信息进行分析，计算某些财务比率指标，对企业财务状况进行评价，从而对企业的经营管理情况有更深刻的了解与认识，做出正确的经营管理决策。

企业财务比率分析的内容包括财务状况、经营成果以及现金流量的分析，具体包括偿债能力、营运能力、盈利能力及发展能力的分析。

（一）偿债能力分析

1. 企业偿债能力的概念

企业偿债能力是指企业对各种到期债务偿付的能力。企业偿债能力是反映企业财务状况和经营能力的重要标志。企业偿债能力低，不仅说明企业资金紧张，难以支付日常经营支出，而且说明企业资金周转不灵，难以偿还到期应偿付的债务，甚至面临破产的危险。企业的负债包括流动负债和非流动负债。其中企业偿还流动负债的能力是由流动资产的变现能力决定的，除货币资金外，变现能力强的流动资产是交易性金融资产、应收票据和应收账款。如果货币资金及变现能力强的流动资产的数额与流动负债的数额逐年一致，或者流动资产大于流动负债，说明企业有偿债能力；相反则说明企业的偿债能力差。其中企业偿还非流动负债的能力方面取决于负债与资产总额的比例，另一方面取决于企业的获利能力，获利能力强，资产总额大于负债总额，表示有偿债能力；否则，偿债能力差。

2. 长期偿债能力分析

长期偿债能力是指企业偿还长期债务的能力。衡量企业长期偿债能力主要看企业资金结构是否合理、稳定，以及企业长期盈利能力的大小。因此分析长期偿债能力的主要指标有：资产负债率、有形资产负债率、产权比率（负债总额）、所有者权益比率或非流动负债总额与所有者权益比率、利息保障倍数等指标。

（1）资产负债率

资产负债率亦称负债比率，是企业负债总额与资产总额之比，即每一元资产所承担负债的数额。它是衡量企业负债偿还物质保证程度的指标。其计算公式为：

资产负债率 = 负债总额 / 资产总额

上述公式中的"负债总额"包括非流动负债和流动负债；资产总额包括企业的流动资产、长期投资、固定资产、无形资产及其他资产等。

（2）有形资产负债率

并非企业所有的资产都可以作为偿债的物质保证，不仅在清算状态下，长期待摊费用、递延税项等难以作为偿债的保证，即使在企业持续经营期间，上述资产的摊销价值也需要依靠存货等资产的价值才能得以补偿和收回。其本身并无直接的变现能力，相反还要对其他资产的变现能力产生反向影响。至于无形资产当中的商誉、商标、专利、非专利技术等能否用于偿债，也存在极大的不确定性。所以，可用有形资产负债率这一比较稳健的指标对企业的长期偿债能力进行评价，其计算公式为：

有形资产负债率 = 负债总额 / 有形资产总额

（3）产权比率

产权比率又叫负债权益比率，是企业负债总额与所有者权益之间的比率。它反映了债权人提供的资本与所有者权益提供的资本相对关系，说明了企业所有者权益对债权人权益的保障程度。其计算公式为：

产权比率 = 负债总额 / 所有者权益总额

（4）利息保障倍数

利息费用保障倍数也叫作已获利息倍数，是指企业息税前利润与利息费用的比率。其计算公式为：

利息保障倍数 = 息税前利润 / 利息费用

3.影响企业偿债能力的其他因素

在分析企业偿债能力时，除了使用上述指标以外，还应考虑到以下因素对企业偿债能力的影响。这些因素既可影响企业的短期偿债能力，也可影响企业的长期偿债能力。

（1）或有负债

或有负债是企业在经营活动中有可能会发生的债务。或有负债不作为负债在资产负债表的负债类项目中进行反映，但这些或有负债一旦将来成为企业现实的负债，则会对企业的财务状况产生重大影响，尤其是金额巨大的或有负债项目。

（2）担保责任

在经济活动中，企业可能会发生以本企业的资产为其他企业提供法律担保的情况。这种担保责任在被担保人没有履行合同时，就有可能会成为企业的负债，增加企业的债务负担，但是，这种担保责任在会计报表中并未得到反映。因此，在进行财务分析时，必须考虑企业是否有巨额的法律担保责任。

（3）经营租赁活动

企业经营租赁的资产，其租赁费用并未包含在负债之中，如果经营租赁的业务量较大、期限较长或者具有经常性，则对企业的偿债能力也会产生较大的影响。

（4）可动用的银行贷款指标

可动用的银行贷款指标是指银行已经批准而企业尚未办理贷款手续的银行贷款限额。这种贷款指标可以随时使用，以增加企业的现金，提高企业的支付能力，缓解目前的财务困难。

在分析财务报表时，人们往往有些片面，因为不同的报表使用者关心的重点不同。对于偿债能力是否越强越好，对不同的报表使用者也同样有不同的答案。站在所有者和经营者角度，偿债能力越强越好，反过来说明企业没有充分利用负债给企业带来的好处。

（二）营运能力分析

营运能力是企业的资产运用（管理）效率，它是衡量企业管理人员运用资金的能力。实质上是企业通过生产资料的配置，从而对企业财务目标所产生作用的大小。因此，营运能力的分析主要是生产资料营运能力的分析。

企业拥有或控制的生产资料表现为各项资产占用。生产资料的营运能力实际上就是企业的总资产及其各个组成要素的营运能力。资产营运能力的强弱关键取决于资产周转速度。因此，生产资料营运能力分析，实际上就是分析流动资产、固定资产和总资产周转情况。

一般来说，周转速度越快，资产的使用效率越高，则营运能力越强；相反，营运能力就越差。表示资产周转速度的指标，有周转率（周转次数）和周转期（周转天数）两种形式。所谓周转率（周转次数）即企业资金在一定时期内资产的周转额与资产平均余额的比率，它反映企业资金在一定时期的周转次数，周转次数越多，周转速度越快，表明营运能力越强。所谓周转期（周转天数），它是指资金周转一次需要的天数，周转一次需要的天数越少，说明周转速度越快，利用效果越好。其计算公式为：

周转率（次数）＝周转额／资产平均余额

（三）盈利能力分析

企业在一定期间内实现的主营业务利润、营业利润、利润总额和净利润，在利润表上均有反映。将利润表提供的经营成果信息转化为盈利指标进行对比，可以反映出企业的盈利水平；将企业的各项盈利指标与行业标准或先进指标比较，可以反映出企业的盈利能力。认真分析利润表所提供的信息，有助于评价企业盈利能力，制定对策，提高企业经济效益。

盈利能力，是指企业赚取利润的能力，是企业财务能力的集中体现。利润是企业内外有关各方都关心的"对象"。利润是企业所有者取得投资收益、债权人获取本息的资金来源，也是经营管理者的经营业绩和管理效益的集中表现。因此，盈利能力是综合分析企业实力和发展前景的重要指标。

盈利能力指标主要用来考察企业的盈利情况，借以评价企业的资本收益水平和获利能力。企业盈利能力的一般分析指标有主营业务收入利润率、成本利润率、净资产收益率和资本保值增值率等。

（四）发展能力分析

对企业的发展能力进行分析，通常要用企业连续几期的会计报表，这样才能进行趋势分析，既反映了企业过去几年的发展状况，也可以根据比率结果预测企业未来的发展趋势。发展能力的衡量指标主要有营业增长率、资本积累率、利润增加率和可持续增长率等。

1. 营业收入增长率

营业收入增长率是指企业本年营业收入增长额同上年收入总额的比率。营业收入增长率表示与上年相比，企业营业收入的增减变动情况，是评价企业成长状况和发展能力的重

要指标。其计算公式如下:

营业收入增长率 =(本年营业收入增长额 / 上年营业收入总额)× 100%

其中,本年营业收入增长额是企业本年营业收入与上年营业收入的差额,即本年营业收入增长额 = 本年营业收入 – 上年营业收入。如果本年营业收入低于上年,本年营业收入增长额就用"–"表示。上年营业总额是指上年全年营业收入总额。

营业收入增长率是衡量企业经营状况和市场占有能力、预测企业经营业务拓展趋势的重要标志,也是企业扩张时资金需求的前提,不断增加营业收入是企业生存的基础和发展的条件。

2. 资本增长率

(1)资本积累率

资本积累率是指企业本年所有者权益增长额同年初所有者权益的比率。资本积累率表示企业当年资本的积累能力,是评价企业发展潜力的重要指标。其计算公式如下:

资本积累率 =(本年所有者权益增长额 / 年初所有者权益)× 100%

其中,本年所有者权益增长额是指企业本年所有者权益与上年所有者权益的差额,即本年所有者权益增长额 = 所有者权益年末数 – 所有者权益年初数

年初所有者权益指所有者权益年初数。

资本积累率是指企业当年所有者权益总的增长率,反映了企业所有者权益在当年的变动水平。资本积累率的高低体现了企业资本的积累情况,是企业发展的标志,也是企业扩大再生产时依据自身力量的程度。资本积累率反映了投资者投入资本的保全性和增长性,该指标越高,表明企业的资本积累越多,企业资本安全性越强,对抗风险、持续发展的能力越大,此时企业偿还贷款的可能性越大。该指标如为负值,表明企业资本受到侵蚀,发展能力存在疑问。另外,若该被分析企业当年有权益性筹资,计算和分析该指标时,尤其是进行趋势分析时,应充分考虑对可比性的影响。

(2)总资产增长率

总资产增长率是企业本年总资产增长额同年初资产总额的比率。总资产增长率是衡量企业本期资产规模的增长情况,评价企业经营规模总量的重要指标。其计算公式如下:

总资产增长率 = 本年资产总额增长额 / 年初资产总额 × 100%

总资产增长率指标是从企业资产总量增长方面衡量企业的发展能力,表明企业规模增长水平对企业发展后劲的影响。该指标越高,表明企业一个经营周期内资产经营规模扩张的速度越快。但实际操作时,应注意资产规模扩张的质量,以及企业的后续发展能力,避免资产盲目扩张。该指标是考核企业发展能力的重要指标,我国上市公司业绩的综合排序中,该指标位居第二。如果企业资产规模的增长情况较好,近几年的资产增长持续而平稳,表明其资产增值能力较高。

(3)资本保值增值率

资本保值增值率是所有者权益的期末总额与期初总额的比值,是对企业经营成果是否

形成积累的增加做出评价,用来反映投入资本的完整性和增值性。其计算公式为:

资本保值增值率 = 年末所有者权益 / 年初所有者权益

(4)固定资产成新率

固定资产成新率是企业当期平均固定资产净值同平均固定资产原值的比例。其计算公式如下:

固定资产成新率 = 平均固定资产净值 / 平均固定资产原值 × 100%

其中:平均固定资产净值是指企业固定资产净值的年初数同年末数的平均值。平均固定资产原值是指企业固定资产原值的年初数同年末数的平均值。

固定资产成新率反映了企业所拥有的固定资产的新旧程度,体现了企业固定资产更新的快慢和持续能力。该指标高,表明企业固定资产比较新,对扩大再生产的准备比较充足,发展的可能性较大。运用该指标分析固定资产新旧程度时,一定要注意剔除企业应提未提的折旧对固定资产真实情况的影响。

(5)三年利润平均增长率

三年利润平均增长率表明企业利润连续三年增长情况,体现了企业的发展潜力。其计算公式如下:

三年利润平均增长率 = (年末利润总额 / 三年前年末利润总额) × 100%

其中,三年前年末利润总额指企业三年前的利润总额数。

利润是企业积累和发展的基础,该指标越高,表明企业积累越多,可持续发展能力越强,发展潜力越大。利用三年利润平均增长率指标,能够反映企业的利润增长趋势和效益稳定程度,较好地体现企业的发展。

四、财务分析应注意的问题

运用比率分析,在一定程度上能提供评价企业财务状况和经营成果的重要信息,可以帮助找出一些实际存在或可能存在的经营管理上的问题,作为制定未来决策的部分依据,不失为进行财务报告分析的一种有用工具和主要方法。但是,它提供的都是过去的历史性数据,忽视了企业经济资源流向的动态方面,不可能据此做出令人信服的精确结论。而且,由于财务报告列示的数据的局限性,企业为了迎合财务分析人员对某项比率的期望结果很可能在事先经过一番人为加工,使计算出的比率失去了它的真实意义。这就告诉人们,在运用比率分析评价企业的经营成果和财务状况时,必须综合判断,结合趋势分析法的各种趋势分析和现金流量表的资金变动原因的分析,以及企业呈报的财务情况说明书上说明的企业生产经营、利润实现和分配、资金增减和周转、财产物资变动和税金交纳情况及近期对财务状况发生重大影响、资产负债表编制日后至报出财务报告前发生的对企业财务状况变动有重大影响的事项等,全盘考虑后做出判断和评价。归纳财务比率分析本身存在的问题主要有以下几点:

第一，比率分析运用的比率必须是在财务报告上的一些有关联项目金额之间进行计算比较。但客观上存在着滥用比率分析的倾向，对一些没有关联的项目也进行计算比率和加以比较，这必然会使比率分析徒具形式，缺乏选择比率的合理基础，也无法做出正确的解读。财务报告是会计的产物，会计有特定的假设前提，并要执行统一的规范。我们只能在规定意义上使用报告数据，不能认为报告揭示了企业的全部实际情况，所以财务报告自身的这种局限性是很难避免的。

第二，趋势分析是以本企业历史数据作为比较基础的一种分析方法，但历史数据代表过去，并不代表合理性；另外，经济环境是不断变化的，今年比去年利润提高了，不一定说明已经达到应该达到的水平，甚至不一定说明管理有了改进。实际数据在计划标准之间的差异分析，是以计划预算作为比较基础进行的。但实际和预算的差异，有时是预算不合理造成的，而不是执行中出现了偏差。在同一企业，它的经营情况受市场环境、企业机制等错综复杂因素的影响，始终是频繁变化着的，这包括国家宏观政策的影响、产品的结构类型和比重、企业的经营政策和筹资政策等。即使企业运用的会计处理方法前后各期始终一致，还是存在着这些问题。所以，财务报告数据的可比性也是限制比率分析的重要问题。

第三，对同一会计事项的账务处理。会计准则允许使用几种不同的规则和程序，企业可以自行选择。不同企业对会计政策的不同选择，必将影响报告数据的横向可比性。虽然财务报告附注对会计政策的选择有一定的表述，但使用人未必能完成可比性的调整工作。所以，报表使用者必须仔细阅读报表及其附注，以确定报表之间的对比程度。另外，会计年度终结的日期不同，也会产生不同的结果。

第四，财务分析所依据的数据都是过去发生的经济业务的结果，是根据财务报告上的静态历史资料计算得出的比率。这种历史资料又经过一段时间的分析、研究，早已不具备制定决策所需要的及时性的信息要求了。历史资料只能在预测和制定未来决策前提供有限的参考，它忽视了对评价企业管理效能极为有用的动态信息，例如流动资金的变化。因此，建立在这些数据上的财务分析，不能也无法作为制定决策的绝对依据。

第五，只有根据真实的财务报告，才有可能得出正确的分析结论。财务分析通常假定报告是真实的。报告的真实性问题，要靠审计来解决，财务分析不能解决报告的真实性问题。因此，财务报告的真实性也是影响比率分析的重要因素。在具体操作中，应注意财务报告是否规范、是否有故意遗漏，同时要注意分析数据的反常现象，剔除偶然因素的影响。

综上所述，可见财务分析并不能为评价和判断企业财务状况和经营成果提供十分精确的尺度。所以，在进行财务分析时必须充分运用一切必要的补充手段，在全面、完整、充分地掌握静态信息的基础上，适当调整上述局限性带来的影响。

第七章　财务管理创新艺术分析

第一节　财务管理创新的要素

近年来，我国改革开放取得十分显著的成效，原有的落后的企业财务管理体系已经难以满足现代经济发展的需求。为了适应时代的发展要求，构建和谐的企业财务管理系统，迫切要求在企业行业进行改革和创新，特别是作为企业重要组成部分的企业财务部门，加强其管理体制的改革和创新是十分必要的。然而综观我国目前的企业财务管理体系，不难发现企业财务管理缺乏统一的规范和有效的制度，管理制度改革和创新任务仍然十分艰巨。管理人员必须积极转变财务管理观念，树立正确的财务管理目标，对财务管理内容加以创新，为企业行业的发展营造一个良好的环境。

一、转变落后的管理观念

随着改革开放的不断深入和推进，对企业财务的管理工作提出了新的要求。传统的落后的管理观念已经难以满足现代社会的发展要求，亟待变革。所谓企业财务管理观念，就是指在建立和完善财务管理体系和机制的过程中树立的正确的价值观。这种价值观会对企业财务管理的各个方面和具体实践提供导向和约束作用，是落实整个财务管理工作的出发点和落脚点。对于企业财务管理来说，只有不断进行变革和创新，抛弃陈旧的管理经验和办法，采取新的管理方式对财务各个方面进行管理，提高对企业财务管理的正确认识，才能极大地提高财务管理的效率，促进资金的有效使用和流通，避免企业出现不必要的财政危机，为企业创造更多的财富。目前企业财务管理的核心和重要内容就是对风险理财的管理。能否对风险财务进行有效管理，转变风险理财管理的传统思维模式和观念，直接关系着企业能否在激烈的市场竞争中求得生存和发展。因此，企业必须加强对风险理财的投入力度，不断创新财务管理观念。第一，企业的财务管理观念始终要以人为中心，实现理财观念的人本化。企业的发展和创新离不开人的参与和投入，只有始终重视人在发展中的主体地位，不断感知和体验发展的成果，才能为发展提供源源不断的动力，从而提高整个企业乃至社会的创新能力，推动社会向前发展。对于企业来说，如果缺乏足够业务素质较高的理财人员，企业财务管理就失去了创新的源泉，提高企业的财务管理创新水平简直是天方夜谭。因此，企业必须加强对财务管理人员的培训力度，培养一支业务水平较强、综合素质较高的专业理财队伍。第二，企业必须明确财务管理人员的权利和义务，做到权责明确，并建立完善的监督和奖罚机制，规范和约束财务管理人员的行为，调动财务管理人员的积极性和主动性，为财务管理目标的实现提供人力资源保障。第三，在财务管理观念的创新上，要实现竞争与合作的有机结合。随着市场经济体制的不断建立和完善，再加上科技的进步和变革，市场经济和产品更新换代的速度越来越快，竞争也越来越激烈，企业只有在获取和分析数据、信息上占得先机，才能在激烈的市场竞争中处于优势地位，获得发展先机。同时，科技的不断进步和发展又进一步加快了全球经济一体化的步伐，企业在寻求自身发展的同时，越来越需要与别的行业和领域进行沟通和交流，以便加强双方之间的合作，互惠互利，获得共同发展。第四，企业需要重视和创新风险理财观念。市场在对经济进行自发调节的同时，也存在着一定的滞后性和不确定性，企业置身其中难免会受到市场调节的不良影响，特别是在财务投入和管理上更是存在着较大的风险，再加上政治以及社会环境的制约和影响，加大了风险发生的可能性。一旦出现风险，将会给企业带来巨大的损失。因此，必须引起企业的高度重视，积极转变理财观念，树立正确的风险理财观念。

二、树立科学的财务管理目标

企业财务管理在企业的经营活动中发挥着越来越重要的作用，财务管理目标作为企业财务管理的基础和关键，对于引领企业财务方向以及约束企业财务活动具有十分关键的导向作用。必须不断建立和完善企业财务管理目标，促进企业财务管理体系的建立。企业在为构建和谐社会进行努力时，不仅要保障企业和股东的利益，同时还要关注和满足员工的需求。只有保证各方利益者的需求均被满足，才能实现绿色财务，促进企业和社会的和谐。企业在树立科学财务管理目标时，必须充分考虑国家相关经济政策、企业的整体发展战略以及社会责任和利益的实现等问题，以便随时满足当代市场发展的需求，提高理财目标的创新水平。第一，促进财务管理目标创新的多元化。在日益激烈的市场竞争条件下，各个企业为了谋求进一步的生存和发展，纷纷进行股份制改革，职业经理逐渐取代了业主经理，成为企业的管理者。但是业主并没有完全将权力进行让渡，不仅对财产的收益，而且对财产的最终处分权进行了保留，这就使得股东财富最大化应运而生，渐渐成为企业财务目标的基本理念之一，然而企业在追求股东利益最大化的情况下，不能忽略其他相关利益主体的需求。21世纪是知识经济的时代，物质资本已经不再占据市场竞争的主要地位，已经被知识和科技所取代，这主要是因为科技和知识更具有共享性和创新潜力。所以企业需要将财务管理目标的创新从追求物质层面转移到追求知识和技术的层面上去。第二，企业在树立财务管理目标时还必须兼顾社会责任和利益，实现创新的社会化。企业作为市场经济的主体，承担着强烈的社会责任，企业提高对知识和科技的投入和研发力度，进一步拓宽知识传播和分享的途径，可以为社会创造更多的物质和精神财富，得到公众的认可和积极反馈，提高企业的社会形象，为企业经济利益的提高创造一个良好的发展环境。

三、创新企业财务管理内容

企业可以从以下几个方面入手。第一，企业加大对无形资产的重视和投入力度。市场经济体制的不断完善和科技的不断创新给企业的发展带来了新的机遇和挑战。有形资产在财务管理中的地位和比例已经严重被削弱，新兴的无形资产在市场竞争中展现出较强的生命力。通过对企业无形资产的观察和研究，便可大体探知企业的总资产以及综合竞争力的强弱，因此，企业必须加大无形资产在财务管理创新中的比重，提高无形资产的拥有权，以便提高企业的财务管理效率和水平，提高企业在市场中的综合竞争力，不断与国际接轨，获得更深层次的生存和发展。第二，企业在对财务管理内容进行创新时，还须对企业的收益进行合理分配，体现公平。现代企业在企业利益进行分配时，必须按照相关规定和多种分配标准对不同类型的劳动者以及其对公司的劳动和贡献进行分配，在兼顾效率的同时保证分配的公平性。第三，促进企业财务管理创新水平的科学化和规范化。为了满足知识经济对财务管理的高要求，在对财务管理制度进行制定时，一定要以绿色财务为主体，在保护生态环境的前提下发展企业经济，提高企业的社会责任意识。同时还要对财务管理的风险进行分析和探究，以便加强对财务管理风险的防范和治理，提高企业财务的管理水平。并且由于科技的巨大变革，可以将高科技广泛应用到财务管理中去，提高其搜集和分析数据的能力，提高理财战略的服务水平。第四，企业在进行财务管理创新时，还应加大对信息和科技的投入力度。

互联网技术的广泛应用必然导致企业的财务管理要实现网络化、技术化和信息化。利用信息技术进行管理，企业可以对财务进行远程管理和控制，加强企业各个财务部门以及财务环节的合作和交流，更进一步地提高了财务管理的效率，节省了管理时间和成本。同时也促进了企业管理模式的转变，逐渐走向集中管理的道路，提高了报账、查账、审计等的工作效率，而且还加强了财务监督，使得企业财务管理能够更有效地规避风险，降低了财务危机发生的概率，促进了企业资金的流转，给企业带来新的发展机遇。

第二节 财务管理创新的原则

一、财务管理创新的一般原则

（一）机会研究原则

有计划、有目标的财务管理创新往往是从研究机会入手，从彻底地思索并发现创新财务管理方法产生的源头着手。比如一个新的金融服务项目的面世，对一个企业而言也就出现一个新的融资机遇。然而，所有财务创新机遇是否可行必须进行客观务实的思考和评价，单纯关注机会的源头是远远不够的，一定要不时地进行有计划、有步骤、有条理的评价。创新财务管理方法不但需要定量评价，还需要定性评价。与此同时，每个财务管理人员必须明白，创新财务管理绝不允许脱离实际纸上谈兵，必须经常进入现场进行调查研究。优秀的企业财务管理人员考虑问题非常全面，不但钻研财务报表，而且也关注民众的投资理财行为，明白民众的心理期许和财富价值观。

（二）通俗易懂、目标清晰原则

创新财务管理的方法务必做到通俗易懂、目标清晰原则。它应该只是办好一项单纯的事情，以避免过于繁杂导致混淆。创新财务管理往往会出现问题，如果太深奥，是难以实施推广。有用的财务管理创新总是简易实用的，而且是以简单明了、有步骤的运用为目标，并能适应企业需求，创造经济效益为最终目标。

阻碍企业创新财务管理的很大原因是尽管企业经济实力强、资本雄厚，但往往组织机构庞大、设备过于先进繁杂。特别是在一些经济实力强的大型公司总是缺少创新财务管理方法的动力，就是因为资本雄厚，财大气粗，花钱大手大脚，没有资金压力；组织机构庞大，管理不精细、不到位，设备过多且太繁杂，工艺流程过于精细，势必妨碍创新公司的财务管理方法。

（三）有效性原则

（1）对创新的理财思路积极尝试。

（2）注重实用优先于理念钻研。

（3）不必依靠体系复杂而僵化的财务系统。

（4）不必太刻意去抓大放小。

创新财务管理方法没有必要苛求巨大经济效益。实用的创新财务管理方法一般都是从小事做起，针对的是非常详细的事物，仅仅花费少量的人力和财力，或者是从一个小范围内着手开始，要不然的话就会造成船大掉头难的现象。同时，创新财务管理方法如果要取得理想的效果，基本上都要在实践中经过不断改进和完善。

（四）全员参与的原则

企业财务活动与各个部门和人员的工作流程及切身利益密切相关。因此，创新企业财务管理的各种活动离不开各部门、各位员工积极参与，甚至包括了合作商的参与。如果缺少他们的参与，创新活动将难以正常开展，也就无法真正取得成功。在实施财务创新的过程中，要组织相关部门人员进行充分讨论协商，征求各个方面的实施意见和操作办法，这将大大有利于财务创新决策的贯彻和落实。

（五）激励性原则

企业财务创新活动是一项系统工程，涉及诸多部门和人员。企业的经营管理者和财务人员的大力倡导固然是重要的，但单依靠于少数人的推动是远远不够的。有必要通过一定的激励手段，调动更多人的参与积极性。针对那些能给出创新活动可行性实施办法的人员要给以鼓励或者奖励，也要针对那些积极推动财务创新实施的人员给以鼓励。通过种种激励措施，以便更有效地推动创新活动实施，并加快财务创新活动的周期。

二、我国现行企业财务管理理论的局限性及创新原则

从20世纪80年代开始，我国企业虽然经过多次体制改革和机制转换，企业财务管理理论也取得了很大成就，但这些成就仍然局限于为财务管理理论的全面创新做铺垫的各自独立的概念、范畴与命题的领域内。从总体上看，至今仍然没有从根本上改变计划经济体制下的财务管理理论，因而它就不可避免存在这样或那样的一些问题。

（一）我国现行企业财务管理理论的局限性

1. 现行企业财务管理理论系统性有待加强

系统是一组依一定结构存在的具有密切联系的元素组合，它以整体方式与环境相作用。综观全国比较权威的几本财务管理专著中所论述的财务管理理论，均未把财务管理理论应包括哪些元素予以明确交代，有的将财务管理理论范畴概括得过窄，致使应该属于理论的内容未能概括到理论之内，有的则恰好相反。并且，现行企业财务管理理论只是将各元素简单地罗列出来，而对各元素之间存在的相互联系、相互依存的严密逻辑关系没有进行深入的研究。因此，我们必须采用新的研究方法，即系统的、哲学的方法来进行企业财务管理理论的创新。

2. 现行企业财务管理理论规范性欠缺

这主要表现为有关财务管理概念很不规范，不同版本的财务专著或教材对同一概念下的定义不相同，有的出入还很大。例如，关于什么是财务管理就有如下几种定义："财务管理这个术语意味着要使资金按照某种计划流转。本节所要研究的就是企业内部管理资金流转问题"；"财务管理是企业经营管理的一部分，它是从制订财务计划开始的，其次是根据制订的计划付诸实施，最后据以对执行情况进行考核"；"财务管理是基于企业再生产过程中客观存在的财务活动和财务关系而产生的，它是利用价值形式对企业再生产过程进行的管理，是组织财务活动、处理财务关系的一项综合性管理工作"；"财务管理是有关资金的筹集、投放和分配的管理工作"。比较上述几个"财务管理"的概念可知，不同国家的论著对财务管理概念的表达方法不同；同一国家的论著，不同版本的表达方法也各异。有的概念明确指出财务管理的对象，有的则不明确指出；有的将财务管理的对象限定为货币资金，有的将其限定为资金；有的涉及财务本质，有的不明确指出财务关系；有的把财务管理作为财务计划工作，有的将其作为一项综合性管理工作；有的对财务和财务管理两个不同的概念也不加区分，经常作为一个概念来处理。类似情况在其他重要财务管理的概念上也屡见不鲜。概念的不定型、不统一，说明了财务管理的理论不成熟。概念的混

乱会直接影响财务管理学科的顺利发展，还会对实际的财务管理工作产生不利的影响。

3. 现行企业财务管理理论体系不够完整

完整的财务管理理论应该对财务管理理论构成元素以及它们之间的关系予以全面、整的高度概括和总结。而现实的财务管理论著对诸多财务管理的基本概念没有规范的解释，对财务管理理论的元素很少提及，更不讲元素之间的内在联系，不讲财务管理假设，对财务管理职能、方法的表述也五花八门。这说明现行财务管理基本理论基础薄弱，尚未形成一个完整的系统。同时，我国企业在财务管理实践中遇到一些新的问题，往往直接照搬西方国家相关理论，而国内对此理论的研究往往停留在初级阶段。

4. 我国现行财务管理理论不适应环境的变化

当前，我国国内环境发生了巨大的变化。这些变化是企业难以改变的外部约束条件，企业要适应这种要求和变化，而我国现行的财务管理理论还没有适应各类环境的变化。

（1）不适应法律环境的变化

经济生活的法制化是必然趋势，新的法律、法规不断制定，企业财务管理人员如果不熟悉这种变化后的新的法律法规环境，可能导致财务决策失误，招致不必要的处罚或诉讼，甚至可能将自己推入破产或被恶意并购的深渊。

（2）不适应金融环境的变化

外资银行和其他非银行金融机构相继在我国开展业务，这必将使我国金融市场发生全面而深远的变化，从而对企业筹资、投资产生极大的影响。同时，将有更多新的金融工具被不断创造出来，使金融工具出现多样化的特点，以满足企业不同的需要，但同时也派生出利率风险、汇率风险、表外风险等新的风险，使金融风险进一步加大，规避风险将成为入世后企业财务管理面临的最重要课题之一。我国将不可回避全球采购、全球性的资源配置、资产优化重组和竞争的历史趋势。

（3）不适应经济环境的变化

随着经济发展速度大大加快，经济结构进一步调整和优化，我国企业跨国经营活动更加频繁而复杂，经营管理的全球化将迫使企业的财务管理观念做出重大调整，促使我国企业财务管理内容进行新的扩展。另外，按照比较优势理论，我国原有一些受保护的部门以及资本、技术密集型部门，诸如汽车、仪器仪表、棉花、小麦等将受到较大的冲击；而一些具有相对优势的劳动密集型产业以及已形成规模经济且技术成熟的部门则将从中受益。比如服装、玩具、食品、化工、钢铁工业、洗衣机、彩电等行业，这必定会影响到我国企业资金运动的方向及规模。一些资产素质较差的企业加速倒闭，企业破产时的重整和清算等都将成为企业财务管理的重要课题。

（二）我国财务管理理论创新的原则

企业财务管理理论创新是一项极为复杂的工作，基于我国现行财务管理理论的局限性，在进行财务管理理论创新时，必须明确以下原则：

1. 系统性原则

所谓系统性原则，也就是以包括整体观点、关联观点、环境适应性观点、发展观点在内的系统观点来进行财务管理理论创新。其中，整体观点是指将财务管理理论作为一个整体，从整体着眼，部分着手，统筹考虑，各方协调，达到整体的最优化；关联观点是指创新时必须理清各元素之间具有的紧密内在联系；环境适应性观点是指新的财务管理理论必须适应全球经济一体化和市场经济的大环境；发展观点则是指创新时必须树立起超前观点，具有一定的预见性，以适应我国将来经济形势变化的需要。

2. 规范性原则

在进行财务管理理论创新时，必须对每一个财务管理理论元素都明确其含义和本质的规定性，以体现其规范性，从而避免某些概念不必要的混淆，为财务管理理论创新的研究奠定良好的基础。

3. 批判与继承相结合原则

我国现行财务管理理论无论是在研究方法上，还是在理论自身的建设上，都已不能适应市场经济进一步发展的需要，显露出其不足。但是，我国现行财务管理理论中包含的马列主义的思想原则及认识论和方法论，我国传统文化思想中的理财思想和理财经验，都是我们应继承和发扬的。因此，要注意把握好批判与继承相结合的原则。对于我国过去一些行之有效的理财方法，虽然从整体上来说不能适应市场经济的要求，但其中一些具体方法有其先进性、实用性。例如分级归口管理、厂内银行制度、财务收支计划的编制等，都是被实践证明比较科学的方法，在进行企业财务管理理论创新时不能将其全部否定，应结合市场经济的要求，认真进行提炼，吸收到新的理论中来。

4. 吸收国外先进思想与中国国情相结合原则

现代企业财务管理理论首创于西方，经过近百年的不断完善和发展，形成了适应市场经济要求的，以筹资决策、投资决策、股利分配决策为主要内容的现代财务管理理论，这些都是对市场经济条件下财务管理实践的科学总结，是人类文明的共同财富。但是必须注意到，西方现代企业财务管理是建立在高度发达的市场经济基础之上的，它要求企业必须在自主理财的前提下，通过资金市场和资本市场上多渠道的筹资方式和多样性的投资行为，参与商品市场、资金市场、资本市场的竞争，并且有丰富多样的选择，其理论是活跃的，也能够对现代企业制度下的企业理财实践予以指导。而我国正由计划经济向市场经济转轨，新旧体制尚在磨合之中，市场机制还很不完善。如果盲目照搬西方国家的财务管理理论，将对我国的企业财务管理实践缺乏必要的指导意义，成为中看不中用的花瓶。所以在进行财务管理理论创新时，既不能生搬硬套西方的财务管理理论，又要注意吸收其理论中的科学和精华。

上述这些原则并不是互不相干的，而是相互联系、相互制约、不可分割且互为前提的一个有机集合体，应在这些原则的基础上来进行财务管理理论的创新。

第三节 财务管理创新的内容

随着知识经济时代的到来，形成并发展于工业经济时代的企业财务在许多方面显示其不适应性，因而必须考虑其创新与发展问题，从信息时代的角度，分析财务管理的变革方向。现代企业财务管理创新主要包括财务管理目标创新、财务管理内容创新、财务分析内容创新、财务分配方式创新、财务报告内容创新等。

一、财务管理内容的延伸

随着知识经济兴起、电子商务的发展和经济全球化浪潮等财务管理环境的变迁，现有财务管理内容面临严峻挑战。探讨如何突破旧框框建立一个新的框架结构以容纳财务管理理论与实践的新内容，是财务管理发展中面临的重要问题。

（一）将知识资本的管理纳入财务管理范围

在工业经济时代，对企业来说财务资本是其战略性资本。因此，财务学科要研究和解决的问题是财务资本的合理有效配置。知识经济时代，知识资本将成为影响企业可持续发展、决定企业前途命运的重要的战略性资本。因此，知识资本的合理有效配置及管理，将成为财务管理的重要内容。

（二）风险管理的内容将有所增加，并成为财务管理的重要内容

知识经济、电子商务和经济全球化的发展使企业理财的复杂性和难度提高，承受的风险更大，因此风险投资和风险管理的内容将更加丰富，其在财务管理中的重要性会进一步提高。

二、财务管理目标的调整

（一）财务目标调整应适应现代企业的要求

财务管理作为企业的一个重要管理系统，其目标直接反映着理财环境的变化，并需要根据环境的变化进行调整。现代企业理论认为，企业是多边契约关系的总和，股东、债权人、经理、员工、消费者、供应商和政府等各方都有自身利益，共同构成企业的利益制衡机制。所以，现代企业是利益相关者之间缔结的"契约网"，各利益相关者在企业投入物质资本和知识资本（包括人力资本），获得单个主体无法获得的合作收益，他们应共同拥有企业的剩余价值索取权与控制权，形成更为广泛的财务资源配置主体。

（二）财务管理的目标应定位于"相关者利益最大化"

在共同治理的逻辑下，财务管理的目标应定位于"相关者利益最大化"。企业通过财

务上的合理经营，充分兼顾和均衡各利益相关者的财务利益，保证企业在长期稳定发展的基础上使企业价值达到最大。不同的利益相关者的财务利益是不同的，股东期望其投入的资本有效增值最大化，债权人期望其本金的安全收回及利息收入最大化，经理和员工期望其薪金收入最大化，社会公众期望企业的社会责任最大化，政府期望企业的社会贡献最大化，等等。正是各利益相关者的共同参与，构成了企业的利益制衡机制。只有使企业各种契约关系者的财务利益得到较好的满足，才能使企业获得可持续发展，实现财务管理的良性循环。美国IBM公司把其目标定为"为员工利益、为顾客利益、为股东利益"，这种转变与创新顺应了21世纪经济发展的要求，是财务管理发展的又一突破，必将对整个财务管理内容产生深刻的影响。

（三）重新审视"股东财富最大化"财务目标

由此可见，将财务管理目标定位于股东财富最大化，仅仅强调股东的利益，而忽视其他利益相关者的利益，必然会导致矛盾冲突，将不利于企业发展。特别是随着知识经济的发展，知识资本的比重大大提高，物质资本的比重相对降低。这种重大变化，日益显示企业各要素所有者地位在改变，从"股东至上"在向"利益相关者合作"转变。这种新的产权理念，要求人们更加重视股东利益以外的其他相关利益主体的利益及社会利益，更加重视人力资本和无形资本，重新审视传统的"股东财富最大化"财务目标，确立适合于21世纪财务管理要求的新目标。

三、财务管理观念的创新

随着环境的变迁，财务管理的发展必然与创新紧密联系，特别是观念的创新将是推动财务管理发展的重要因素。根据21世纪财务管理的发展趋势，其观念的创新体现在四个方面：

（一）知识资本观念

据西方学者测算，知识资源对经济增长的贡献，在20世纪初仅有5%~20%，如今已达到60%~80%。可见，未来的财务管理将是一种知识化管理，企业的科学技术、组织管理、人才素质、无形资产等知识的含量，将是决定财务管理是否创新与发展的关键因素。研究知识资本筹集、培育、扩张及与有形资本的匹配，优化企业资源结构，是顺应知识经济发展的客观要求。

（二）一体化财务观念

21世纪，随着信息技术、通信技术与电子商务的迅速发展及广泛应用，国际贸易和跨国经营规模不断扩大，生产、流通、消费等领域突破国界，经济全球化浪潮势不可挡，成为世界经济发展的主流。在这种新的理财环境下，财务管理的外延进一步拓展，以适应企业走向国际市场的战略发展需求。有关国际筹资、国际投资、跨国经营及在全球企业激烈竞争中所形成的跨国并购等问题，成为财务管理研究的新课题。

（三）互联网财务观念

21世纪，以信息流为核心的商务活动——电子商务的蓬勃发展将促使传统的财务管理进入新型的网络财务时代。网络财务是运用计算机系统构建的一个网络财务体系，实施以互联网、内部网及电子商务为背景的在线理财和信息化理财活动，它不仅使交易、决策可在瞬间完成，大大提高企业工作效率，同时也实现了财务与各项业务的协同，优化企业资源配置。

（四）人本财务观念

在以知识和科技作为发展经济主要资源和动力的21世纪，人力资本具有重要的价值和地位。经济学家舒尔茨认为，劳动者掌握的具有经济价值知识和技能，是造成技术先进国家生产优势和巨大经济实力的重要原因。从财务管理来看，企业的每一项具体的财务活动都是由人来完成的，所以，人所具备知识、智慧及其运用知识创造经济价值能力和努力的程度如何，将决定企业财务活动成果的好坏。因此，在财务管理中，要贯彻以人为本的理财观念，探讨在理解人、尊重人的基础上，建立责权利相结合有效的财务运行机制，以充分发挥人的主动性、积极性和创造性。人本管理是知识经济的客观要求，是企业顺利而有效进行财务活动的保证。

（五）财务管理主体的变化

财务管理的主体由实体化转向虚拟化。财务管理主体是财务管理为之服务的特定组织实体，是一定的社会经济形态下具有独立的物质利益的经济实体，这实体是有形的、相对稳定的。在建立现代企业制度以后，企业只有获得充分的财权才能成为企业的财务主体。但是在新经济时代，随着网络技术的飞速发展、电子商务的日益推广，从而出现网上虚拟公司这样的企业形式，而这些虚拟公司往往只是一种动态的、短期的战略联盟，因时因势而生，合作目标完成后迅速解散。时分时合、分合迅速，从而使财务主体显得虚拟化、模糊化。

（六）财务管理手段的提升

理财手段将以网络为主。网络财务是以互联网内部网及电子商务为背景的在线理财活动。第一，事务的过程处理能够整合整个企业的财务资源，全面提高企业的竞争力。企业的一切活动均可实时报告，便于企业进行在线管理，从而提高工作效率。第二，对拥有复杂结构且涉及多行业下属机构的集团型企业来说，实现财务与业务、企业内部各部门之间及企业与社会等方面的协同可以优化资源配置，最大限度地节约和使用资源。第三，在财务环境下，电子单据和电子货币的普遍使用可以节省许多中间环节，促进流程速度和财务

四、现代企业财务管理创新

现代企业财务管理观念不同于传统企业。首先是财务管理服务于知识管理的观念。这主要包括两方面含义，其一是现代企业应转变传统企业中流行的企业管理以财务管理为中心的观念，而代之以知识管理为中心的观念，故财务管理要服务于知识管理；其二是指知识管理中知识资产的开发、利用以及企业技术创新活动都需要财务管理活动的支持和参与。其次是高收益与高风险相配比的观念。现代企业表现为高收益与高风险并存，要想取得高收益就必须接受高风险的存在。为此，现代企业必须突破传统企业财务管理中保守的消极规避风险的观念，而应树立在高收益与高风险合理配比前提下勇于承担风险的观念，这也是社会和历史赋予其的使命。现代企业的风险主要源于技术创新，技术创新是其生存和发展的关键，如果技术创新停滞不前或反应不够敏捷就会导致企业覆灭。因此在等待死亡与可能获得高收益的高风险技术创新之间，现代企业只有不断地进行技术创新。

从一般意义上说，财务目标就是通过合理地分配资源使其利用达到最优化。在知识经济条件下，财务目标体系结构的基本框架如下：

第一，财务资源配置：随着科技进步和经济发展，硬财务资源在企业发展中的作用和相对价值下降，而软财务资源的作用和相对价值在上升。因此，企业的理财应在尊重硬财务资源在整个泛资源系统中的作用的同时，重视软财务资源的战略作用及其对硬资源的调控作用。

第二，财务资源配置规则：财务资源的配置、开发利用与分配时应遵循一定的规则，这种规则最基本的思想应体现公平与效率的统一。然而在现实中这两个方面又难以兼顾，要么忽视公平去获取效率，要么牺牲效率去实现公平。财务资源的配置规则可以作为一个体系来设计，包括社会规则、人的规则、经济规则、资源规则和环境规则等方面。为了便于操作，每一类规则还可以细分为若干细则。如果资源配置规则缺失，必然会发生利益相关者过度"拥挤"和"摩擦"的问题，最终将危及可持续发展的原则。

企业财务管理目标是与经济发展密切相连的，这一目标的确立总是随着经济形态的转化和社会进步而不断深化。世界经济向知识经济转化，企业知识资产在企业总资产中的地位和作用日益突出，知识的不断增加、更新、扩散和加速应用，深刻影响着企业经营管理活动的各个方面，使企业财务管理的目标向高层次演化。原有追求企业自身利益和财富最大化的目标将转向知识最大化的财务管理目标。因为，其一，知识最大化目标可以减少企业股东以外的人员对企业经营目标的抵触行为，防止企业不顾经营者、债权人及广大职工的利益去追求股东权益最大化；其二，知识最大化目标不排斥物质资本的作用，它实际是有形物质资本和无形资本在较短时间内最佳组合运营的结果；其三，知识最大化目标能兼顾企业内外利益，维护社会生活质量，达到企业目标与社会目标的统一。

五、信息时代财务管理的变革方向

（一）财务管理理念的更新

在网络环境下，企业的原料采购、产品生产、需求与销售、银行汇兑、保险、货物托运及申报等过程均可通过计算机网络完成，无须人工干预。因此，它要求财务管理从管理方式上，能够实现业务协同、远程处理、在线管理、集中式管理模式。从工作方式上，能够支持在线办公、移动办公等方式，同时能够处理电子单据、电子货币、网页数据等新的介质。然而，传统的财务管理使用基于内部网的财务软件，企业可以通过内部网实现在线管理，但是它不能真正打破时空的限制，使企业财务管理变得即时和迅速。由于传统的财务管理与业务活动在运作上存在时间差，企业各职能部门之间信息不能相互连接，因而企业的财务资源配置与业务动作难以协调同步，不利于实现资源配置最优化。

1. 财务管理目标多元化

随着信息时代的到来，客户目标、业务流程发生了巨大变化，具有共享性和可转移性的信息资本将占主导地位。企业财务管理的目标必须考虑更多的影响因素，不仅能协调企业各利益相关者的收益，注重企业的预期成长效益和未来增加值，还要担负一定的社会责任，实现企业价值的最大化。

信息时代，财务管理者可以在离开办公室的情况下也能正常工作，无论身在何处都可以实时查询到全集团的资金信息和分支机构财务状况，在线监督客户及供应商的资金往来情况，实时监督往来款余额。企业集团内外以及与银行、税务、保险等社会资源之间的业务往来，均在互联网上进行，将会大大加快各种报表的处理速度，这也是管理方式创新的目的之所在。

2. 财务管理软件的更新

传统的财务软件功能相对独立，数据不能共享，企业在人、财、物和产、供、销管理中难以实现一体化。运用 Web 数据库开发技术，研制基于互联网的财务及企业管理应用软件，可实现远程报表、远程查账、网上支付、网上信息查询等，支持网上银行提供网上询价、网上采购等多种服务。这样，企业的财务管理和业务管理将在 Web 的层次上协同运作，统筹资金与存货的力度将会空前加大。业务数据一体化的正确传递，保证了财务部门和供应链的相关部门都能迅速得到所需信息并保持良好的沟通，有利于开发与网络经济时代相适应的新型网络财务系统。

（二）建立并完善财务管理信息系统

企业财务管理信息系统将建立在 Internet、Extranet 和 Intranet 基础之上。会计信息传递模式将变为"报告主体—信息通道—信息使用者"。网络方式从企业内部财务信息"孤岛"直接转向客户、供应商、政府部门及其他相关部门。而财务管理信息系统，则以价值形式综合反映企业人力、物力和财力资源运动的事前、事中、事后控制与实际生产经营过程及其业绩的全部信息。在信息时代，信息理财将综合运用计算机网络的超文本、超媒体技术，使信息更形象、直观，提供多样化的各类信息，包括数量信息与质量信息、财务信息与非财务信息、物质层面的信息和精神层面的信息。广泛采用财务虚拟管理，对以电子商务为基础的知识企业，实施财务虚拟管理可以大幅度提高财务管理效率。财务虚拟管理就是以企业的核心功能为财务管理的中心，对各虚拟化的职能部门进行集中协调性的财务管理。它以网络技术为基础，全面创新的、以实现财务信息资源优化的一种财务管理策略，是财务再生管理和网络财务管理等技术方法的综合。

（三）建立健全财务信息安全防范体系

完善的内部控制可有效减轻由于内部人员道德风险、系统资源风险和计算机病毒所造成的危害。从软硬件管理和维护控制、组织机构和人员的管理和控制、系统环境和操作的管理和控制、文档资料的保护和控制、计算机病毒的预防与消除等各个方面建立一整套行之有效的制度，从制度上保证财务网络系统的安全运行。在技术上对整个财务网络系统的各个层次（通信平台、网络平台、操作系统平台、应用平台）都要采取安全防范措施和规则，建立综合的多层次的安全体系，在财务软件中提供周到、强力的数据安全保护。

第四节 财务管理创新的路径

财务管理是企业管理的重中之重，它是企业资金的获得和有效使用的管理工作，企业财务管理的目标取决于企业的总目标。要实现企业的财务管理目标，首先必须考虑影响企业财务管理目标的各种因素，企业的财务管理目标不仅要受到企业本身管理决策的各种因素的影响，同时还要受到企业外部环境因素的影响。随着知识经济时代的到来，企业财务管理的环境发生了重大的变化。只有全面更新财务管理理念，建立新的工作思路，企业才能在激烈的国内外市场竞争中占先。随着企业专业化管理、集约化经营、规模化发展逐步走入正轨，企业自主经营、自负盈亏的经营观念不断增强，利润与成本成为企业管理控制的中心目标。财务管理作为企业管理的核心，也必须适应并跟上经营形势的转变，打破传统的管理模式，努力加强"财务预算、成本核算、财务监督"三重管理，有效降低企业成本，规避财务风险，实现效益最大化。

一、新形势下企业财务管理目标

在现代企业制度下，企业的成功以至于生存在很大程度上取决于它过去和现在的财务管理制度。财务管理不仅与资产的获得及合理使用的决策有关，而且与企业的生产、销售、管理发生直接关系。财务管理作为企业管理的一部分，其目标取决于企业的总目标，同时受财务管理自身特点的制约。企业作为营利性组织，其目标就是要实现企业的生存、发展和获利，要求财务管理要完成筹措资金，并有效地投放和使用资金的任务。企业的目标是追求利润最大化，也就是税后收益最大化。

二、新形势下企业财务管理的特征

企业管理包括多方面的内容，如生产管理、技术管理、劳动人事管理、设备管理、销售管理、财务管理等。各项工作紧密配合，又有科学分工，具有各自的特点。新形势下企业财务管理具有如下特征。

（一）财务管理是一项综合性管理工作

财务管理主要是运用价值形式对经营活动实施管理。通过价值形式，把企业的一切物质条件、经营过程和经营结果都合理地加以规划和控制，达到企业效益不断提高、财富不断增加的目的。因此，财务管理既是企业管理的一个独立方面，又是一项综合性的管理工作。

（二）财务管理与企业各方面具有广泛联系

在企业中，一切涉及资金的收支活动都与财务管理有关。事实上，企业内部各部门与资金不发生联系的现象是很少见的。因此，财务管理的触角，常常伸向企业经营的各个角落。每一个部门都会通过资金的使用与财务部门发生联系。每一个部门也都要在合理使用资金、节约资金支出等方面接受财务部门的指导，受到财务制度的约束，以此来保证企业经济效益的提高。

（三）财务指标能灵敏反映企业生产经营状况

在企业管理中，决策是否得当，经营是否合理，技术是否先进，产销是否顺畅，都可迅速地在企业财务指标中得到反映。如果企业生产的产品销售对路，质量优良可靠，则可带动生产发展，实现产销两旺，资金周转加快，盈利能力增强，这一切都可以通过各种财务指标迅速地反映出来。这也说明，财务管理工作既有其独立性，又受整个企业管理工作的制约。财务部门应通过自己的工作，向企业领导及时通报有关财务指标的变化情况，以便把各部门的工作都纳入提高经济效益的轨道，努力实现财务管理的目标。

三、新形势下企业财务管理存在的问题

一是有些企业成本核算信息失真。为达到某一目的人为调节数字，成本核算不实，潜亏严重，有些企业虚盈实亏。二是有相当于一部分企业一味追求销量和市场份额，忽视了财务管理的核心地位，使企业管理局限生产经营型管理格局之中。三是从实际情况来看，许多中小企业根本没有设账本，另外设有账本的企业也存在亲属管账、会计出纳不分、财务管理混乱等问题。同规范的现代企业制度比较起来，其财务管理制度中存在诸多问题。四是很多企业受管理者素质的限制，往往存在会计核算制度不健全，财务管理人员缺位的

现象；企业财务管理的作用没能得到充分发挥。五是企业财务管理信息化水平低下，财务、税务、业务数据相离，无法集成核算；无法实现各部门的数据共享；缺乏规范的业务流程；库存管理混乱，无法及时了解销售情况、出库情况；缺少大量的数据统计分析等。

四、深化财务管理内容，提高财务管理水平

企业各部门增强财务意识，树立"大财务"观念，并赋予财务部门计划、财务、资金、法律等方面的管理职能，以财务部门为核心，从财务管理内容、领域和手段三个方面着手，推行精细化财务管理。精细化财务管理要求在具体工作中，结合实际情况将财务管理的内容细化、分解、再整合，并辅以完善的管理制度。

第一，完善资金管理体系，确保营运资金流转顺畅。企业建立统一管理、集中调度的资金使用管理制度，将现金支出的批准权高度集中在财务部门，下属财务单位根据业务规模设置两级不同的资金使用权限，严格执行收支两条线管理方式，各单位实现的销售收入必须全额及时清缴，费用由总部审核拨付。要确保资金使用三级权限管理制度的落实，及时回收资金，全面及时地掌握企业整体的资金状况，实现统一调度，大大减少资金沉淀，减少呆账和坏账，对内整章建制，规范工作流程，保证每个环节的分工明确，责任清楚，并定期考核，施以奖惩，确保各部门的密切配合，扫清资金流转的内部障碍。

第二，优化财务结构，降低融资成本。流动比率不能低于1，这是企业衡量财务风险的警戒线，也是评信机构进行信用评定的重要指标。为了保持这一比例，同时也为了保证日常生产经营的资金周转需要，企业需要良好业绩和稳健的会计政策，要树立优良的商业信誉和良好的企业形象。可以从银行获得随借随贷，利率优惠的短期流动资金贷款，在资金流动性供给上有充分的保障。

第三，全面评估，追踪管理，确保投资效益。在投资管理的事前决策中力求"精"，强调理性投资，不管对内、对外投资都以有助于企业长期战略发展目标为决策前提，防范"做大做空"；在事中和事后的控制、监督和考核评价中则体现"细"，确保投资的保值和增值，努力提高投资效益。

五、新形势下企业财务管理的创新路径

（一）强化企业财务管理，健全财务管理机构

在当前新时期市场经济条件下，市场竞争日益激烈。改制企业如何生存和发展，这是摆在企业经营决策者面前的一个严峻课题。作为企业的经营决策者首先要重视财务管理，不但要懂经营、善管理，而且要学习会计法规和常识，因为企业管理的基础是会计管理和会计信息，特别是企业资金运行和现金流量都是通过财务管理来体现的。在企业财务管理实践中，除了领导重视外，还要健全和完善财务管理机构，还要就行业特点在各施工工程项目部设立核算机构，并要求财务人员持证上岗，充分发挥财务人员在企业管理中的积极作用。

（二）加大培训考核力度，提高财务人员素质

运用会计核算的方法，参与企业的经营管理工作，对经济活动的合理性、合法性和有效性进行核算和监督，为企业管理决策者提供有价值的投资决策数据，降低经营风险是企业财务人员的重要职责。为此，我们要求企业财务人员，一是要熟练地运用会计政策和管理方法对本企业的经济活动进行记录、计算、预测、分析、控制，使本企业的经济处于最佳运行状态，实现经济效益的最大化；二是要掌握相关的经济管理知识和一些现代经济管理方法，如审计学、目标管理法、量本利分析法等。每年都组织企业财务人员参加企业管理培训，培训合格者方可上岗工作，既增强了企业财务人员的政治责任感，又提高了他们的业务素质和财务管理水平，实现企业财务管理水平的整体提升。

（三）推进财务管理信息建设，提高精细化管理技术水平

现代信息技术的发展，为企业实行集中统一的财务管理体制创造了条件。积极推进企业财务管理信息化建设，不但是探索企业资金集中统一管理的有效途径，也是当前加强企业管理、深化企业改革、建立现代企业制度过程中的一项重要工作。不仅有助于加强企业内部财务管理，提高资金使用效率和有效控制风险，而且对于增强企业的核心竞争力，积极参与国际竞争有着十分重要的现实意义和深远的战略意义。引入精细化管理，摆脱繁杂的日常核算工作，要求财务人员将更多的精力投入到财务数据分析中，为成本管理、预算管理做好更多的准备工作。努力实现物流、资金流、信息流、工作流的高度集成和统一。

（四）资本结构的优化创新

知识资本在企业中的地位上升，使传统资本结构理论的局限性日益突出，因而有必要按照知识经济的要求优化资本结构：一是确立传统金融资本与知识资本的比例关系；二是确立传统金融资本内部的比例关系、形式、层次；三是确立知识资产证券化的种类和期限结构，非证券化知识资产的权益形式和债务形式以及知识资本中人力资本的产权形式等。优化创新资本结构的原则是通过融资和投资管理，使企业各类资本形式动态组合达到收益、风险的合理配比，实现企业知识占有和使用量最大化。

（五）加强企业成本费用管理

成本计算一般应当按月进行。企业可以根据生产经营特点，生产经营组织类型及成本管理的要求，自行确定成本的计算方法，一经确定不得随意变动。各企业要严格控制成本费用的开支范围和开支标准，厉行节约，认真归集和分配各项成本、费用，合理运用成本核算办法，努力降低成本。各企业要加强成本、费用核算的基础工作，健全原始记录和成本责任制度，严格收发凭证和计量验收制度，监督产品的收发变动和在产品的动态，防止

原材料、在产品和产成品的积压、短缺、毁损。应定期进行成本分析、挖掘潜力、降低消耗。

(六) 加强实物资产管理的内部会计控制

实物资产内部控制的关键控制点为实物资产的验收入库、领用发出、保管及处置。企业对实物资产管理建立严格的授权批准制度，明确审批人对实物资产管理的授权批准方式、权限、程序、责任和相关控制措施，规定经办人办理实物资产管理的职责范围和工作要求。企业所有购置的实物资产必须及时入账，财会应建立财产台账，对于固定资产、低值易耗品等采用永续盘存的方法，随时反映其收、发、存情况，定期盘点实物资产，与记录相比较，检查是否存在缺损现象，并查明原因；建立固定资产维修管理制度，主要是对维修申请和资金使用、维修程序进行审批控制；建立固定资产处置管理制度，对企业资产报废的授权审批、资产评估和会计处理等方面的控制。

(七) 规范企业的预算编制工作

预算质量的好坏直接影响企业的一切活动，是企业绩效的关键因素。因此要格外注重预算编制的工作。首先，应该加强预算编制的事前调查、取证，预算的编制基础必须是真实有效的。其次，编制的预算不能随意更改或者调整，即使进行更改或者调整，也必须拿出确凿的证据或者依据科学的程序进行。加强预算对资产管理的约束能力。再次，对于部门的虚报预算要进行严惩，绝不姑息。编制的过程一定要保持公正、公平的中立立场进行，不能被友情等因素干扰影响预算的有效性。最后，预算的项目要尽可能充分、详细地记载，一方面可以有效地考核各部门的绩效；另一方面也可以对各部门的工作进行指导，形成对下属部门的约束，提高资产的管理和使用效率。

第八章 宏观经济管理

第一节 宏观经济管理的特点

在社会主义市场经济条件下,统一、开放、竞争、有序的现代市场体系对宏观经济运行具有基础性的调节作用和推动作用。市场能对社会资源进行有效的配置;能客观地评价企业经济效益的好坏;能自动调节商品供求关系;能及时地反映和传递各种经济信息。

政府在宏观经济运行中也发挥着重要作用:一是政府要参与和组织国民收入的分配。二是政府要购买和消费大量的社会商品。这种行为必然影响社会总供给与总需求的平衡关系。三是政府是重要的社会投资主体。政府投资规模和投资方向对整个国民经济的发展起到举足轻重的作用。四是政府要制定货币政策,控制货币流通。五是政府作为宏观经济的管理主体,可以通过相应政策税收等手段调节市场主体的活动,能够对宏观经济的运行进行宏观调控。因此,宏观经济管理具有行政性、总体性和间接性的特点。处理好政府与市场的关系是宏观经济管理中至关重要的问题。

一、宏观经济管理

宏观经济管理指以中央政府为主的国家各级政府,为了保证整个国民经济在市场调节的基础上持续、快速、健康发展并取得较好的宏观效益,运用一定经济手段、法律手段和行政手段等,对国民经济总体发展变化及其相应的比例关系进行自觉引导和调控的过程。

(一)宏观经济管理的必要性

第一,为弥补"市场缺陷",有必要加强宏观经济管理。市场机制不是万能的,具有自身内在缺陷,如市场机制调节的盲目性、滞后性、短暂性、分化性和市场调节在某些领域的无效性,这就需要通过国家宏观经济管理,弥补市场缺陷。

第二,为维护市场秩序,有必要加强宏观经济管理。市场经济条件下,发挥市场配置资源优越性的条件之一,就是要保证市场竞争的公平。但单靠市场自发调节,并不能确保市场竞争的公平,还容易形成市场垄断和过度投机,破坏公平竞争机制,造成市场秩序混乱。政府通过建立、维护和保障市场经济有序运行和公平竞争的制度规范,进行严格的市场监管,保障市场公平交易。

第三,为促进国民经济持续快速健康发展,有必要加强宏观经济管理。

第四,为更好地发挥公有制的优越性,有必要加强宏观经济管理。

第五，为维护公平分配和国家整体利益，有必要加强宏观经济管理。

(二) 宏观经济管理目标

充分就业：指凡有工作能力并愿意工作的人，都能在较合理的条件下找到适当工作的一种社会状态。充分就业并不意味着"全部就业"和"人人都有工作"。只有非自愿失业才算真正的失业。失业率过高，不仅造成人力资源的严重浪费，造成失业者及其家庭生活困难，而且会成为社会不稳定因素。因此控制失业率，实现充分就业，成为世界各国政府宏观经济管理的重要目标。宏观经济管理职能，指国家政府在管理国民经济中所应担负的职责和发挥的功能。

社会总供给：指一个国家或地区在一定时期内（通常为一年），全社会向市场提供的可供购买的最终产品和劳务的价值总和。它包括国内生产提供的部分与进口的商品和劳务总量。

社会总需求：指一个国家或地区在一定时期内（通常为一年），全社会通过各种渠道形成的对产品和劳务以货币支付能力的购买力的总和。按社会总需求性质划分，可分为消费需求、投资需求和出口需求三部分。

社会总供求平衡：指一个国家或地区范围内，同一的计算口径、同一时期内，社会总供给与社会总需求在总量和结构上协调的一种经济状态。这种状态包括总量平衡和结构平衡。

社会总供求平衡的意义：社会总供求平衡是国民经济的持续、快速、健康发展前提条件。持续、快速、健康发展国民经济是宏观经济管理的基本目标，而社会总供求平衡是国民经济持续、快速、健康发展的前提。在这里，社会总供求量上的平衡，则保证了国民经济持续有序运行的可行性和现实可能性，而社会总供求结构上的平衡，则保证了国民经济能按比例、协调健康地发展。

社会总供求平衡是优化资源配置和经济结构的基础。资源配置合理和经济结构优化，是社会经济效益提高的主要保障，也是宏观经济管理的重要目标之一。在社会总供求基本平衡的条件下，国民经济各部门、各行业之间有一个大体平均的利润率，生产要素在各部门间、行业间的流动处于一种比较稳定的状态，有利于促进社会资源合理配置和经济结构的优化及国民经济效益的不断提高。同时，社会总供求基本平衡，也是进行经济结构调整的有利时机。这时，供给的压力和需求的拉力同在，企业为了获得更多利润，会主动地进行产业结构和产品结构的调整，以更好地适应需求结构的变化。

社会总供求平衡是提高城乡居民生活水平的重要保证。在社会总供求基本平衡的条件下，和广大城乡居民生活息息相关的物价基本稳定，就业比较充分，商品供给充裕，服务周到，收入水平稳步增长，居民的物质文化生活水平不断提高。

社会总供求平衡是实现社会经济发展战略目标的重要条件。任何一个国家都有其社会经济发展战略目标，要保证这些战略目标的实现，需要一个良好的社会经济发展环境。只有社会总供求基本平衡，国民经济才能持续、快速、健康地发展，进而才能在社会经济发展的基础上，促进经济、社会、生态、人的全面发展等诸多发展战略目标的实现。

经济波动：指经济总量扩张与收缩的一种经济运动现象。

经济周期：指因经济波动而使宏观经济运行呈现出繁荣、衰退、萧条、复苏的周期性运动过程。

按经济周期波动性质，一般可分为绝对周期和增长周期。绝对周期指经济总量绝对水平的波动，主要表现为经济衰退中经济总量绝对水平的下降；增长周期指经济总量相对水平的波动，主要表现为经济衰退中，经济总量水平增长的同时经济增长率的下降。

宏观经济计划是国家为了实现一定的经济发展目标而对未来一定时期国民经济发展主要方面所做的总体战略部署和安排，其特点有：宏观性、战略性、政策性。

宏观经济计划的地位。是国家管理和调节国民经济的基本依据，在宏观经济管理体系中居中心地位。宏观经济计划是宏观管理的基本依据。宏观经济计划规定着未来一个时期经济社会发展的基本目标，规定着宏观经济运行的速度、比例和效益等基本走势，一切宏观经济管理活动都要以实现宏观经济计划为主要目标。正是这种计划主导型的宏观管理模式，决定了宏观经济计划是宏观经济管理的起点和归宿；宏观经济计划是宏观经济管理的中心环节。从宏观经济管理职能看，宏观经济计划是宏观决策的具体化，体现着事关国民经济发展大局的社会经济发展目标、发展战略、重大方针政策等，决定着事关社会经济发展全局的长期规划、产业结构、区域布局、国家投资、国民经济等重大经济问题，是宏观经济管理的中心职能，在宏观经济管理中居于主导地位，其他的宏观经济管理职能，都是要服从宏观计划职能，围绕宏观经济计划的实现而展开；宏观经济计划是协调各种宏观经济管理手段的中心。为了实现宏观经济管理目标，需要借助一系列的宏观经济管理手段，其中包括：计划手段、经济手段、法律手段和行政手段等。这些手段无疑都是宏观经济管理的重要手段。但这些手段如何协调一致、形成合力，共同实现宏观经济管理目标，则必须以宏观经济计划为中心。这是因为宏观经济计划是宏观经济管理的基本依据和宏观经济管理的中心环节，也是统领宏观经济管理中各项重大的经济活动。

产业政策是国家根据国民经济发展的内在要求和一定时期内产业现状及变动趋势，以市场机制的作用为基础，通过调整和优化产业结构，提高产业素质，从而提高供给总量的增长速度，并使供给结构能够有效地适应需求结构要求的政策手段和措施的总称。

产业政策的核心是产业结构的优化升级。产业政策作为落后国家赶超发达国家而出的赶超政策，其核心是通过对产业结构的自觉设计和调整，促进产业结构的高度化和合理化，进而推动国民经济持续、快速、健康的发展。

二、财政政策工具

国家预算：国家财政收入与支出的年度计划。

税收：国家凭借政治权力参与社会产品分配的重要形式，是政府组织财政收入的重要手段。

公债：即国家信用，是国家举借的内、外债的总称，是国家以信用方式筹集财政收入的一种手段。

购买性支出：政府利用财政资金购买商品和劳务的支出。

转移性支出：政府把财政资金的一部分无偿地、单方面地转移到社会保障和财政补贴等方面的支出。

法定存款准备金政策：法定存款准备金政策是中央银行在国家法律所赋予的权力范围内，通过规定和调整法定存款准备金率，调节存款准备金和货币乘数，调控货币供应量的一种政策手段。

再贴现政策：再贴现政策是指中央银行通过规定或调整再贴现率和商业银行等金融机构向中央银行申请再贴现的票据种类资格，干预和影响货币市场的供给与需求及市场利率，以调节货币供给量的一种政策手段。

公开市场业务：公开市场业务是中央银行在货币市场上通过买卖有价证券活动调节基础货币，从而调节货币供应量的一种政策手段。

三、紧的货币政策和紧的财政政策

这一政策组合即"双紧"政策，紧的货币政策主要通过提高法定存款准备金率、再贴现率等收缩信贷支出规模，以及利用公开市场业务减少货币供应量，进而抑制社会总需求；紧的财政政策主要通过增加税收、削减财政支出规模和国家信用，以及财政盈余等来抑制社会总需求的扩张。如果需求膨胀，物价持续上涨，一般应采取"双紧"政策。"双紧"搭配方式对经济的影响与"双松"搭配恰好相反，其积极一面，可以有效抑制社会总需求，缓解通货膨胀压力；其消极一面，在抑制社会总需求的同时，供给也会受到抑制，整个经济有可能陷入萎缩状态。

第二节 宏观经济的总量平衡

宏观经济总量平衡是宏观经济运行的基本要求，也是宏观经济管理的主要目标。社会总供给与社会总需求是宏观经济运行与管理中的两个最重要的指标。在宏观经济管理中，宏观经济运行的各种变量最终都要归结为社会总供给与社会总需求两个总量。通过对这两个总量进行科学的调节和控制，可以促进国民经济的健康协调发展。

社会总供给是指一个国家或地区在一定时期内（通常为一年）提供给社会可供最终使用的产品和劳务总量。其中，包括国内生产提供的部分和进口的商品和劳务总值。

社会总需求是指一个国家或地区在一定时期内（通常为一年）通过各种渠道形成的对产品和劳务的货币购买力。按需求性质划分，包括消费需求、投资需求和净出口需求三部分。

理解社会总供求平衡这一问题，应注意以下几点：第一，总供求平衡不是指绝对相等，而是指两者的基本平衡或基本协调；第二，总供求平衡不仅包括静态平衡，更重要的是指动态平衡；第三，总供求平衡既包括总量平衡也包括结构平衡；第四，总供求平衡既包括短期平衡，也包括长期平衡。影响短期总供求平衡的因素主要有：财政收入平衡、信贷收支平衡、国际收支平衡。

影响长期总供求平衡的因素主要有：社会资源的配置状况、技术水平和管理水平的高低、产业结构是否合理、经济管理体制是否科学合理。

实现总供求的平衡是宏观经济管理的最终目标。实现总供求的平衡对宏观经济的顺利运行具有重要意义，具体来说：第一，实现总供求平衡是保持国民经济持续、快速、健康发展的基本条件；第二，实现总供求平衡有利于社会资源的合理配置和经济效益的提高；第三，实现总供求的基本平衡有利于经济体制改革和产业结构的调整。

第三节 宏观经济的周期性波动

经济周期是指宏观经济在运行的动态过程中，其运行扩张与收缩的交替变动。宏观经济周期性波动是一种客观必然现象。

经济周期通过经济增长率、工业生产指数、就业水平、收入水平等综合指标的波动显示出来。经济周期包括萧条、复苏、高涨和衰退四个紧密联系的过程，具体表现为谷底、扩张、顶峰和萎缩四个阶段。

经济的周期性波动，是由于社会总供求的矛盾及许多其他矛盾共同作用的结果。从新中国成立后经济的历次周期性波动中，可以发现我国经济周期波动有以下主要特点：第一，我国经济周期波动比较频繁，时间间隔不规则；第二，我国经济周期的波动受政府行为影响较大；第三，我国经济周期波动与固定资产投资及通货膨胀（或紧缩）因素息息相关；第四，我国经济周期波动与产业结构不合理有很大关系。经济的周期性波动会影响宏观经济的正常运行，造成经济震荡。为保持国民经济持续、稳定、快速、健康地发展，在宏观经济管理中，需要做到以下几点：第一，要科学地制定宏观经济政策，确定合理的经济发展速度；第二，适当地控制固定资产投资规模，特别要注意优化投资结构；第三，综合运用各种手段，对宏观经济进行调控。

经济在沿着经济发展的总体趋势的增长过程中，常常伴随着经济活动的上下波动，且呈现出周期性变动的特征，即经济活动沿着经济发展的整体趋势经历有规律地扩张和收缩。这种现象被称为周期性的经济波动。

一、我国宏观经济周期性波动概述

经济周期波动是现代经济社会具有的一种普遍现象。马克思在《资本论》中指出：经济周期是"现代工业特有的生活过程"。这种过程实质上反映了宏观经济在运行过程中反复出现的对其均衡状态的偏离与调整过程。按照西方经济学的理论，经济周期是指经济活动沿着经济发展的总体趋势所经历的有规律的扩张和收缩。经济周期大体经历周期性的四个阶段：繁荣、衰退、萧条和复苏。

我国国民经济发展历程表明，经济增长始终与经济波动相伴而行。特别是改革开放以来，因受世界经济格局、经济体制基础、经济运行机制、经济结构和宏观调控政策等内外部因素变化的影响，我国的经济周期性波动特征更加明显。

从总体趋势看，波谷的不断上升表明我国经济发展增强了抗衰退能力；波峰的不断下降表明我国的经济在一定程度上减少了扩张的盲目性，增强了发展的稳定性；平均位势的提高表明我国经济克服了"大起大落"，总体水平有了显著提高；周期的扩张表明我国经济发展有了更强的持续性。总的来说，我国经济的周期性波动在体制变革与经济增长的相互作用中，波动振幅趋于平缓，经济增长形态有了较大的改善。

二、宏观经济政策变化对银行业产生重大影响

经济发展呈现周期性波动是客观存在的。只有认识规律、掌握规律、合理利用规律，才能有效促进银行业持续、良性发展。其中，国家根据经济运行状况实施的宏观经济调控，对银行业影响最深刻。国家宏观经济的调控要按性质来划分包括放松银根和紧缩银根两种。宏观调控放松银根对银行的影响是积极的，而宏观调控紧缩银根给银行带来的更多是冲击与考验，其对银行的影响主要体现在以下几方面：

银行信贷供求矛盾突出：国家实行宏观经济调控后，受国家宏观调控和产业政策调整的影响，银行在减缓发放贷款特别是流动资金贷款的同时，也加快了清收力度，银行的信贷供给受到压缩，但是市场上的信贷需求由于是刚性的并没有立即相应地缩减，这种供求矛盾必将影响企业的经营，影响银行的效益，银行的信贷风险加大。宏观调控对于泡沫经济的影响给银行带来的冲击更是剧烈的。

信贷结构不合理现象加剧：一是大户贷款风险集中问题突出。宏观调控实施后，出于控制风险考虑，银行将贷款营销对象进一步锁定在少数规模相对较大、当期效益较好的大型骨干企业。当效益较好的企业随着行业景气度下降或新一轮宏观调控影响而出现问题，会给银行带来集中风险。并且，银行"扎堆"竞争营销大企业贷款，可能还会带来贷前调查的放松、贷款条件及流程的简化等违规行为。二是贷款行业结构趋同现象突出。目前，不少银行机构在贷款投向上，偏好电力、电信、教育、交通等行业和建设项目，各家商业银行贷款结构趋同现象加剧。由于这些授信对象大都具有项目工期较长、自有资本较少、资金需求量大、受政策影响较大等特点，存在着严重的风险隐患。三是贷款结构长期化和

存贷款期限不匹配问题突出。"重营销、轻风险""重余额、轻结构"等状况给信贷资产带来隐患。

不良贷款攀升，经营难度加大：一是银行新增贷款对不良贷款率的稀释作用明显减弱。二是企业资金紧张的心理预期，可能加剧信贷整体风险。在银根总体抽紧、流动资金供应相对减少的情况下，一些企业担心得不到银行稳定的资金支持，在有还贷能力的情况下"惜还"或"拒还"贷款，增加银行贷款风险。一些企业在银行收回贷款、原材料涨价和应收账款增加的夹击下，可能会产生资金链条断裂的危险，影响到企业的正常经营，进而影响到上下游企业和关联企业的经营，最终可能引起整个银行业金融机构不良贷款的上升。此外，银行受资本约束限制，正在或准备对部分授信客户实施压缩或退出，如果方式不当或力度过大，也可能产生连锁反应。三是考虑到宏观调控措施对一些行业和企业影响的时滞因素，潜在风险将会在更长一段时间内逐步显现，不良贷款在一定范围内可能有所反弹。

作为经营货币特殊的金融企业，银行是典型的宏观经济周期行业，不管是利率、汇率变动，或是全球经济波动，银行都会首当其冲，暴露在风险之下。在我国间接融资占主体的融资框架下，商业银行信贷资产在不同的经济周期，风险大相径庭，在经济繁荣时期，因为企业盈利情况良好，贷款质量往往不会发生问题；但在经济衰退时期，除直接影响银行经营收入外，还可能因为企业经营与效益受较大影响，给银行带来新一轮的不良资产。此外，商业银行贷款规模的扩大成为我国固定资产投资高速增长的重要推动力量，但在经济过热随之而来的宏观调控，又让银行成了风险的重要承担者，银行信贷规模增长速度和投向受到"压制"，必将给银行的经营带来较大的风险。

三、银行业应对经济周期变化的对策建议

第一，加大对经济形势和国家宏观政策的研究，建立宏观经济周期变化的提前反应机制，建立服务于决策层的专门机构负责研究国家的财政政策、货币政策、产业政策等宏观政策。加强宏观经济运行情况分析，把握金融监管当局的政策取向，了解全国各地区的经济发展情况，提出商业银行业务发展的重点区域、行业。密切关注国家产业政策的变化，加强行业及其信贷投放的跟踪分析，准确把握贷款投放行业的发展前景、市场空间及市场容量，强化行业信贷授信的总量研究与控制，并以此为基础建立提前宏观经济变动的反应机制，化解宏观经济周期波动造成的系统风险，避免因与国家或监管当局的政策抵触而导致的政策风险，从战略高度确定银行业务发展的重点方向。

第二，调整优化信贷资产结构，建立适应宏观经济周期变化的"最优"资产组合以减少宏观经济周期变化的冲击，关键要转换存量，优化增量，增加宏观政策支持或景气上升期的行业的信贷资产，减少受宏观调控影响大或处景气下降期的行业的信贷资产，建立一个多元化的有利于风险分散与效益最大化的资产组合。

1. 结构性调整新增资产

从总量入手，着力解决结构性的问题，一方面控制部分行业的过度投资和盲目发展，

另一方面大力支持和鼓励一些薄弱行业的发展。即使对于过热行业，在政策上也不搞"一刀切"，该控制的则是坚决控制，该支持的大力支持。结构调整主要从以下三个方面着手：行业结构调整、客户结构调整、资产结构调整。

2. 针对性优化存量资产

对于经济周期转向萧条或者宏观调控而使得风险程度增加的贷款要执行信贷退出政策，将风险性贷款转换为现金或者较为安全的贷款。对已经转化为不良资产的贷款要转入不良资产的处置程序。对风险程度较高、出现一定支付危机的企业，应果断对其停止贷款，并通过采取多种措施积极回收贷款，无法回收贷款的要采取资产保全措施。对出现风险因素但还有正常的现金流量和支付能力的企业，要本着以收回贷款为导向采取以进促退、逐渐退出的策略，通过增加贷款、增加抵押物和担保来保证贷款的安全。在信贷退出的时候，可以借鉴国外经验，采取贷款交易的形式，通过将贷款出售来实现。

（三）加强利率风险管理，构建顺应宏观经济形势的资产负债管理体系

1. 经济周期与利率的关系非常密切

一般来说，在周期的萧条阶段，利率水平最低；当经济走向复苏时，利率开始缓慢回升，到繁荣阶段达到最高。随着我国金融体制改革的进一步深入，利率市场化成了我国金融市场的改革方向，利率管理必将对商业银行经营与发展产生深远的影响。商业银行应审时度势，强化利率风险管理，及时调整自身的经营战略，实现高质量的持续健康发展。

2. 建立科学高效的利率定价机制

强化利率管理分析，科学准确地预测利率变动方向、水平、结构和周期特点等，形成对金融市场的快速反应能力，尽量减少因利率变化而引起的负面影响。不断改进利率定价方式，根据金融市场总体利率水平，以及资本成本、贷款费用、贷款收益、风险差异、同业竞争情况等因素，确定全行的基准利率，并根据不同的市场及客户信用状况授权一定的浮动幅度，提高利率管理的效力。

3. 建立完善利率风险控制体系

强化管理，建立严格的利率管理规章制度，规范操作行为。加大对利率执行情况的调查、检查和监督力度，防范利率风险。

构建以利率风险管理为核心的资产负债管理体系。强化利率风险管理意识，逐步确立利率风险管理在资产负债管理中的核心地位，确保资产与负债总量平衡与结构对称。明确有关部门在利率风险管理规划、识别、计量、监控、评价等方面的权利和职责，引入利率敏感性分析和缺口管理技术，建立利率风险限额管理体系，确保利率风险头寸控制在可以接受的范围之内，把利率变动造成的负面影响降到最低，确保商业银行经济效益的稳步提高。

（四）建立全方位的风险监管体系，加强宏观经济周期变化的风险控制

建立完善的风险管理体系，切实防范和化解金融风险，既是银行风险管理的重中之重，

也是应对经济周期变动、实现可持续发展的一种现实选择。

1. 建立前瞻性的风险监管体制，加强风险预测

以周期为基础来评估信贷资产的当前风险和未来风险，预测信贷项目的违约概率和未来可能发生的消极影响，并按照理性支持业务发展的要求，根据宏观经济形势、竞争态势，及时调整风险管理政策、程序和方法，全面提高风险管理政策的前瞻性与适应性，提高风险管理的效率和有效性。

2. 建立立体化的风险监控体系，加强风险管理

进一步完善公司法人治理结构，明确董事会与经营层之间的权利和责任。董事会通过风险管理委员会实现对风险管理进行整体战略决策的管理；通过独立而权威的风险管理部门实现对银行内各机构风险的有机统一管理；通过科学完整的风险识别、衡量、监测、控制和转移实现对风险的全过程监理；通过合理明确的职能划分实现风险管理职责在各业务部门之间、上下级之间的有效协调、联动管理。

3. 建立完善的风险准备制度，提高抗风险能力

国际上的大银行都把风险准备制度作为防范风险损失的最后堤防和生存的保障。当前，我国商业银行的风险管理体系并不完整，风险管理水平也不高，风险准备制度对于银行的持续经营就更为重要。因此，商业银行应当利用宏观经济繁荣的有利时期，建立足够的风险准备金，抓住盈利空间扩大的机遇，提高拨备覆盖率和资本充足率，防止未来的风险损失给银行持续经营带来影响。

（五）利用经济周期变化，提高不良资产的处置回报率

经济衰退期，往往是不良资产大量暴露的时期，也是商业银行急于处置不良资产的时期。但是，有一个事实是客观存在的，一些行业或项目在这个经济周期是不良资产，到下一个经济周期可能又转化成了优良资产，这有一个不良资产处置的时机问题。以海南房地产业为例，泡沫经济发生后，房地产行业不良资产大量产生，各家银行急于回收资金，对一些项目不计成本盲目处置，有些项目的处置回收率不到10%。随着海南经济的好转，很多房地产商低价买入的房地产项目，短短几年，由不良资产很快又变成了优质资产，房地产商从中获取了巨额利益。因此，金融业必须把握好经济周期变化的规律和特点，善于利用经济周期变化处置不良资产。要建立一种评估和盘活机制，对一些看准的行业或项目，宁可牺牲资金的时间价值，也不可盲目处置。

（六）加快金融创新，增强适应宏观经济周期变化的竞争能力

创新是企业生存与发展的动力。当今世界，在金融创新的实践过程中产生了前所未有的新工具、新技术和新市场，很大程度上革新了金融业传统的业务活动和经营方式，改变了金融总量和结构，促进了金融和经济的快速发展。在传统的银行经营理念下，银行经营更多体现在存、贷款业务上，由于业务单一、产品匮乏，造成银行业受经济周期变化的影

响极大，如果排除国家信誉这一保障因素，在经济剧烈波动的情况下，银行经营都将难以为继。因此，银行业必须加大业务创新的研究力度，不断探索出趋利避害的产品和措施，以更好地适应经济周期的变化。

1. 经营模式创新

简言之，就是要加快发展投资银行业务，实行"混业经营"。所谓"混业经营"是指商业银行经营保险、证券等金融业务；广义上是指银行除经营保险、证券等金融业务外，还持有非金融公司的股份。按照当前我国金融发展的实际，银行可以采用金融控股公司模式进行混业经营，满足多元化的经营需求。当务之急是要大力发展投资银行业务，利用我国资本市场发展的有利时机，把证券筹资者、投资者、券商、基金及其他中介机构作为重点，为证券发行、证券交易、融资融券、委托代理等方面提供服务，同时要注意为今后进一步的混业经营积累经验。时机成熟以后，有选择地通过控股子公司，经营保险、证券等金融业务。

2. 业务方式创新

随着外资银行的进入，国内银行垄断竞争的态势进一步被打破，传统资产负债业务的利润空间将进一步被压缩，银行不可避免要进入微利时代。因此，必须加大业务创新力度，以创新应对经济周期的变化和市场竞争的变化。业务方式的创新包括资产业务创新、负债业务创新、表外业务创新等方面。

3. 品牌管理创新

现代金融市场竞争是品牌竞争。一般来说，品牌不随着经济周期的变化而变化，是银行刚性的竞争力，也是银行应对经济周期变化甚至是经济危机冲击的最稳定的基础。要想让品牌具有长久旺盛的生命力，要制定推广品牌战略，通过持续不断的创新，促进产品更新、换代升级，培育新的品牌增长点，不断提高银行的竞争力和品牌价值。

第四节 宏观经济管理的主体

宏观经济管理的主体是国家各级政府。政府宏观经济管理职能是指政府凭借一定的行政权力和生产资料所有权，在宏观经济管理中所行使的职责和发挥的功能。

一、政府在宏观经济运行中的职能

根据社会主义市场经济体制的要求，我国政府的宏观经济管理职能主要有：宏观决策，即从宏观经济发展的总体要求出发，研究制定整个国民经济发展的目标、战略、方针和政策以及宏观计划，根据国民经济发展目标，制订和实施国民经济和社会发展的长短期规划；宏观调节，即运用各种政策和手段，协调国民经济发展的重大比例关系，协调各方面的利益关系；宏观监督，即通过制定各种法规，维护社会和经济秩序，促使宏观经济目标的实现；宏观服务，即通过提供信息、公共设施、社会保障等各种服务，为企业生产经营和人民生活创造良好的环境。

（一）政府在宏观经济运行中的基本职能

1. 维护产权制度

产权明确界定及其保护，是市场经济存在与发展的基本前提。因为，市场经济是一种交换经济，交换的顺利实现，从而保证市场经济的正常运行，必须以产权的明确界定为基础，以产权保护为条件。实践证明，市场经济越发展，经济关系越复杂，产权界定和保护越重要。我们看到，现代国家的宪法都把保护财产权作为一项重要原则加以明确，但是在实践中，产权界定问题并没有完全解决。在市场经济不断发展的过程中，会形成新的产权关系，出现新的产权问题，使产权界定和保护的难度加大。如公共产权问题、知识产权问题等，都需要以新的思路，探索新的办法加以解决。

2. 维护市场秩序

市场经济是竞争经济。在市场经济条件下，逐利或追求利益的最大化，是商品生产者和经营者的直接动机，而为了实现利益的最大化，就可能出现竞争不择手段问题，导致市场无序和经济振荡，使市场经济无法正常运行。另外，市场竞争作为优胜劣汰的过程，其结果是市场份额逐步向少数优势企业手里集中，最终市场被少数乃至单个企业所控制，形成垄断。而在垄断条件下，垄断企业不必通过改进技术，降低成本，加强和改善管理，只要控制垄断价格，就可以获得垄断利润，结果使经济发展失去活力和动力。可见，无论是无序竞争，还是垄断，都不利于市场经济的健康发展。为此，作为宏观经济管理主体的政府，必须从经济发展的全局出发，承担起维护正常市场秩序的责任。通过制定规则，约束市场竞争主体的行为，对任何破坏市场秩序的竞争行为实施打击；通过制定法律，限制市场垄断，以保持市场竞争的活力。

3. 提供公共产品

经济管理学家认为：通过强制性法规来阻止厂商倾销商品是可能的；鼓励公共品的生产，就政府来说，则是更加困难的。公共品的重要例子是国防供应品、灯塔、天气预报、环境保护、公路网的建筑、基础科学和公共卫生的支持。因为利益是如此广泛地分散，遍及全体居民，以致没有单个企业或消费者会有提供公共品的经济刺激，所以这些公共品的完全私人生产将不会存在。因为公共品的私人生产通常是不充足的，所以政府必须介入生产公共品。一般说来，公共品的生产和提供必须由政府参与，特别是社会公用基础设施，如邮政、通信、交通、港口、大型水利工程等，在我国基本上只能由政府或国有企业承担。虽然在西方发达国家中，某些公共品的生产和提供大量地采取了"私营"方式，可是它们还是离不开政府管理指导和政策支持。

4. 调节社会总供求关系

社会总供给与总需求的平衡，是市场经济正常运行的根本条件。社会总供给与总需求的平衡，实际上包括相辅相成的两个方面，即总量平衡和结构平衡。总量平衡是结构平衡的前提，结构平衡是总量平衡的基础。在自由竞争条件下，社会总供求的平衡是通过市场机制的自发作用实现的。但实践表明，仅靠市场的自发作用，要经常保持社会总供求的平衡是困难的，而且要付出沉重的代价，因为市场机制的作用具有盲目性。作为市场活动主体的企业，由本身地位所局限，很难通过全面掌握经济活动信息来正确预测和把握整个经济发展的方向和趋势，并使自己的投资行为与之相符合。当这些盲目行动在一定条件下汇集成强大合力的时候，经济失衡就不可避免地发生了。为了避免出现严重的经济失衡或一旦失衡能尽快恢复平衡，就需要由了解和掌握经济发展全局的政府对社会总供求关系进行主动调节。

（二）政府在市场失灵领域中的职能

1. 抑制垄断势力

经济学理论认为：企业规模大会带来效率，但它也会带来市场权势和免于竞争的压力。竞争的自由可能蜕变为串通的自由或吞并竞争对手的自由。所以，政府需要采取措施来抑制垄断势力。政府常常控制垄断企业的价格和利润，如对地方公用事业的控制，禁止合谋定价和禁止价格歧视。

2. 控制外部效应

当社会人口更加稠密时，而且当能源、化学制品和其他原材料的生产量更快增长时，负数溢出效应（或负外部效应）就由微不足道的损害而增长成为重大威胁。这就是政府参与所具有的意义。政府必须制定法规（如反污染法、反吸烟条令）来控制外部效应，如空气和水的污染，不安全的药品和食品，以及放射性的原材料。尽管批评者抱怨声称：政府的经济活动是不必要的强迫。可是现在大多数人都赞成：需要政府来控制由于市场机制而引起的一些最坏的外部效应。

3. 促进社会财富公平分配

市场经济既然是以承认差别为前提的竞争经济，那么在竞争基础上出现收入差距甚至差距不断拉大就是一种合乎规律的经济现象。必须看到，没有差距就没有效率，否定收入差距，就不可能有真正的市场经济。但是，收入差距过分拉大，反过来会影响效率，影响经济的稳定发展，引起社会两极分化及不同阶级和利益群体的严重对立。所以无论在资本主义市场经济条件下，还是在社会主义市场经济条件下，单靠市场机制来调节收入分配，无法形成既能够促进经济效率不断提高，又能促进社会和谐、稳定的公平合理的社会分配关系。市场调节的不足，需要由政府主导的收入再分配来弥补和纠正。政府的收入再分配职能，主要通过财政收支来实现；随着政府收入再分配职能的系统化、规范化发展，社会保障制度逐步建立健全起来，成为政府对收入分配关系实施调节的重要途径。

（三）政府在开放经济中的职能

1. 根据国际贸易条件，确定合理的主导产业

这通常需要考虑这样一些因素，即国际上先进国家已有生产者的竞争力所带来的劣势、国际市场的有利条件、国内要素的结构。只有如此，才能建立起一批能够参与国际竞争的主导产业，并通过国际贸易获得利润而实现资本积累，进而增加就业机会，带动国内其他相关产业的发展。当已经建立起来的主导产业其市场（国内外）趋向于饱和时，便须采取果断措施进行产业的调整，以便通过主导产业的更新换代来保持不衰的国际竞争力。

2. 吸收先进国的资本和技术优势，加快经济发展

当然，吸收的技术要符合本国的禀赋结构和产业特征，不合适的则要加以改进。吸引外资发展本国经济被证明是一条可行的途径，但外资所有者与后进国政府在合作中必然存在利益的矛盾，如何管理外资、发展本国产业是个关键的问题。

3. 为国内企业家参与国际竞争提供必要的支持

开放经济使国内市场与国际市场连在一起，如果没有政府给予企业家必要的支持，那么国内企业无论在本国发展还是向国外投资都将面临很大的风险。

4. 建立符合本国的制度安排并使这些制度安排与国际接轨

发展中国家使本国的制度安排尽可能地与国际接轨主要有以下两个方面的好处：一是可以提高国际竞争力；二是可以减少对外开放的交易费用。

（四）政府在经济转型期的职能

这些国家的政府在市场经济的建立、完善和管理上，在社会环境的改善等方面有许多特殊的工作要做，主要是：

1. 推动市场体系的建立和完善

作为一种制度性安排的市场经济是无法完全靠自然、自发的力量，不花任何代价就能在短期内实现的。当市场体系尚未建立和完善的时候，政府不发挥积极的作用，可能会导致更多的经济问题和社会问题。因此，政府不仅要积极推动社会变革，而且还要尽快促进市场体系的形成和完善。

2. 促进社会保障体系的形成

经济转型国家中与市场体制相适应的社会保障体系往往不健全。尤其像中国这样一个人口大国，原来在社会保障方面的基础比较薄弱，依靠的是国有企事业单位的微薄力量来维持就业和基本生活保障。而大量国有企业经营效率低下，在改革中企业破产、兼并、重组的进行必然会出现人员裁减，剩余劳动力大量流向社会，造成失业队伍迅速扩大，这就向我国的社会保障体系提出了挑战。不解决好这些问题，不能够保持社会的稳定，就会影响改革的顺利进行。因此，建立、健全我国的社会保障体系，积极筹集和合理分配养老金、失业金、医疗保险金、贫困救济金等，单靠企业或个人的力量是难以做到的，政府在其中有着任何其他社会组织无法替代的作用。

3. 国有资产的有效管理

原来的计划经济体制国家中，国有资产都有相当大的规模，国有经济一般占据着国民经济的主导地位。因此，在改革的过程中，如何防止国有资产流失，实现国有资产保值和增值，提高国有资产的运营效益，是政府义不容辞的责任。

4. 自然环境和社会环境的治理

环境是一种公共物品。在许多国家的发展过程中，尤其是像中国这样经济持续快速发展的国家，自然环境和社会环境都有不同程度的恶化。这实际上是对未来的一种"透支"。人们现在不但要忍受环境污染和社会秩序恶化所带来的种种短期后果，还将在未来为此付出更高的代价。因此，从长远和全面的角度来看，政府应该责无旁贷地对此采取积极的管理措施。

二、政府管理经济的有限性

宏观经济管理作为市场经济的内在机制，能对市场经济的稳定健康发展起到重要的促进作用。但是，宏观经济管理作为一种政府的主动行为，它不可能解决市场经济运行中的所有问题，而是有其本身的局限性，会出现失效问题。市场解决不好的问题，政府可能解决得好，也可能解决不好，而且由于政府所具有的全局性的特点，它的失灵往往会给社会经济造成比一般市场失灵更大的资源浪费。

（一）政府失灵的基本含义

政府失灵是指政府行动不能增进效率或政府把收入再分配给那些不应当获得这种收入的人。

（二）政府失灵的原因

导致政府失灵的原因是多种多样的，下面对此从四个方面做一些简单的分析。

1. 政治决策失误

政治决策作为非市场决策，有着不同于市场决策的特点。市场决策以个人作为决策主体，以私人物品为对象，并通过完全竞争的经济市场来实现；而政治决策则以集体作为决策主体，以公共物品为对象，并通过有一定政治秩序的政治市场来实现。因此，政治决策是一个十分复杂的过程，存在着种种的困难和障碍，使得政府难以制定并实施好的或合理的决策，从而会导致政治决策的失误。具体来说，导致政治决策失误的主要因素有：

（1）公共决策失误导致的政府失灵

政府很多重要的决策过程太复杂。我们从公共物品的生产和供应上就可体会到，这种决策过程有时不仅过程复杂，还缺乏真实的信息。如果政府要恰到好处地提供公共物品，就必须准确地了解消费者的个人偏好，否则将无法实现资源的最优配置。为了解决这些问题，从理论上可以通过提供经济激励的机制来"诱使"人们说真话，但是迄今为止，人们还未能找到在实践中切实可行的行动方案。因此,复杂的决策问题和难以完美的决策过程就可能导致决策出现失误。

(2)决策信息的不完全性

决策信息的获取总是困难而且需要成本的,因而许多政策实际上是在信息不充分的情况下做出来的,这就很容易导致决策失误。

(3)决策实施过程导致政府失灵

除公共决策失误和决策信息的不完全性导致政府决策失灵之外,政府在决策的具体实施过程中也经常会因为受到各种干扰而无法达到预期的目的,如有法不依、有禁不止、上有政策下有对策等。

2. 政府的过度膨胀

政府的过度膨胀似乎已成为一种不可避免的趋势。对于政府过度膨胀的原因解释比较具有代表性的是"官僚主义论"的解释。"官僚主义论"者认为政府过度膨胀是由于下列原因造成的:

(1)政府官员追求政府机构规模的最大化。

(2)政府官员的行为不受产权的约束。

(3)政府官员的行为不受利润的支配。

(4)对政府部门的监督乏力。

(5)政府机构的高度垄断性。

3. 官僚机构的低效率导致的政府失灵

官僚机构效率低下是众所周知的。其主要原因在于下列几个方面:

(1)官僚机构垄断公共物品的供给,缺乏竞争。

(2)政府官员缺乏追求公共利润的动机。

(3)缺乏对政府官员的有效监督。

4. 分配的不平等

市场活动会导致收入或财富的不平等,而意在克服市场分配不平等的国家干预,其自身也可能产生权力集中与收入上的分配不公平。任何一种国家干预,都是由一部分人将手中的权力强加到其他人的头上,总是有意地并不可避免地被交给一些人而不给予另一些人。由于权力分配不公,政府官员甚至在寻租过程中充当主动者,进行所谓的"政治创租"。寻租活动并不增加任何新产品或新财富,却导致经济资源转移,造成国家干预失败。试图重新分配收入的政府决策亦有可能造成不平等,如在貌似严格公正的累进税制下,一些富人可能比一些穷人更容易逃避税收。

5. 寻租活动导致的政府失灵

人类追求自身经济利益的行为大体可分为两类:一类是生产性的、可以增进社会福利的活动,即寻利活动,如生产、研究、开发活动以及在正常市场条件下的公平交易活动等。寻利活动寻求的是社会新增的经济福利,其本身对整个社会有益,因为它能够创造社会财富。另一类是非生产性的、不会增加甚至还会减少社会福利的活动，即寻租活动，如赌博、行贿、游说、偷盗、抢劫等。寻租活动本身不会增加社会财富的总量，只能引起社会财富的转移、重新分配以及资源的非生产性耗费。寻租活动的后果：

（1）造成了经济资源配置的扭曲，阻止了更有效的生产方式的实施。

（2）这种活动本身白白耗费了社会的经济资源，使本来可以用于生产性活动的资源浪费了。

（3）这些活动还会导致其他层次上的寻租活动。

由此可见，寻租之所以会导致政府失灵，主要是因为它导致经济资源配置的扭曲，因而成为资源无效配置的根源之一。

（三）避免政府失灵的对策

当市场机制在一国经济运行中占上风时，由此产生的市场缺陷令人想起政府调控这只"看得见的手"；而当政府调控占据主导地位时，政府的失灵又促使人们重新寻找市场那只"看不见的手"。现实中政府与市场并非水火不相容，它们更多的是相辅相成、共同发挥作用的。这一点我们可以从探究避免政府失灵的对策中清楚地看到。

1. 进行宪制改革

改进政府的工作，首先必须改革规则。公共选择学派没有直接提出具体的建议让政策制定者选择，而是着重从立宪的角度分析政府政策制定的规则和条件，为立宪改革提供一种指导或规范建议，从而使政策方案更为合理。

2. 在公共部门引入市场机制

经济学家们设想通过在公共部门引入市场机制来消除政府的低效率。其具体设想有：设置两个或两个以上的机构来提供相同的公共物品或服务，使这些机构之间展开竞争而增进效率；借用私营部门的奖惩机制，根据政府高级官员的工作实绩给予特别"奖金"，并允许政府机构的负责人把本机构的"结余资金"用于"预算以外"的"投资活动"，以刺激和发挥政府机构及其负责官员的积极性；将某些公共物品的生产承包给私人生产者，以便更多地依靠市场经济来生产社会所需的公共物品。此外，还可以采取加强和鼓励地方政府之间的竞争来提高地方政府的工作绩效。

3. 引入利润动机

即在国家机构内建立激励机制，使政府官员树立利润观念，允许政府部门对财政剩余具有某种自由处置权。当然，这种利润动机容易造成虚假的或损害公众利益的节余，为此必须在引入利润动机的同时加强监督。

4. 对国家的税收和支出加以约束

政府活动的支出依赖于赋税，因此，对政府的税收和支出加以约束，可以从根本上限制政府的行为范围，抑制政府规模的过度增长和机构膨胀。这种约束可以从政府预算的程序和预算的数量两个方面入手，其中预算的程序要求在批准程序上保持收支平衡；预算的数量要求政府收支增长直接与国民经济再增长相联系。

第五节 宏观经济管理目标

宏观经济管理目标是指一定时期内国家政府对一定范围的经济总体进行管理所要达到的预期结果。实现总供求的平衡是宏观经济管理的最终目标。根据我国国情，在社会主义初级阶段我国宏观经济管理的总目标可概括为：在充分发挥市场调节作用的基础上，通过正确发挥政府的宏观经济管理职能，保持国民经济持续、快速、稳定、健康地发展，不断提高人民群众的物质和文化生活水平。

宏观经济管理目标是宏观经济管理的出发点和归宿点，也是宏观经济决策的首要内容。宏观经济管理目标主要有经济稳定目标、经济增长目标、宏观效益目标、生活水平目标等。

一、经济稳定目标

（一）经济总量平衡

主要是指社会总供给与社会总需求在总量和主要结构上的基本平衡。其中，总量平衡主要是指一定时期内国内生产总值和国外商品、劳务输入与投资需求、消费需求和国外需求的平衡。结构平衡主要是指投资品与投资需求、消费品与消费需求的平衡。在宏观经济调控中总量能否平衡是一个主要矛盾。抓住这个主要矛盾把总量控制住，就不会造成大的经济波动，以引导整个国民经济健康运行，为微观经济创造一个合理顺畅、公平竞争的宏观经济环境。从我国近些年的经验数据分析，我国社会总供需差率一般要控制在5%左右。

（二）国际收支平衡

主要是指一国对其他国家的全部货币收入与货币支出持平或略有顺差或逆差。货币往来是指经济交易。国际经济交易按其性质分为自主性交易和调节性交易。随着对外开放政策的深入贯彻，我国经济对外联系日益扩大，使对外经济关系出现了新变化，主要表现为国际收支平衡与国内经济稳定增长。国内经济平衡与国际收支平衡存在着相互依存、相互制约的关系。国内经济可以把不平衡的矛盾适度转移到国际收支环节，以利于维持国内经济在一定时期内的稳定增长。例如，当国内供给不足出现通货膨胀时，从国外增加输入商品和劳务，扩大进口，可在短期内通过国际收支渠道缓解国内经济供不应求不平衡的状况。国际收支矛盾也会反过来给国内经济稳定增长带来影响。

（三）物价稳定

物价稳定主要有三种含义：一是指物价总水平的稳定；二是指主要商品特别是某些主

要消费品物价总水平的稳定；三是指物价上升水平稳定地低于居民平均收入增长的水平。保持物价总水平的相对稳定，其衡量的主要指标是物价总指数。我国市场经济的价格机制绝不是政府对价格撒手不管。物价总指数的上升趋势，使各种商品的比价在动态中变化，有利于价格体系的改革，有利于经济结构的调整，但价格改革必须在国家宏观调控之下，以防引起通货膨胀。只要物价上涨的幅度是在社会可容忍的范围内，3%～5%的年率，即认为物价稳定。

二、经济增长目标

宏观经济管理不仅要稳定整个国民经济，更重要的是要促进其不断发展。

（一）适度投资规模

这是影响经济增长的直接因素。所谓适度，就是既能满足一定的经济增长需要，又充分考虑一定时期内人力、物力、财力的可能。

（二）合理的产业结构

产业结构合理，经济良性循环，经济效益提高；反之，经济运行阻滞，经济效益下降。调整产业结构主要有两条途径：一是调整投资结构，通过增减对某种产业的投资而影响其发展速度；二是改变现有企业的生产方向，促使一些企业转产。

（三）科学技术进步

要促使经济增长，必须重视科学技术的发展。

三、宏观效益目标

宏观经济管理所追求的效益是指宏观效益。

（一）宏观经济效益

宏观经济效益既表现为一个国家一定时期内国民生产总值或国民收入的增加，又表现为一个国家一定时期内人民物质文化生活水平的总体提高。宏观经济效益是国民经济各部门、各单位微观经济的综合。因此，在一般情况下宏观经济效益与微观经济效益是统一的，但在有些情况下也存在矛盾。因为有些经济活动在局部看来是合理的，但全局看来是不合理的，因此其局部经济效益的提高就不会促进宏观经济效益的提高。在这种情况下，国家政府就要运用一定的宏观经济管理手段，引导其行为，使微观经济效益与宏观经济效益尽量达到统一。

（二）社会效益

指在经济发展中，某些经济行为如产品的生产、利润的增加、技术的采用等，对整个社会的发展和进步所产生的作用和影响,主要表现在精神文明建设方面。如果某些经济行为对社会发展和进步,对人类精神文明建设有积极作用和影响,称为正社会效益,否则就是负社会效益。宏观经济管理不仅要追求较好的宏观经济效益,而且也要追求较好的社会效益。

(三) 生态效益

指经济发展对生态平衡、环境保护所产生的影响。现代化生产为自然资源的合理开发创造了条件,但是也为环境污染和生态平衡的破坏提供了可能。环境保护、生态平衡是关系资源再生和人类生存的大事,因此在宏观经济发展中不仅要追求经济的快速发展、先进技术的采用和劳动效率的提高,而且要注意生态效益,使经济发展有利于环境保护和生态平衡。

四、生活水平目标

不断满足广大人民日益增长的物质文化生活水平的需要是社会主义的生产目的,也是宏观经济管理的最高目标。在整个国民经济发展中,经济稳定、经济增长和宏观效益的提高都是人民物质文化生活水平不断提高的直接影响因素和前提条件。

(一) 提高民族素质,适度控制人口

要使人民物质文化生活水平不断提高,必须一方面通过发展经济提高国民生产总值和国民收入的水平,另一方面也要控制人口的增长,提高民族素质。否则,如果人口增长速度超过国民生产总值或国民收入的增长速度,那就意味着人均国民生产总值或人均国民收入的下降,意味着人民物质文化生活水平的降低。

(二) 充分就业

通常指凡有能力并自愿参加工作者,都能在较合理的条件下,随时找到适当的工作。一般把失业率低于3%看作该社会能够充分就业。市场经济下可以有失业,可以有下岗,优胜劣汰。但是,下岗不是目的,政府通过再就业工程,通过培训,使下岗职工找到适合自己的工作,并使其有竞争压力。我国劳动就业问题比较突出,必须认真对待,它不仅关系到经济的发展,而且是实现社会安定的重要一环。

(三) 公平分配

市场机制不可能自动实现社会公平,它只能在等价交换意义上实现机会均等的平等精神。我们一方面是利用市场机制,把利益得失作为竞争的动力,鼓励一部分人靠诚实劳动、合法经营先富起来,推动社会进步;同时也要重视我国目前还处于低收入水平阶段,必须把社会各阶层人民生活水平普遍提高作为社会主义制度优越性的体现。要通过税收等政策手段消除由于客观条件所造成的苦乐不均现象,防止地方、企业及个人收入之间差距悬殊,

并通过社会保障体系解决低收入阶层的基本生活。

(四) 建立和完善社会保障体系

社会保障体系包括社会保险、社会救济、社会福利、优抚安置、社会互助和个人储蓄积累等保障。

第六节 宏观经济的监督

宏观经济监督是指政府及其管理机构，依据有关法令、政策及制度对社会再生产过程的各个环节进行的全面监察和督导。市场经济条件下，加强宏观经济监督的必要性表现在以下几个方面：第一，加强宏观经济监督有利于企业增强自我约束的能力和遵纪守法的自觉性；第二，加强宏观经济监督有利于形成和维护良好的市场环境和市场秩序；第三，加强宏观经济监督有利于政府实现对经济运行的宏观调控。

对宏观经济进行监督的形式和内容主要有：第一，依靠综合经济管理部门进行经济监督；第二，依靠行政手段对经济活动进行监督；第三，依靠法律手段进行经济监督。要依照依法治国的基本方略，加强宏观经济的监督。首先，需要完善各种经济法律法规，做到有法可依；其次，要加强执法和监督力度，提高执法水平，切实做到有法必依，执法必严；最后，推进司法体制改革，建立权责明确、行为规范、监督有效、保障有力的司法体制。

一、目前我国宏观经济政策监督审计存在的问题

宏观经济政策，是指国家通过政策调控的手段，实现对市场经济的宏观调控，也是一种重要的行为。但是无论是何种政策，在规划和实施时都存在一定的偏差性。所以国家审计部门也在这里起到了关键性的作用，其职能除了保证宏观经济政策能够顺利落实，同时也对政策起到了监督管理的作用，即检查政策是否合法，对于政策的可行性以及资金流向进行管控，是否能满足社会的需要，等等。

(一) 政策制定以及决策存在的问题

对于目前来说，宏观经济政策存在的问题主要是政策的制定以及决策方面，就制定方面而言，一些相关审计部门缺乏一定的长远考虑，对当前市场经济的情况以及发展趋势不了解，同时又欠缺相关的理论知识，从而导致政策制定方面出现问题；而决策方面，虽然审计是审计部门的主要职责，但是在政府的很多重要项目中，审计部门都是通过实时追踪完成审计，而审计过程也是比较被动的，对于不符合市场规律的问题或者决策，审计部门只能通过建议的方式减少政府损失，却难以达到督促遏制的作用。

（二）对于宏观经济项目缺乏监督

监督和管理本来就是审计部门的基本职责，但是目前很多审计部门碍于审计风险，从而导致投鼠忌器。对于一般的经济项目能够保证到位的审计监督，例如，一些常见的资金预算、财务税收、采购统计以及投资核算等，而对于政府税收配置、公民住房保证以及政府债务等的决策落实，显然缺乏有效的监督和管理，从而导致决策出现问题，甚至与国家政策相悖。

（三）在金融政策贷款方面缺少监管

就目前而言，大部分审计部门对于金融行业的政策贷款关注度不高，反而是对企业公司的资本、债务情况以及收支的审计监管频率较高，而对于国家已经规定的项目反而涉及比较少，如企业本身的流动资金、不良资产等，而且对于本身政策贷款的比例没有进行严格的监管，从而导致一些银行避害趋利，将政策贷款重点投向房地产等发展和收益较好的行业，而对于发展趋势不明显的农业或者小型企业的贷款会被刻意减少。

二、完善经济政策执行审计监督的措施

随着时代的不断发展，我国已经进入到了高速发展的新时期，而随着市场经济的深入影响，我国经济体制也发生着日新月异的变化。而宏观经济政策一直以来都是我国主要的经济调控手段，一方面它可以保证大部分公民获得稳定的就业，遏制物价上涨和下跌，同时也能够保证经济进入到稳定的增长阶段，保证净出口收入支出的均衡。而对于宏观经济政策的调控主要取决于国家审计机关的合理监督和管理，这也是保证社会安定的重要基础。

（一）界定职责，创造审计条件

针对目前审计部门在审计风险以及审计职责范围方面存在的问题，首先，政府部门需要修订目前的《审计法》，并且在法规中明确界定国家审计部门对国家宏观经济政策的实施具有监管职能，能够参与到宏观经济调控政策、经济项目、国企发展等重要项目的决策和修改，从而为审计部门创造基本的审计条件，保证对于宏观经济政策的审计监管能够有效实现。

（二）扩大范围，保证全面监管

对于目前审计情况而言，需要对审计部门的审计范围进行扩大，一方面坚持以预算审计为中心。另外，加强对财政政策方面的审计监管，如对财政税收政策和政府决策的落实情况进行监管，同时对于政府方面的债务情况进行审计，保证审计过程的有效性和合法性，让审计能够更加全面和完善。

（三）关注扶助，保证政策落实

对于目前审计存在的问题，审计部门首先需要重点关注一些国家扶助产业的政策落实与监管情况，一方面保证中小型企业的优惠政策得到推广和落实，让中小企业得到长久的发展，另一方面普及国家减负政策，让企业坚持按照政策履行自身的社会责任以及义务，同时对于乱收费现象进行遏制与杜绝，保证审计的质量以及效率。

（四）公开流程，接受民众监督

为了保证审计的公平性以及透明化，审计部门应当酌情对审计流程进行筛选，对于涉及国家机密以及信息安全的流程不予公开，而对于一些宏观经济调控政策或者惠民扶助政策的审计都需要通过公告进行公示，从而让群众对审计的流程和内容都有知情权与监督权，也能更好地体现出宏观经济政策本身就是服务于人民的基础思想。

审计工作本身就是一个比较注重效果以及流程的工作，对于审计部门而言，要想提升审计的有效性，首先就需要提升自身的审计要求，扩大审计的范围以及监督管理的力度，对于国家一些扶助政策要进行关注和监管，保证政策的合法性和切实性，同时保证审计的流程公开化、透明化，让审计工作能够更好地推动国家的发展，为人民服务。

第九章　现代企业制度下的财务管理新发展

第一节　制度与创新：基于财务视角的研究

一、企业财务制度的特征

民营企业是改革开放的产物，它是伴随着我国经济体制改革的制度变迁进程而逐步产生、发展和壮大起来的，是我国经济体制由计划体制向市场机制转轨的必然结果。我国企业的发展有着鲜明的制度特征，它以个体经济的发展为起点，即最早是以个体户形式出现的，是在一种由特定的政治、经济和社会背景共同形成的制度环境下诞生的。制度环境的变迁对于我国企业的形成和发展，产生了重大的推动作用，同样也对企业财务管理制度特征的形成产生了重大影响。

（一）外部制度环境及其对财务管理的影响

由于体制原因，我国民营企业面临的生存环境（即外部制度环境）与国有企业存在很大差别，这种差别导致企业财务管理环境恶劣。如"草根经济"的身份使他们在政策、法律与资金方面都不能像国有企业那样获得国家的有力支持，他们只能完全依靠自身的拼搏和资本积累来发展。严酷的生存环境使得企业的交易成本增加，加大了企业经营的系统风险。

（二）内部制度结构及其对财务管理的影响

1. 企业组织制度下的财务管理特征

与西方国家相比，中国企业是在特定历史条件下产生和发展起来的。这使得企业表现出高度的非正规性，企业产权、所有权结构、公司的管理机制、财务记录、市场准入极不清晰。一方面，这使得企业家们可以非常灵活地对变化迅速的政府政策、税收和规章制度所造成的不确定状况做出反应。另一方面，企业的这种非正规性又限制了企业融资及高效率运作企业的能力，再加上各种要素市场的不发达和不完善，如缺乏完善的融资体系和经理人市场，即使是大型的、成熟的企业也摆脱不了小企业不规范运作的特点。企业的组织成长和可持续生存与发展因此而受阻。有些企业虽然规模上了档次，但由于受组织制度影响，在管理制度和产权制度及组织设计方面还严重滞后，实际上是对企业的组织成长缺乏管理。

受组织制度影响，企业财务管理表现出如下制度特征：

第一，受独资企业和公司制企业为主的企业组织形式影响。一般而言，独资企业和有限责任公司是企业的主流组织形式，而企业组织形式是影响企业财务管理的重要微观环境因素。如独资企业的财务活动比较简单，而公司制企业的财务内容和活动就复杂多了。公司制企业的增多，为企业系统化财务管理制度的建立创造了条件。

第二，现代公司治理结构的建而不立使企业财务管理的整体架构仍然很不完善。企业治理结构大都仍呈现出"家长式""专制化"的低层次管理特征。公司内部治理结构的制衡机制普遍残缺，所有者和经营者不分，所有权、决策权、经营管理权高度集中，决策、执行、监督三权往往合一。

2. 企业产权制度下的财务管理特征

产权制度是市场经济的基本制度，是以产权为依托，对财产关系进行合理有效地组合、调节的制度。新制度经济学理论认为，一个国家经济增长依赖于一个有效率的财产制度。产权制度具有界定和规范财产关系的作用：明晰的产权制度能够增进资源配置效益，形成稳定的效益；完善的产权制度，有利于激发产权主体的积极性。而在企业的发展早期，许多企业主认为企业财产是私人财产，民营经济不同于国有和集体经济，不存在产权问题。但是，随着企业的进一步发展，在企业内部出现了种种纠纷甚至冲突，产权问题成为阻碍企业壮大的现实问题。

受产权制度影响，企业财务管理表现出如下制度特征：

第一，企业融资方式单一，资本结构不合理。单一化、封闭化的产权制度使企业融资面临障碍，企业发展只能依靠自身积累和原有股东的再投入，影响了企业层次的提升和规模的扩大。

第二，企业产权界定上的模糊性，导致企业利润分配不规范、激励性不足。

第三，所有权与经营权的统一容易导致职责、权力和利益分配不明，削弱了财务控制和管理的权威性。

3. 企业管理制度下的财务管理特征

我国企业有如下形式：一是由个体户起家，逐渐积累发展起来或直接由家族成员投资兴办的家族式企业；二是朋友、同事参股合资开办的合伙式企业；三是通过组建、承包、买断形式，由乡镇或国有企业转型过来的企业。这三类企业，所有权一般归一个或少数主要投资者控制，实施的基本上是家长式管理模式，即企业由一位强有力的人物作为统帅，实行高度集权化的管理。因此，管理机制不够健全，企业没有建立相应管理制度，缺乏全面制度化、规范化、程序化管理，在管理中表现出更多的随意性。

受管理制度影响，企业财务管理表现出如下制度特征：

第一，财务预测简单，容易导致财务决策失误。由于企业缺乏战略决策程序，又缺乏有效的监控、反馈和制约机制。企业经营者如果一时头脑发热，做出错误决策，就很容易酿成恶果。

第二，注重短期投机行为。只注重企业的短期收益，投机取巧，不但是杀鸡取卵、得不偿失，还影响市场秩序，损害了消费者利益。

第三，在人才方面，企业观念落后，任人唯亲，人才的激励机制不健全，难以引进和培养高级财务管理专门人才。

第四，由于财务人员的素质参差不齐，企业财务管理创新受到限制。

第五，缺乏长远发展的财务管理目标，难以形成个性化的、延绵不绝的优秀企业文化。

二、企业财务制度的创新

（一）企业财务制度创新的基本原则

1. 合法性原则

知识经济时代的市场经济将更加规范化。从一定意义上说，市场经济就是法制经济。建立一套更加科学、严密、完整的经济法规体系，不仅是现代市场经济朝着规范化方向发展的内在要求，也是知识经济健康发展的基本保证。近几年来，我国适应社会主义市场经济发展的要求，已先后颁布了一系列经济法规，如《公司法》《税法》《证券法》《合同法》《会计法》等，使我国经济法规体系不断健全和完善。为了迎接知识经济的到来，我国又修订和颁布了诸如《知识产权法》等法规，使我国经济法规更能体现知识经济时代的特点和要求。

所以，创新企业财务管理制度必须遵守国家有关法规，以确保国家有关法规在企业里有效实施，这不仅是国家宏观经济管理的需要，而且也是企业自身管理的需要。

2. 适应市场原则

知识经济时代的市场经济更加现代化。在现代市场经济中，企业是十分重要的市场主体，其一切经济活动均要受到市场机制的支配。如经营要素从市场上取得，经营活动要积极主动地去适应市场供求关系的变化，经营成果要通过市场交换。由于知识经济时代计算机及通信技术的发展，以及经济关系的货币化趋势，金融手段全面介入社会经济活动。金融活动引导着商品交换和生产要素重组，从而使企业的财务管理活动从企业内部扩展到企业外部整个市场体系之中，并成为连接企业与市场的桥梁与纽带。为了促使企业财务管理活动更加有效，就必须实现企业财务管理机制市场化，以适应环境的变化和市场机制的要求，对企业财务管理机制加以不断完善并相应建立健全企业内部财务管理制度。

3. 实用性原则

企业内部财务管理制度是企业内部控制制度的重要组成部分。知识经济时代，为了在激烈的市场竞争中维持企业的生存和发展，企业必须更加注重自身的个性特点，从而使得不同企业在生产规模、经营方式、组织结构以及管理的方式、方法等方面有自身的特点；另外，激烈的市场竞争也使得企业所处的外部环境千变万化。所以，企业财务管理制度的创新必须充分考虑生产经营的特点和管理的需要，以提高其实用性和可操作性。

4. 责权利相结合原则

知识经济时代尤其重视人的作用，企业的财务管理制度创新必须和人力资源开发结合起来，才能充分发挥制度的激励作用。在企业内部财务管理制度中，必须坚持责权利相结合，明确企业内部各部门及职工的财务责任、财务权利和经济利益，以充分调动他们理财的积极性，充分发挥财务管理制度的激励、约束和协调功能。

5.科学合理原则

随着知识经济时代的到来，企业的内部条件和外部环境都有了很大变化。企业的财务管理制度作为企业财务行为的规范，是人们在财务管理实践中逐渐摸索、发展而形成的，如果情况有了变化，财务管理制度却一成不变，就失去了它的科学合理性。所以，企业财务管理制度的制定一定要强调其科学合理性，使其能够反映事物在一定阶段的规律性，同时企业财务管理制度作为一种制度规范又必须具有相对的稳定性和前瞻性。

（二）企业财务制度创新的基本思路

一般认为，企业制度特征主要表现为内生性、渐进性和不可逆性。内生性表现为企业制度创新主要依赖于企业内部的创新；渐进性表现为：一方面制度就其本性而言是难以发生突变的，另一方面人对于新制度需要一个适应的过程；不可逆性是指：由于时间的不可逆性，在制度变迁过程中无论其产生、演进、创新或消亡都是不可逆的。但是，任何一个时期的财务制度创新都是与企业当时所处的环境背景相联系的，都是为了满足在特定的历史背景下企业的特定需要。我国企业是在中国特定的政治、经济和社会的时代背景下诞生的，在其发展进程中，国家宏观经济政策等外在因素对企业的制度选择产生了巨大的作用和影响。我国企业有典型"中国特色"的制度特征，是企业主、企业状况以及政府态度、社会状况、意识形态等内外因素综合作用的结果，是特定发展背景下制度环境和企业内部制度共同作用下的一种必然选择。因此，企业财务制度创新必须坚持"以外为先、以内为主、内外结合"的原则。

1.营造一流的外部财务制度环境

企业外部财务制度环境的创新关键在于各级政府是否作为。基于企业期盼着一种更加完善、更加和谐的管理模式，呼唤着一个更加公平、更加合理、更加开明的制度环境。政府应该适当放权，通过强化服务、弱化管理来转变职能，重新调整利益结构，进一步加大对政府权力的管理和约束，有效化解阻碍企业发展的制度安排，促进企业的持续健康发展。

（1）加强对民营经济的法律保护

私有财产保护不完善，束缚了民间投资者和经营者放下包袱、放心发展的手脚。为了促进民营经济发展，需要有三方面的法律保障：一是规范市场主体行为的法律，如公司法、商业银行法等；二是规范市场基本关系的法律，如合同法、信托法等；三是规范市场竞争秩序的法律，如反垄断法、反不正当竞争法、反倾销法等。要不断完善法律、法规，建立一套不分所有制的权益保护措施，为民营经济发展创造良好的法制环境；要支持企业技术创新、产业升级，积极引导企业投资的战略方向，帮助企业做大、做强、做精。

（2）放宽对企业的市场准入限制

目前，民营企业能够进入的产业范围大多局限在技术含量较低的传统劳动密集型产业，如纺织、服装、加工、餐饮等，而在基础设施、市政工程项目、基础产业等领域都还有一定的准入限制。在一些行业，如重工业和化工行业，尽管市场准入已经放开，但企业的生产经营依然受到不少限制，且往往会成为宏观调控的重点目标。就某种程度而言，企业能获准参加的业务，不但与国企无法比，有的可能还不如外企。减少对民营经济市场准入的限制，降低市场准入资金要求，扩大投资人的自主选择权，为民营经济创造良好的市场竞争环境，是企业对制度环境的殷切期盼。

（3）进一步实现发展空间上的新突破

从经济持续发展的长远考虑，政府应逐步拆除影响企业发展空间的"制度壁垒"，给予民营企业同等的"国民待遇"，政府部门要正视各种"潜规则"对企业发展的限制，应该为企业专门设计适合它们发展的推动帮扶机制。对于政府层面的推动和帮扶，我国企业以前实际享受不多，需求是十分迫切的。

（4）加大扶持力度，缓解企业资金压力

对众多中小企业而言，目前的金融支持还不充分，其资金仍主要来源于自筹，或民间金融、地下金融等渠道。所以，建立和完善适合企业特点的贷款审批制度，在保证贷款质量、严格控制风险的前提下，简化贷款手续，减少审批环节，放宽贷款条件，合理确定贷款额度和贷款期限，调低企业授信准入门槛，有利于缓解企业的资金压力。

（5）完善社会化服务

中介组织在为民营经济提供技术供求信息、人才交流、投资与融资、管理咨询与培训、政策服务等方面居于显著的地位，发挥着重要作用。为此，应建立多方面的市场中介组织，如扶持由企业组成的行会组织，为企业开展贸易促进与行业自律服务，并规范这些中介组织的服务功能，使其为民营经济发展提供良好的社会化服务。

2. 建立有效的内部财务制度规范

就自身建设而言，企业应减少对企业外部制度的依赖，努力通过企业内部制度构建与创新，提升核心竞争力。

（1）建立良好的企业组织结构

企业的组织结构是提供规划、执行、控制和监督活动的框架。完善的组织结构以执行工作计划为使命，并具有合理科学的职位层次、流畅的信息沟通渠道、协调的时间效率和愉快的合作关系。一个良好的企业组织结构，可以清晰界定责、权、利，从而强化和形成内部制度环境。

（2）加强以产权制度创新为核心的企业治理

一是明晰企业产权。产权是企业治理的核心和主要内容。通过建立归属清晰、权责明确、保护严格、流转顺畅的现代产权制度，明确产权的权利主体和责任主体，保护私有财产权，促进民营经济发展。二是严格保护产权。由于产权不是公共品，具有排他性，因此，产权明晰后，必须严格保护产权。三是确保产权流动自由。产权主体拥有产权的目的是要其保值增值，而产权只有在流动中才能实现保值增值。因此，保证产权自由流动，才能真正实现产权的保值增值。

（3）建立和完善各项财务管理制度

如建立财务决策制度，明确决策规则、程序、权限和责任等；建立财务决策回避制度，对投资者、经营者个人与企业利益有冲突的财务决策事项，相关投资者、经营者应当回避；建立财务风险管理制度，明确经营者、投资者及其他相关人员的管理权限和责任，按照风险与收益均衡、不相容职务分离等原则，控制财务风险；建立财务预算管理制度，以现金流为核心，按照实现企业价值最大化等财务目标的要求，对资金筹集、资产营运、成本控制、收益分配、重组清算等财务活动，实施全面预算管理。

（4）建立和完善经营者激励约束机制

在企业内部控制系统运行过程中，经营者的作用举足轻重，经营者的素质不仅直接影响到企业的决策，而且影响到企业内部控制的效率和效果。要建立完善的内部控制系统并使之真正发挥应有的作用，必须提高经营者的综合素质。为此，一是要建立一个成熟、合理的经营者人才管理信息库；二是建立一种约束激励的控制方式，形成一个约束、监督与激励企业经营者的外部机制，来规范经营者的行为；三是从法律法规或制度方面完善内部控制工作，并制定相应的惩罚性措施。

（5）树立良好的企业经营理念

企业经营理念是指企业在经营活动中企业领导层与员工之间培养或形成一体的意念，实际上是企业的经营哲学和企业精神的结合体。建立科学的企业经营理念，一是为了企业的长远经营和发展确定战略目标；二是凝聚企业员工精神力量；三是规范企业员工的企业行为和社会行为；四是提升企业形象。企业经营理念是企业文化的浓缩，是企业领导人事业宗旨的体现，是员工精神目标的确定。

第二节 企业融资管理与创新

一、企业融资管理与创新

（一）增强"造血"功能

俗话说，打铁还需自身硬。企业要想得到政府和银行等金融机构的信任和支持，要想打通融资渠道，就要加强经营管理，在增强自身"造血"功能上下功夫，如加强自身建设、加大投资诚信、增强核心竞争力等。企业自身条件好了，融资能力增强了，对融资的依赖就会减少。企业融资选择多了，经营之路就会越走越宽广。

1. 更新经营理念，革新产权制度

由于传统经营方式已不能适应现代市场的发展需要，企业要想在激烈的市场竞争中脱颖而出，就一定要打破传统思维定式，提高经营决策水平，如通过出让股份或开展合作，以管理权换公司规模；也可以通过组建企业集团，携手合作，共谋发展。

2. 建立现代企业制度，提升管理水准

企业要适应市场，通过改革转变经营机制，选择适合发展的企业组织形式。加强企业内部管理，如严格控制费用支出规模，严格控制生产成本，不断提高盈利水平。企业增加盈利，等于增加了扩大再生产的资金，增强了内源融资能力。

3. 树立良好信用，提升企业资信

企业要增强金融意识和信用观念，坚持诚实守信的经营理念，增加投资诚信力度。如管理诚信、会计诚信、金融诚信、商业信用诚信、产品诚信和纳税诚信，打造企业品牌形象，积极参与信用评级，创建信用企业，提升企业资信度。

4. 调整产业结构和产品结构

企业要充分发挥自身经营灵活、适应性好、市场意识强的特点，优化企业结构，以优势资源和特色产品作为突破口，开展技术创新，大力发展高新技术产业。

（二）拓宽融资渠道

1. 国家政策性基金

（1）创新基金

创新基金通过吸引地方、企业、科技创业投资机构和金融机构对中小企业技术创新的投资，逐步建立起符合社会主义市场经济客观规律、支持中小企业技术创新的新型投资机制。创新基金不以营利为目的，通过对中小企业技术创新项目的支持，增强其创新能力。

关于基金的性质。创新基金是经国务院批准设立，用于支持科技型中小企业技术创新的政府专项基金。作为中央政府的专项基金，通过拨款资助、贷款贴息和资本金投入等方式扶持和引导科技型中小企业的技术创新活动，促进科技成果的转化，培育一批具有中国特色的科技型中小企业。

关于创新基金定位。创新基金重点支持产业化初期（种子期和初创期）、技术含量高、市场前景好、风险较大、商业性资金进入尚不具备条件、最需要由政府支持的科技型中小企业项目，并将为其进入产业化扩张和商业性资本的介入起到铺垫和引导的作用。

关于创新基金的支持方式和重点。根据中小企业和项目的不同特点，创新基金分别以贷款贴息、无偿资助、资本金投入等不同的方式给予支持。

第一，贷款贴息：对已具有一定水平、规模和效益的创新项目，原则上采取贴息方式支持其使用银行贷款，以扩大生产规模。

第二，无偿资助：主要用于中小企业技术创新中产品研究开发及中试阶段的必要补助、科研人员携带科技成果创办企业进行成果转化的补助。

第三，资本金投入：对少数起点高、具有较广创新内涵、较高创新水平并有后续创新潜力、预计投产后具有较大市场需求、有望形成新兴产业的项目，采取资本金投入方式。

创新基金坚持市场导向、支持创新、鼓励创业、突出重点、规范管理、竞争择优的原则，重点支持方向如下：

第一，支持相关高新技术领域中自主创新性强、技术含量高、具有竞争力、市场前景好的研究开发项目，培育、形成一批能够在经济结构调整中发挥重要作用、具有自主知识产权的产品群及产业，支持科技成果转化。

第二，支持具有一定技术含量，在国际市场上有较强竞争力，以出口为导向的项目，特别是具有我国传统优势，加入WTO后能带来更多市场机遇的项目。

第三，发挥创新基金雪中送炭的作用，加大对有一定基础的初创期的科技型中小企业尤其是孵化器内企业、海外留学人员回国创办企业以及西部地区具有一定技术含量、市场前景好、技术成熟、有优势、有特色的科技型中小企业项目的支持。

（2）中小企业发展专项基金

中小企业发展专项基金是根据《中小企业促进法》，由中央财政预算安排主要用于支持中小企业结构调整、产业升级、专业化发展、技术进步、综合利用、品牌建设，以及中小企业信用担保体系、市场开拓等中小企业发展环境建设等方面的专项资金。

关于支持方式及额度：

第一，专项资金的支持方式采用无偿资助、贷款贴息和资本金注入方式。以自有资金为主投资的固定资产建设项目，一般采取无偿资助方式；以金融机构贷款为主投资的固定资产建设项目，一般采取贷款贴息方式；中小企业信用担保体系建设项目，一般采取无偿资助方式；市场开拓等项目，一般采取无偿资助方式。

第二，专项资金无偿资助的额度，每个项目一般控制在30万元以内，根据项目贷款额度及中国人民银行公布的同期贷款利率确定。

关于专项基金申请条件：

①符合原国家经贸委、原国家发展计划委员会、财政部、国家统计局联合下发的《中小企业标准暂行规定》中规定的中小企业的标准。

②具有独立的法人资格。

③财务管理制度健全。

④经济效益良好。

⑤会计信用、纳税信用和银行信用良好。

⑥申报项目符合专项资金年度支持方向和重点。

2.银行信贷资金

（1）长期借款筹资的程序

第一，提出申请。借款申请内容包括借款金额、借款用途、偿还能力及偿还方式等，并提供以下资料：借款企业以及担保人的基本情况；借款企业上年度财务报告；原有的不合理借款的纠正情况；抵押物清单及同意抵押的证明，保证人拟同意保证的有关证明文件；项目建议书和可行性报告；贷款银行认为需要提交的其他资料。

第二，银行或其他金融机构对借款人进行风险评估。内容包括：调查借款人的信用状况，借款的合法性、安全性及盈利性等情况，还要核实抵押物、质押物、保证人等的情况；对借款人的信誉等级进行评估，测定贷款风险。评估可由银行独立进行，便于内部掌握，也可委托独立的信誉评定机构进行评估。

第三，贷款审批。银行一般实行审贷分离、分级审批的贷款管理制度。审查人员对调查人员提供的资料，认真进行核实、评定，提出相关意见，按规定权限报批，决定是否向借款人提供贷款。

第四，签订借款合同。借款合同包括：基本条款、保证条款、限制条款、违约条款和其他附属条款。

第五，企业取得借款。

第六，归还借款。

3.民间资本

在企业的发展过程中，民间资本由于性质和地位与企业相近，又同属弱势，简直像一对"难兄难弟"。民间资本的资金运转灵活、彼此信息对称、融资效率高、融资门槛低，在支持企业发展方面占有得天独厚的优势。民间资本介入融资市场，不仅可以改变中小企业融资结构不合理的状况，而且能够极大地丰富企业的融资方式，拓宽中小企业的融资渠道。

二、企业融资概述

（一）企业融资的原则

融资是指企业为了从事某项正常的经营活动，通过适当方式来筹集一定数额所需资金的行为。资金的筹集是企业经营活动中的一项基础性和前提性的工作，因为无论是为了维持企业正常运转还是创立新的企业，都必须拥有一定数量的资金。企业每一项重要财务活动，都是根据生产经营、投资和资金结构调整的需要，通过一定的融资渠道和资金市场，运用各种融资方式，经济有效地筹措资金的过程。

1.企业融资应该重点关注的因素

（1）资本成本

在市场经济条件下任何渠道和方式的融资都要付出一定的代价，即资金成本，包括资金占用费和资金筹集费。资本成本是企业选择融资与否的首要因素。

（2）融资风险

融资风险是企业进行融资时必须重点考虑的因素，应该尽可能选择风险较小的融资方式，以便加强风险控制。一般来说，直接融资和内源融资由于无须考虑偿付，风险自然较小，而间接融资因为存在固定的还本付息压力，容易引发财务风险。

（3）融资条件

一般来说，不同的融资方式会有不同的限制条件，企业应该根据有利原则，选择限制条件较少、对己有利的融资方式。

（4）资本结构

资本结构是指企业各种资本的价值构成及其比例关系，多指企业长期的股权资本与债权资本的构成及其比例关系。企业融资必须充分满足资本结构调整的要求。

2. 企业融资的原则

（1）规模适当原则

融资必须事先确定合理的资金需要量，以需定筹，规模适当。所筹资金既要保证足够满足正常生产经营活动的需要，又要防止筹资量过大，超出计划需要量，造成资金闲置。

（2）筹措及时原则

强调资金使用的计划性要强，根据资金需求的具体情况，注意把握融资时机，确保资金及时足额到位，以免错过资金投放的最佳时间，同时也要避免资金过早到位而增加资金使用成本。

（3）结构合理原则

确立合理的资金结构，保持企业各种资金合理的比例关系，是企业融资决策的核心问题。企业应该综合考虑各种影响因素，运用适当方法确定最佳资金结构，并要在以后追加融资时继续保持合理结构。如果企业现有资金结构存在问题，就应通过融资活动来进行调整，使其趋于合理化。

（4）控制成本原则

企业融资必须付出一定的代价，即资金使用成本。不同融资方式下资金成本有高有低，企业需要对各种融资方式进行分析、对比，进而选择经济可行的融资方式。优序融资理论认为，内源融资所受限制少，是首选的融资方式。因此企业融资一般应遵循内源融资、债务融资、权益融资这样的顺序。但是内源融资容易受制于企业自身发展条件，而适度负债有利于资金成本降低，且能产生财务杠杆效应。

（二）企业融资类型

1. 外源融资和内源融资

按照资金的来源渠道，企业融资可以分为外源融资和内源融资。

（1）内源融资

内源融资是企业的初始资本积累以及运行过程中剩余价值的资本化。内源融资具有内生性。企业产权所有者自身资本能力决定它是典型的自有资本，也是企业的初始产权，是企业承担民事责任和自主经营、自负盈亏的基础。内源融资还具有产权的控制性特征，一个企业自有资本的多寡及分散程度，决定该企业的控制权、监督权和剩余索取权的分配结构。内源融资是企业生存与发展不可或缺的重要组成部分，相比外源融资，具有自主性、有限性、低成本性和低风险性的特点。

（2）外源融资

外源融资是企业通过付出一定的代价从企业外获得资金的渠道，包括发行股票、发行企业债券和银行贷款三方面。企业要取得外源融资必须具备以下条件：自身条件好，如有好的信誉、良好的发展前景等；融资机构认可，如还贷有保证、有较高的贷款收益等；良好的融资环境，如政策支持、社会资金充足等。

从经济发展历史和企业成长历程来看，企业融资都有从内源融资到外源融资再到更高层次内源融资的交替变迁趋势，内源融资和外源融资是两个不可或缺的融资通道。一般做法是：当运用外源融资的交易费用大于内源融资的效率成本时，抑制外源融资增加内源融资；当运用内源融资的成本大于外源融资交易费用时，增加外源融资，用等式表示为：外源融资的边际交易费用＝内源融资的边际交易费用。

2. 直接融资和间接融资

按是否经过金融机构的中介，一般把外源融资分为直接融资和间接融资。

（1）直接融资

直接融资是没有金融机构作为中介、需要融入资金的单位与融出资金单位双方通过直接协议后进行货币资金的转移的融通资金的方式，是以股票、债券为主要金融工具的一种融资机制。这种资金供给者与资金需求者通过股票、债券等金融工具直接融通资金的场所，即为直接融资市场，也称证券市场。直接融资能最大可能地吸收社会游资，直接投资于企业生产经营之中，从而弥补了间接融资的不足。

（2）间接融资

间接融资是指企业以存款或者购买有价证券的形式，将其暂时闲置的资金通过金融中介机构以贷款、贴现或购买有价证券等形式，把资金提供给融资企业使用，从而实现资金融通的过程。间接融资的资金融通通过金融中介机构进行，其种类包括：

第一，银行信用。银行以及其他金融机构以货币形式向客户提供的信用，是以银行作为中介金融机构所进行的资金融通形式。

第二，消费信用。主要指的是银行向消费者个人提供用于购买住房或者耐用消费品的贷款。

三、影响企业融资的外部因素

（一）金融体制、金融结构严重滞后

1. 金融体制仍然是国有独大

银行业历经十几年改革，虽然建立了一批股份制银行、其他商业银行和政策性银行，但其基本体系仍然以国有为主，国有银行仍占有整个存款、贷款份额的绝对比例。

2. 中小金融机构体系尚未真正建立

与经济的多层次相对应，金融机构体系也应是多层次的。农村信用社、城市商业银行

等地方性金融机构，大多不能全面享受国家财政给予国有商业银行资本金补充的政策，更不具有向社会公众筹资的政策性融资权利，在竞争中处于弱势，难以担当对企业贷款融资的重任。

3. 担保体系不完善

一是我国建有企业信用担保体系的地方少。担保中心往往设在大中城市，企业寻求担保困难，担保中介职能不完善，远不能满足企业贷款担保需要。二是担保资产确定不完善。为规避风险，不少银行、信用社除少数大中型企业以外，对其他企业发放贷款，无论金额大小、期限长短，一律凭以往信用记录办理抵押担保手续。这首先把众多尚无盈利记录、信用记录的新建企业、成长型企业排斥在外，然后把缺乏银行、信用社认可或难以认可质押固定资产的企业排斥在外。不少地方建立了中介，但运作不规范，为自身利益随意制定标准，增加收费项目，而且担保条件过于苛刻，造成贷款申请、审理时间过长，综合费用过高，加重了企业负担，甚至超过了企业承受能力，遏制了企业贷款的欲望。相当一部分企业为获得资金支持往往采用相互担保，甚至不得不寻求"高利贷"应急，风险性很大。

（二）企业在资本市场严重缺位

资本市场是企业筹集资本、进行资本运作的场所，以资本市场为基础的直接融资是市场经济条件下的基本融资方式之一，债券和股票都是直接融资的基本工具。我国资本市场相对于资金市场来说发育很不完全。缺少一个多层次的、能为企业融资服务的资本市场，国内资本市场只是国有大中型企业的融资俱乐部。我国以股票为主体的资本市场建立初衷是为大中型国企脱贫解困、扭亏增盈、筹资改制，初期不可能考虑非国有制经济问题。在政策严重倾斜的情况下，股票市场基本上未向企业开放，如股票发行额度和上市公司选择就受到"门槛"限制。加之我国资本市场发育迟缓，极不成熟，在资本市场多元结构的设计与操作上滞后，以及资本市场固有的复杂性、难驾驭性，许多问题有待解决。至于债券，现行的重点工程建设债券、中央企业债券和地方企业债券，其利率固定，期限较长，主要用于大规模市政工程以及基础设施等资本密集型项目建设，本身带有政府主导的推动型色彩，自然与企业无缘。至于民间借贷，尽管我国民间投资潜力巨大，但由于社会投资需求与民间投资供给长期错位，造成了民间投资极度萎缩。而且，由于尚未取得合法"户口"，民营资本进入金融领域还有待时日。

（三）银行对企业贷款态度谨慎

尽管央行信贷政策鼓励商业银行增加对中小企业贷款，而且企业贷款数额都不太大，但由于银行对企业缺乏了解，对其提供的信息的真实性难以甄别，何况对企业每笔贷款的发放程序、经办环节与数额较大的贷款大致相同，出于节约成本的考虑，银行不愿贷款。即使准备贷款给企业，由于对其信用水平难以判断，银行也持谨慎态度。各商业银行往往集中力量抓大客户而不愿向企业放贷，导致对国有企业锦上添花有余，对民营企业雪中送炭不足，民营企业只能顽强地通过"内源融资"寻求发展。

（四）政策层面的支持明显乏力

地方政府对民营中小企业的资金扶持，没有见到多少切实可行的措施出台，可谓"雷声大、雨点小"。政策性贷款也是"僧多粥少"，不可能从根本上解决企业的融资难问题。

四、影响企业融资的内部因素

"草根"出身的我国企业，是在一种很不理想的生存环境下开展其生产经营活动的。集权式治理、规模较小、管理水平低下、财务制度不健全、信誉不佳等，这些都是影响企业融资的主要因素。

（一）企业的产权结构

目前我国多数民营企业仍然是家族控制程度很强的企业。由于没有完善的公司治理结构，企业的盈利能力也很难预测。家族管理的弊端成为影响企业融资的重要因素。

（二）企业的道德风险与逆向选择

民营企业起步于改革开放初期，当时市场经济处于萌芽状态，规范市场和竞争秩序的法规及政策的不成熟和不完善，导致社会信用严重缺失，甚至直接造成了对失信行为的激励和对守信者的打击。在这种状态下，企业出于盈利目的会采取一些不讲诚信的不当做法，这种不佳的信誉状况会给企业融资留下阴影。

（三）企业的规模与效益

从现代经济学的角度看，企业由于拥有的有形资产和无形资产的规模较小，获利能力相对较弱，加上信息的不对称，所以常常得不到银行贷款的支持。同时，民企由于企业规模有限，既达不到上市的要求，也难以获得专门投资创业活动的风险资本支持。因此，规模与效益也会影响企业的内源融资能力和外源融资能力。

（四）企业的财务制度

企业在财务制度建设方面普遍存在制度不健全问题，表现为：一是财务制度不健全，缺乏制度化管理。二是内控机制和监督机制不完善，没有严格的内部控制和审核程序。三是财务控制环节薄弱，如现金管理不严，资金使用缺少计划安排；应收账款周转缓慢，造成资金回收困难；存货控制薄弱，资金呆滞，周转失灵。四是重钱不重物，资产浪费流失严重等。

（五）企业的管理水平

长期以来，企业仍然习惯于传统的生产型经营管理模式，管理方法陈旧，管理手段僵化落后，因而缺乏对市场的适应和把握能力。一方面，由于管理制度不完善、不健全，经营管理存在许多不规范现象；另一方面，经营管理者的管理水平和管理能力不高，管理观念比较落后。

五、创新融资方式

发展才是硬道理。对于企业而言，融资为了发展，发展有利于增强融资能力，促进更大发展。作为最具发展潜力、最有活力和最需要发展的经济成分，企业除了外树形象、内强活力以及取得政府政策扶持和贷款支持外，还需要充分发挥自身机制灵活、经营方便的优势，走出原有融资模式，不断创新融资方式。

（一）融资租赁

融资租赁是现今较为通行的一种融资方式，它具有借贷性质，集融资与融物为一体、通过融物以达到融资目的，也是承租企业筹集长期负债资金的一种特殊融资方式。融资租赁方式一般由租赁公司按照承租企业的要求和选择，融资向供货方购买设备并支付货款，然后承租企业在契约或合同规定的较长期限内以租赁方式向出租方租赁设备使用，出租方按期收取承租企业使用租金的信用性业务。这种方法租赁设备的所有权归出租方，使用权属于租赁企业，租赁方式灵活、风险小，企业不花钱就能增添或更换设备，手续也相对容易办理。

融资租赁的程序包括：

第一，选择租赁公司。

第二，办理租赁委托。

第三，签订购货协议。由承租企业与租赁公司的一方或双方合作组织选定设备制造厂商，并与其进行技术与商务谈判，签署购货协议。

第四，签订租赁合同。合同内容可分为一般条款和特殊条款两部分。一般条款主要包括：合同说明、名词解释、租赁设备条款、租赁设备交货和验收条款、租期和起租日期等条款、租金支付条款等。特殊条款主要规定：购货协议与租赁合同的关系；租赁设备的所有权；租期中途不得退租；对出租人免责和对承租人保障；对承租人违约和对出租人补救；设备的使用和保管、维修和保养；保险条款；租赁保证金和担保条款；租赁期满对设备的处理条款等。

第五，办理验货与投保。承租企业收到租赁设备，要进行验收，同时向保险公司办理投保事宜。

第六，支付租金。承租企业按合同规定的租金数额、支付方式等支付租金。

第七，处理租赁期满的设备。融资租赁合同期满时，承租企业应按租赁合同的规定，实行退租、续租或留购。租赁期满的设备通常都以低价卖给承租企业或无偿赠送给承租企业。

(二) 实物融资

就企业而言，融资是为了自身发展需要，所以就融资形态而言，不仅包括货币形态，也包括实物形态的资产。近些年由于生产能力过剩，不少国有企业进行改制或转轨，造成许多厂房、设备闲置，物资积压，不少资产被闲置。如果其中正好有企业所需的，企业就可以采取租赁和延期付款的方式融入，相当于筹集了部分短期资金，有利于增强企业生产能力。

(三) 内部股份

企业实行内部股份制也是一种新的融资形式。企业通过实施股份制，吸收员工资金或以股权代酬金，让员工持股，使员工成为股东。特别是对于企业经营管理骨干和技术骨干而言，实行内部股份制不仅有利于企业融资，而且有利于调动员工积极性，有利于企业人才培养和人才稳定工作。

(四) 票据贴现业务

票据贴现融资是这样进行融资的：票据持有人为了获得所急需的资金而将商业票据（如银行承兑汇票、商业承兑汇票等票据）转让给银行，银行扣除贴现利息后付给企业一定资金。票据贴现融资形式的融资成本较低，手续也较简便。

(五) 资产典当

典当是通过实物抵押方式、以转移实物所有权的形式向当铺取得临时性资金周转的融资方式。企业向典当行提供的质押品或抵押品可以是动产，如包括古玩和字画在内的传统收藏品、汽车、生产物资和原材料；也可以是不动产，如房产和土地；还可以是有价证券，如股票等。典当融资起点低，手续简便，关键是能解燃眉之急，已成为企业融资的新渠道。

(六) 借壳上市

企业借壳上市的途径包括：

第一，协议转让。即以签订转让协议的方式转让股权。因其可在一次性交易中迅速、直接完成控股权的变更，便于新的控股股东在较短的时间内更大范围地优化资源，由此引发的重组调整力度大，对行业、部门、地区的突破性强。

第二，间接控股。主要是战略股东通过收购上市公司的第一大股东自身的股权而将上市公司变成为自己的"子公司"，通过上市公司第一大股东来间接地获得上市公司的控制权。间接控股方式虽然未能直接控股上市公司，但是其操作难度较小，成本较低，并且由于在收购方与上市公司之间有一个缓冲带，因此对于收购方而言，其对上市公司的调控关系比较易于处理，同时，也能有效规避双方的风险。此外，间接控股收购可以规避财政部门对国有股权转让的审批程序，缩短控制权重组进程。

第三，二级市场收购。通过二级市场收购上市公司一定数量或比例的流通股，进而成为上市公司大股东，获取控制权。二级市场收购在我国尚缺乏必要的市场基础，加上制度设计上的一些缺陷，这种方式大面积使用的时机仍不成熟。

（七）私募

私募是一种较适合企业使用的直接融资方式。私募是适应市场需求而产生的，既然有其生存的土壤，自然有其存在的理由。企业在一定范围内直接向自然人或机构法人募集资金，资金供求双方平时较为熟悉，有利于私募对象监控企业，既避免了信息不对称问题，同时又与企业高风险、高收益的融资特点相适应。发展私募基金是对市场规律和现实需求的尊重，也是对资本市场的巨大支持。

第三节 企业投资管理与创新

一、证券投资

（一）证券及其种类

证券是指用以证明或设定权利所做成的书面凭证，代表持有人所拥有的财产所有权或债权等特定权益，可随时变现。证券按不同分类标准可做以下划分：

其一，按证券发行主体，可分为政府证券、金融证券和公司证券。其中：政府证券是指中央政府或地方政府为筹集资金而发行的证券；金融证券是指银行或其他金融机构为筹措资金而发行的证券；公司证券，又称企业证券，是指工商企业为筹集资金而发行的证券。一般而言，公司证券风险较大，金融证券次之，政府证券风险较小。

其二，按证券期限，可分为短期证券和长期证券。其中：短期证券是指期限在一年以内的证券，如一年期国库券、商业票据、银行承兑汇票等；长期证券是指期限长于一年的证券，如股票、债券等。一般而言，短期证券风险小，变现能力强，但收益率相对较低；长期证券的收益率较高，但时间长、风险大。

其三，按证券的收益状况，可分为固定收益证券和变动收益证券。其中：固定收益证券是指在证券票面上规定有固定收益率的证券，如债券票面上一般有固定利息率，优先股一般也有固定股息率，都属于固定收益证券；变动收益证券是指证券的票面上不标明固定的收益率，其收益情况随企业经营状况的变动而变动的证券，最典型的如普通股。固定收益证券风险较小，但报酬不高；而变动收益证券风险大，但报酬较高。

其四，按证券体现的权益关系，可分为所有权证券和债权证券。其中：所有权证券是指证券持有人是证券发行单位的所有者的证券。这种证券的持有人一般对发行单位有一定的管理和控制权。股票是典型的所有权证券，股东便是发行企业的所有者。债权证券是指证券持有人是发行单位的债权人的证券。当发行单位破产时，债权证券要优先清偿，而所有权证券要在最后清偿。

(二) 证券投资的特点

发展证券投资是指投资者将资金投资于股票、债券、基金及衍生金融证券等资产，从而获取收益的一种投资行为。

1. 证券投资的目的

第一，盘活多余资金，获取证券收益。处于成长期或扩张期的企业，出于保持一定现金余额及应付急用目的，资金往往不会一次用完，企业可将暂时闲置的资金投资于有价证券，以获得一定的收益。

第二，满足季节性经营对现金的需求。在资金有剩余的月份可以投资证券，而在资金短缺的季节将证券变现。

第三，满足未来的财务需求。企业根据未来对资金的需求，可将现金投资于期限和流动性较为恰当的证券，在满足未来需求的同时获得证券带来的收益。

第四，分散企业风险。证券投资是企业实现投资多元化、分散企业整体风险的一种有效方式。

第五，获得对相关企业的控制权。通过证券投资可实现对上游企业、下游企业或竞争对手的控制，符合企业的发展战略。

2. 证券投资的特点

与实物投资比较，证券投资的特点是：

（1）流动性强

证券资产的流动性明显高于实物资产。

（2）价格不稳定

证券资产相对于实物资产来说，受人为因素的影响较大，且没有相应的实物做保证，其价值受政治、经济环境等各种因素的影响较大，具有价值不稳定、投资风险较大的特点。

（3）交易成本低

证券交易过程快速、简捷，成本较低。

(三) 证券投资的种类及程序

1. 证券投资的种类

金融市场上可供企业投资的证券具体分为以下几类：

第一，债券投资，是指投资者购买债券以取得资金收益的一种投资活动。

第二，股票投资，是指投资者将资金投向股票，通过股票的买卖和收取股利以获得收益的投资行为。

第三，基金投资，指投资者通过购买投资基金股份或受益凭证来获取收益的投资方式。

投资者享受专家服务，有利于分散风险，获得较高且稳定的投资收益。

第四，期货投资，是指投资者通过买卖期货合约（即在将来一定时期以指定价格买卖一定数量和质量的商品而由商品交易所制定的统一的标准合约，它是确定期货交易关系的一种契约）躲避价格风险或赚取利润的一种投资方式。

第五，期权投资，是为实现盈利目的或规避风险而进行期权买卖的投资方式。

第六，证券组合投资，是指企业将资金同时投资于多种证券。

2. 证券投资的程序

第一，全面了解证券市场，选择投资对象。通过了解，企业可根据自身情况和偏好选择不同的证券，以满足对证券投资的需求，达到收益最大、风险最小的目的。

第二，合理调整证券投资组合。通过投资于不同种类证券，以分散和降低风险，形成适合自己收益和风险偏好的证券投资组合，并根据市场变化情况调整，使其处于合理状态。

第三，委托买卖。企业选择合适的经纪人委托买卖证券。

第四，交割和清算。在企业委托经纪人买入某种证券成功后，便应解交款项，以取得证券。如企业委托卖出的，则应交出证券，收取价款，这种行为称为交割。

第五，办理证券过户。证券按券面是否标明持有者姓名，分为记名证券和无记名证券，证券过户只限于记名证券的买卖业务。当委托买卖某种证券成功后，必须办理变更手续。

（四）证券投资的风险

证券投资是在不确定条件下进行的，必然要承担一定的风险。证券投资的风险包括：

第一，利率风险，指市场利率变化导致证券价格波动而使投资者遭受损失的可能性。一般来说，市场利率上升，会导致证券价格下跌；相反，市场利率下降，则会导致证券价格上升。

第二，购买力风险，又叫通货膨胀风险，是指由于通货膨胀率上升和货币贬值而使投资者出售证券或到期收回所获取的资金的实际购买能力下降的风险。购买力风险对具有收款权利性质的资产影响很大，债券投资的购买力风险远大于股票投资。

第三，市场风险，是指因证券市场变化不定，证券的市价有较大不确定性或难以预见性，从而造成投资者损益的不确定性。

第四，违约风险，是指证券发行人无法按期支付利息或偿还本金的风险。

第五，变现风险，又叫流动性风险，是指企业无法在短期内以合理价格出售有价证券的风险。如果投资者遇到另一个更好的投资机会，须在短期内出售有价证券，以实现新的投资，但找不到愿意出合理价格的买主而丧失新的投资机会或者蒙受损失。

第六，期限性风险，是指由于证券期限长而给投资者带来的风险。投资期限越长，投资的不确定性因素就越多，投资者承担的风险就越大。

二、债券投资

(一) 债券投资的特点

债券是发行者为筹集资金，向债权人发行的在约定时间支付一定比例的利息，并在到期时偿还本金的一种有价证券。企业债券投资的目的有两个，一是合理利用闲置资金，调节现金余额。如企业进行短期债券投资，就是在现金余额太多时，通过购买短期债券使现金余额降低；而当现金余额太少时，通过出售手中的短期债券收回现金，从而使现金余额提高。二是获得稳定收益。企业投资长期债券就是这一目的。

债券投资的特点：

第一，易受投资期限影响。无论是长期债券投资还是短期债券投资，都有到期日，债券到期收回本金，同时意味着本次投资结束。

第二，投资权利有限。债券持有人有权投资债券，同时按照约定取得利息，到期收回本金，但是无权参与被投资企业的经营管理。

第三，收益稳定，投资风险小。债券的投资收益通常在购买时已经确定，与股票相比，债券收益率不高但稳定性强，投资风险较小。

(二) 债券价值与投资决策

1. 债券价值

债券投资主要是为了获得收益。对债券持有者而言，购买债券后，可定期获取固定利息。正常情况下，债券投资产生的现金流量，就是每年的利息收入和债券到期时的本金回收。影响债券价值的因素主要是债券的票面利率、期限和所采用的贴现率等。债券一旦发行，由于面值、期限、票面利率都相对固定，此时市场利率成为影响债券价值的主要因素。市场利率是决定债券价值的贴现率，市场利率的变化会造成系统性的利率风险，表现为：

第一，利率变化影响债券价值。

第二，长期债券对市场利率的敏感性会大于短期债券。

第三，市场利率低于票面利率时，债券价值对市场利率的变化较为敏感，市场利率稍有变动，债券价值就会发生剧烈的波动。当然，与短期债券相比，长期债券的价值波动较大，特别是票面利率高于市场利率的长期溢价债券，虽易获取投资收益，但安全性较低，利率风险较大。

2. 债券投资决策

债券投资决策主要是对投资时机、投资期限及债券种类做出选择的过程，决策的结果就是在符合约束条件的前提下，尽可能实现投资目标。证券投资决策通常包括积极的投资策略和消极的投资策略两种。积极的投资策略表现为，一是根据预期利率的变动主动交易；二是采用控制收益率曲线法，通过持续购买期限较长的债券，达到实现较高投资收益率的目标。典型的消极投资策略就是买入债券并持有至到期。

（三）债券投资的收益率

债券的收益水平通常用到期收益率来衡量。到期收益率是指以市场价格购买债券并持有至到期日或转让日所能获得的收益率，它是使未来现金流量的现值等于债券购买价格的折现率。即：债券购买价格＝每年利息×年金现值系数＋债券面值×复利现值系数。平价发行的每年付息一次的债券，其到期收益率等于票面利率。如果买价和面值不等，则到期收益率和票面利率亦不同。债券真正的内在价值是按市场利率贴现决定的内在价值，当按市场利率贴现所计算的内在价值大于按内部收益率贴现所计算的内在价值时，债券的内部收益率才会大于市场利率。

三、股票投资

（一）股票投资的目的

股票是股份有限公司为筹集权益资本而发行的有价证券，是持股人持股的凭证。股票本身没有价值，它之所以有价格，可以买卖，是因为它能给持有者带来收益。股票价格分为开盘价、收盘价、最高价和最低价等，投资者在进行股票估价时主要使用收盘价。股票价格会随着经济形势和公司的经营状况的变化而升降。

企业进行股票投资，根本目的有两个：一是获利，即为了获得股利收入以及股票转让差价。其中股利是公司对股东投资的回报，它是股东所有权在分配上的体现。二是控股，通过大量购买某一特定企业的股票进而实现控制该企业的目的。如果以获利为目的，应分散投资；如果以控股为目的，则应集中投资。

（二）股票投资的特点

股票投资与债券投资都属于证券投资。证券投资的共同特点是高风险、高收益和变现快。但与债券投资相比，股票投资具有以下特点：

第一，投资风险大：由于股票投资属于权益性投资，持有人作为股东有权参与发行公司的经营决策，股票只能转让而不能要求股份公司偿还本金，所以股票投资者既要承受股票发行公司经营不善可能形成的收益损失，又必须面对股票市场价格变动可能造成的贬值损失，因而风险较大。

第二，投资收益高，但是收益不够稳定：股票投资因为风险大，所以收益也较债券投资高，但其投资收益没有债券的固定利息稳定。

第三，价格波动大：由于股票价格既受发行公司经营状况影响，又受股市投机因素的影响，所以股票价格波动较大。

（三）股票投资的基本分析法

基本分析法通过对影响股票市场供求关系的基本要素进行分析，来评价股票的真正价值，判断股票市场价格走势，可以为股票投资提供参考依据。这种方法主要适用于相对成熟的股票市场以及周期相对较长的个别股票价格预测。

其一，宏观分析。即通过对国家宏观政治、经济形势进行分析来判断宏观环境对股票市场和股票投资活动的影响，包括政治因素分析和宏观经济因素分析。

其二，行业分析。重点分析行业及产业和区域经济对股票价格的影响，包括行业市场结构分析、行业经济周期分析和行业生命周期分析等。

其三，公司分析。公司分析是基于微观层面的分析，是基本分析法的重点。通过对发行股票的上市公司的行业选择、成长周期、企业组织管理、企业经营状况、财务状况以及经营业绩等进行全面分析，预测公司股票价格及其变动趋势，从而为股票投资决策提供可靠依据。一般而言，财务分析是基本分析法中的一种具体分析方法。此外，在股票投资中也经常运用资本定价模型等理论进行公司分析。

（四）股票投资的技术分析法

技术分析法是通过对市场行为本身的分析来预测市场价格的变化方向，即主要是将股票市场的日常交易状态，包括价格变动、交易量与持仓量的变化等资料，按照时间顺序绘制成图形或图表，或形成一定的指标系统，然后针对这些图形、图表或指标系统进行分析研究，以预测股票价格走势的方法。技术分析法的内容包括指标法、K线法、形态法和波浪法。

技术分析法的理论基础主要包括三个假设：

第一，市场行为反映一切假设。这是技术分析的基础。影响证券市场的信息包括公开信息和非公开信息，而股票价格、成交量等市场行为是市场参与者对一切信息做出反应的结果。

第二，价格沿趋势运动假设。这是进行技术分析最根本、最核心的因素。根据动力法则，趋势的运行将会继续，直到有反转的现象产生为止。事实上，价格虽然上下波动，但终究是朝一定的方向前进的，技术分析法希望利用图形或指标分析，尽早确定目前的价格趋势及发现反转的信号，以掌握时机进行交易获利。

第三，历史会重演假设。这是从人的心理因素方面考虑的。心理学研究表明，人类在类似情况下会产生既定的反应。股票投资无非是一个追求收益的行为，不论是昨天、今天或明天，这个动机都不会改变。因此，在这种心理状态下，人类的交易将趋于一定的模式，而导致历史重演。所以，过去价格的变动方式，在未来可能不断发生，值得投资者研究。

四、基金投资

基金投资指一种利益共享、风险共担的集合证券投资方式，即通过发行基金股份或受益凭证，集中投资者的资金由基金托管人托管，由专业基金管理人管理和运用资金从事股票、债券等金融工具投资，以规避投资风险、谋求投资收益的证券投资工具。基金对引导储蓄资金转化为投资、稳定和活跃证券市场、提高直接融资的比例、完善社会保障体系、完善金融结构以及促进证券市场的健康稳定发展和金融体系的健全完善具有极大的促进作用。

（一）基金投资的种类

基金投资的种类繁多，可按不同的方式进行分类。

第一，根据基金组织形式的不同，分为公司型基金和契约型基金。其中契约型基金是由管理者、受托者和投资者（受益者）三方订立信托投资契约，由基金经理公司根据契约运用信托财产，由受托者（信托公司或银行）负责保管信托财产，而投资成果则由投资者（受益者）享有的一种基金。公司型基金则是按照公司法以公司形态组建的投资基金，投资者购买公司股份成为股东，由股东大会选出董事、监事，再由董事、监事投票委任某一投资管理公司来管理公司的资产。

第二，根据基金变现方式的不同，分为开放式基金和封闭式基金。开放式基金是一种发行额可变，基金份额总数可随时增减，投资者可按基金的报价在基金管理人指定的营业场所申购或赎回的基金。封闭式基金则事先确定了发行总额，在封闭期内基金份额总数不变，发行结束后可以上市交易，投资者可通过证券商买卖基金份额。

第三，根据基金的投资标的不同，分为股票基金、债券基金、货币市场基金、期货基金、期权基金、认股权证基金、基金中的基金和混合基金等。

第四，根据基金的募集方式划分，分为公募基金和私募基金。

（二）基金投资的特点

其一，专家理财是基金投资的最大优点。一般而言，基金管理公司配备的投资专家都具有深厚的投资分析理论功底和丰富的实践经验，善于采用科学的方法来研究股票、债券等金融产品，投资行为一般趋于理性，从而使基金投资者能够在不承担较大风险的前提下获得较高的投资收益。

其二，投资方便是基金投资的基本立足点。证券投资基金最低投资量起点要求一般较低，投资方便，能够满足小额投资者对于证券投资的需求，投资者可根据自身财力决定投资大小。再则由于投资基金流动性强，大多有较强的变现能力，使得投资者收回投资时非常便利。此外，我国目前对基金投资收益均实行免税政策。

其三，组合投资是基金投资的最大特点。组合投资，可分散风险。基于风险与收益平衡的考量，基金投资一般分散投资于多种不同类型、不同风险的股票，自然能够达到分散风险的目的。

其四，规模投资是基金投资的最大亮点。证券投资基金通过汇集众多中小投资者的资金，形成雄厚的实力，形成规模效应，从而可以分别投资于多种股票。

五、证券投资组合

(一) 证券投资组合的风险

根据证券投资组合理论，理想的证券投资组合完全可以消除各证券本身的非系统性风险，所以证券投资组合只考虑系统性风险即市场风险问题。由于证券投资的风险往往较大，如何达到风险与报酬的均衡是证券投资的主要财务问题。证券投资的风险按风险性质划分为系统风险和非系统风险两大类别。

1. 系统风险

证券的系统风险，是由于外部经济环境因素变化引起整个证券市场不确定性加强，从而对市场上所有证券都产生影响的共同性风险。系统风险无法通过投资多样化的证券组合而加以避免，也称为不可分散风险。系统风险包括：利率风险、再投资风险、购买力风险和市场风险。

2. 非系统风险

证券的非系统风险，是由于特定经营环境或特定事件变化引起的不确定性，从而对个别证券产生影响的特有性风险。非系统风险可以通过持有证券的投资多样化来抵消，也称为可分散风险。从企业内部管理的角度考察，公司特有风险主要是经营风险和财务风险，一般是通过违约风险、变现风险、期限性风险和破产风险等形式表现出来的。

(二) 资本资产定价模型

证券组合投资能够分散非系统性风险，而且如果组合是充分有效的，非系统性风险能完全被消除。美国金融财务学家夏普1964年提出风险资产价格决定理论，即资本资产定价模型，有效地描述了在市场均衡状态下单个证券的风险与期望报酬率的关系，进而为确定证券的价值提供了计量前提。

(三) 证券投资组合方法

证券投资的盈利性吸引投资者，但其风险性又使许多投资者望而却步。科学地进行证券投资组合就是一个能够有效解决这一难题的较好方法。根据风险偏好程度的不同，一般证券投资组合的策略区分为保守型、冒险型和适中型。资产选择理论对分散投资的通俗解释，是"不把所有鸡蛋放在一个篮子里"，即投资者将其资金投资于两个或更多的风险资产上，建立分散投资组合。通过证券投资组合，可在不影响预期报酬的前提下，降低风险，实现收益稳定化。证券投资组合可以有以下几种组合方式：

第一，选择足够数量的证券进行组合：这是一种最简单的证券投资组合方法。采用这种方法，随机选择证券，随着证券数量的增加，风险会逐步减少，当数量足够多时，大部分风险就有可能分散掉。

第二，证券投资"三分法"：即把风险大、风险中等和风险小的证券放在一起进行组合。

一般把全部资金的 1/3 投资于风险大的、1/3 投资于风险中等的、1/3 投资于风险小的证券。风险大的证券对经济形势变化较敏感，当经济繁荣时，会获得高额收益，但当经济衰退时，却会遭受巨额损失；相反，风险小的证券对经济形势变化则不十分敏感，一般都能获得稳定收益，而不致遭受损失。"三分法"是一种常见的进可攻、退可守的组合方法。

第三，分散投资组合法分散投资组合有几种情况：

（1）行业种类分散，以预防行业性不景气。

（2）行业单位分散，不把全部资金集中购买某一个企业的证券。

（3）投资时间分散，间隔时间穿插选择投资。

（4）投资区域分散。

第四，比例组合法：投资者可把资金分成三部分，以分别用于长线、中线和短线投资。长线投资是指选择目前财务良好又有发展前景的公司股票买进，并持有较长一段时间以享受优厚的股本权益；中线投资是指把自己几个月内暂时不用的资金用来买进估计几个月内可能提供良好收益的股票；短线投资是指选择股价波动较大、几天内就可以有大涨大落的股票投资。

六、企业投资诚信

（一）投资诚信对企业的重要意义

首先，投资诚信意味着重塑企业在政府部门和广大消费者心目中的形象，意味着提升企业在金融部门和投资商面前的信用评估等级，有利于企业开辟更多的融资渠道，彻底摆脱融资之困扰。

1. 投资诚信符合政府意愿，能够得到政府部门强有力的支持

在促进诚信社会建设的过程中，政府本身就负有行政指导、管理和监督等职能。企业投资诚信，可谓与政府的思路不谋而合，不仅可以得到政府的表扬和免费宣传，更多的是能得到融资实惠。政府的支持主要体现在两方面：一方面政策上予以扶持，如建立和发展为企业服务的投资公司，在制定有关投资、融资政策时向诚实守信的企业倾斜等；另一方面在融资方面给予支持，如提供免息、贴息和低息贷款等。

2. 投资诚信能够得到银行等金融机构的贷款回报

银行、信用社等在开展贷款业务时，企业的信用记录是主要依据，目的是防范贷款风险，避免产生不良资产。对于诚信企业，金融机构一方面会尽可能满足其贷款需求；另一方面则会增加金融服务种类，如直接融资、商业融资和信用担保等，为诚信企业提供更多的融资选择。

3. 投资诚信能够得到投资商与合资者的信任，有利于扩大融资范围

在很大程度上，投资商与合资者最关心的是被投资企业的诚信问题，主要原因在于企业诚信就可以准确了解投资对象的真实信息，减少投资的风险和成本，充分提高投资收益。

4. 投资诚信能够得到消费者信赖

诚信会让企业在消费者心目中树立起良好的信誉和口碑，使无形资产得到迅速累积，从而进一步促进市场的发展，增强核心能力。而且，企业得到消费者信赖会形成良好的舆论环境，有利于吸引民间资本和社会闲散资金，进一步拓宽融资渠道。

其次，投资诚信意味着企业形成良好的国际商誉，它会转换成企业宝贵的财富和无限商机，使企业受到国际投资家的青睐，为今后取得国际融资抢占先机，拓展更大的融资空间。这不仅有利于企业实现"生产—扩大融资—扩大再生产—进一步拓展市场"的良性循环，增强核心竞争力，而且有利于企业适应全球经济一体化潮流，走国际化发展之路。

（二）企业投资诚信的主要内容

从古到今，诚信都是商人追求的最高品质，所谓"有诚信便能立世，失诚信便要失世"。诚信是市场经济的基本理念，只有诚信的企业才能在市场交易的重复博弈中获得最大的利益。投资诚信已经成为企业未来竞争的一个重要方面，它不仅有利于企业降低交易成本，而且可以提升企业形象，增强核心竞争力。企业对诚信的投资，其主要内容包括：

1. 管理诚信

管理诚信主要体现企业管理者的信用。管理诚信对于企业发展极其重要，它是企业管理团队成员之间合作的纽带。良好的管理诚信是初创企业保持成长性的前提，也是投资者和被投资企业进行优势互补的合作基础。投资者的首要选择往往是有能力而又有诚信的经营管理者。

2. 会计诚信

会计诚信要求企业内部的会计信息及各类报表所反映的数据真实有效，不得弄虚作假。在目前财务监管还不很健全的阶段，企业的会计诚信显得格外重要。虚假的财务数据不仅增加了资本的进入成本，更不利于对企业进行二次融资和资本运作，对投资的后续运作可能带来灾难性的影响。建设会计诚信，就要建立健全财务制度，加强财务管理，做到结算规范，报表真实，使之客观反映企业财务状况。

3. 金融诚信

所谓金融诚信，就是指企业在与银行等金融机构开展业务活动时讲究诚信，不弄虚作假。企业要树立良好的信用观念，提高自觉还贷意识和行为，建立良好的信用记录，提高自身资信水平，为进一步融资创造条件。具体表现为归还贷款及利息及时，提供会计资料真实、有效等方面。

4. 商业诚信

商业诚信是指企业在从事各项商业活动时，坚守信用原则，在合同履行、应付款偿还等方面及时履行自身义务，不推诿、不拖欠。其实企业的价值是通过市场来体现的，而市场竞争力与企业的商业诚信有很大的关系。如果企业没有良好的商业信用，就会影响到企业自身形象，影响到融资，最终失去市场。

5. 产品诚信

产品诚信也是市场诚信，它包括两方面内容：一是质量，质量是企业的生命，任何忽视产品质量，欺骗市场、欺骗消费者的行为都无异于自杀；二是服务，服务是企业投资诚信的重点，如果谁放弃了售后服务，都意味着将自己的市场拱手让人。如果企业缺乏市场诚信，没有良好的信誉，就会导致销售成本增高。

6. 纳税诚信

纳税诚信就是要求企业遵照国家有关法律法规要求，结合企业的实际财务情况，依法纳税，不偷逃税款。企业应在工商、税务等部门建立良好的信用记录，积极申报，主动纳税，千万不要为了小集体利益而故意损害国家利益。

（三）政府在社会诚信体系建设中的作用

在全球经济一体化和市场经济条件下，政府的职能是在尊重市场经济发展规律的前提下，结合我国国情，通过创建一系列制度安排来规范市场、稳定市场和引导市场发展。因此，在加强社会诚信体系建设中，作为社会事务管理者、作为"游戏"规则的制定者兼"裁判员"，各级政府必须主动承担起打造良好诚信环境的重要责任。

1. 狠抓诚信经营，营造诚信市场环境

从加强诚信教育切入，引导广大企业倡导行业自律，发展诚信交易，通过建立各种行业协会，规范企业行为，要把诚信状况作为入会的首选条件，实行有组织的、群众性的行业自律；大力树立诚信典型，强化诚信示范，在企业中营造出"诚信光荣，失信可耻"的良好氛围；设立政府诚信基金，提供信用保障，对投诉的客户进行赔偿，树立起诚信形象。

2. 狠抓诚信管理，营造诚信服务环境

地方政府要把企业诚信示范和诚信管理作为促进企业诚信经营的重要工作来抓，为诚信经营提供保障和服务。一是依法行政，诚信执法，将诚信建设纳入全年工作目标考核。二是惩治失信，从相关部门抽调精干力量组建执法纠察队，对企业进行检查。三是提高办事效率，在政府行政审批办事大厅，实行受理、审批和收费的"一条龙"服务。

3. 狠抓诚信监督，营造诚信舆论环境

要畅通群众监督渠道，设置企业诚信档案，将企业信誉状况公布于众，约束商家的经营行为。要进一步扩大舆论监督范围，使监督经常化、制度化、规范化，并完善网络监督平台。

4. 狠抓诚信建设，营造诚信法律环境

一是完善社会信用体系建设，二是完善诚信法律制度建设，三是严惩企业失信行为，增加失信经济成本。

第十章 企业在经济发展中的作用

第一节 我国中小型企业现状与发展

改革开放以来，我国中小企业迅速发展，不仅成为推动经济持续快速发展的重要力量，而且对于促进经济结构调整，缓解就业压力，扩大消费需求，改善收入分配状况，实现两个根本性转变具有十分重要的作用。随着知识经济时代的到来和我国加入WTO，我国中小企业将面临新的发展空间，迎来新的发展机遇，中小企业对我国经济社会的巨大作用将进一步显现。中小企业的生存环境越来越艰难，政府要积极发挥作用，采取有针对性的措施，促进中小企业全面协调健康发展。

一、中小型企业的重要性

我国的中小企业是我国国民经济中的重要力量，也是市场结构中最活跃的主体，发挥着不可替代的作用。另外，中小企业是活跃市场和技术创新的生力军，在我国每年的出口总额中，中小企业的出口额占十分重要的比重，而中小企业在技术创新和新技术应用上的影响力，更是促进市场竞争的重要力量。中小企业由于规模小，市场适应能力强，因此，创新的动机和需求直接来自于市场，而创新成果也直接应用于市场。我国改革开放以来，专利约65%是由中小企业发明的，75%以上的技术创新由中小企业完成，80%以上的新产品由中小企业开发。

中小企业的大量存在是一个不分地区和发展阶段的普遍现象，是经济发展的内在要求和必然结果，是保证正常合理的价格形成、维护市场竞争活力、确保经济运行稳定、保障充分就业的前提和条件。

二、我国中小企业的发展现状

中小企业只有了解自身存在的突出问题，有针对性地采取措施解决企业外部和内部的约束，才能使企业得到健康、持久的发展。当前，社会已为中小企业提供了较好的发展环境，但还需要政府继续给予扶持，在融资、人才等方面帮助解决实际困难，消除发展障碍，培育竞争力。

（一）中小企业创新

1. 中小企业创新的动因和挑战

和跨国公司、大企业相比，我国中小企业在实施创新战略中，还存在很大差距。面对经济全球化的机遇和挑战，我国中小企业要生存和发展，就必须进行创新，这不仅是中小企业自身发展的客观要求，也是国家经济发展的要求。

（1）创新战略是中小企业自身发展的客观要求

我国中小企业的生存和发展虽然有其自身的优势和特征，但是我们也要看到，我国的中小企业生产经营普遍存在着"小而全""小而低"和"小而散"现象，即企业规模小、产品技术含量低，且生产能力分散、低水平重复建设的新问题突出；加之在体制转轨过程中，不同地区间同行业的恶性竞争现象，导致他们在资金、品牌、销售渠道和产品研发等多个领域均处于不利地位。他们的抗风险能力比较弱，在市场竞争中处于不利地位。为提高自身的竞争力，他们必须积极采取提高产品质量和技术含量、推出新产品、发挥品牌效应、扩大生产规模以及改进产品的规格、品种、功能、款式等办法。由此可见，创新战略是企业求得生存的必要条件，也是我国中小企业自身发展的客观要求。

（2）中小企业创新战略是国家经济发展的要求

中小企业是推动国民经济发展的一支生力军，是构成市场经济的主体，也是促进社会稳定的基础力量。尤其在确保国民经济适度增长、缓解就业压力、优化经济结构等方面，发挥着越来越重要的功能。据中小企业主管部门统计，我国中小企业总数在1000万家左右，在工商局注册登记的中小企业占全部注册企业总数的99%以上。中小工业企业总产值、销售收入、实现利税和出口总额分别占全部工业总量的60%、57%、40%、60%，中小企业大约提供了75%的城镇就业机会。由此可见，中小企业创新战略是我国企业整体国际竞争力提升的重要组成部分，也是国家经济发展的必然要求。

由于中小企业在资金、管理、技术、人才等方面存在一定的不足，所以中小企业的创新战略也面临着一系列挑战。一是缺乏研发资金。中小企业规模小、资金少、经营风险大、资信程度差，也不具有发行债券、股票等融资手段，同时他们很难获得有关政府部门的研发资金。二是缺乏创新人才。由于体制的、经济的、管理的、机制的原因，中小企业很难吸引或留住创新所需要的人才，从而造成其技术开发能力弱、创新活力和潜力不足。三是创新风险大。中小企业很难同时从多种途径进行创新产品的探究，也很难将技术成果大规模地推向市场，获得投资回报。中小企业还经常承担着市场不确定性风险。

2. 中小企业创新战略的主要内容

（1）技术创新战略

技术创新战略是中小企业基本的创新战略。技术创新的开展离不开资金，经费投入是技术创新的重要支撑。因此，对于中小企业而言，在没有能力进行自主创新的情况下，模拟创新则是一种理性选择。模拟技术创新是中小企业以最小代价、最快速度追赶世界先进技术的现实途径，是最终实现技术自主创新的必经阶段。

（2）产品创新战略

产品创新是对产品的功能进行改造、升级，或者设计制造出新的产品。中小企业可以在不改变产品性质的前提下，对其生产加工过程进行革新，从而达到降低成本、改善质量、提高企业在国内外市场上竞争力的目的。因此，产品创新战略是提高中小企业的竞争力、保证生产持续发展的一种有效途径。

（3）管理创新战略

要培育中小企业的核心竞争力，必须通过管理创新实现整合企业资源、挖掘内部潜力、提高管理效率、增强竞争实力、谋求最大效益的目标。我国的中小企业大多数都是家族式的企业，权力高度集中，工作随意性强；随着企业规模的扩大、管理层级的增加，产权制度的缺陷也日益暴露出来。因此，中小企业要实现持续发展就必须进行管理创新。包括企业管理观念、企业管理组织、企业管理制度、企业管理方法等。

（4）制度创新战略

制度创新是一切创新的保证，是技术创新、产品创新、企业创新和市场创新的前提。中小企业制度创新包括产权制度创新、经营制度创新和管理制度创新，它的实质就是企业制度的变革。通过调整和优化企业所有者、经营者和劳动者三者之间的关系，使各个方面的权利和利益得到充分的体现；通过不断调整企业组织结构和完善企业内部的各项规章制度，使企业内部各种要素合理配置，并最大限度地发挥效能。

3. 中小企业创新战略的发展路径

（1）中小企业新生期及成长初期创新战略的选择

中小企业在新生期和成长的初期，企业的规模小，创新能力一般都较弱，表现为资金缺乏、人力资源不足、生产能力欠缺，承受创新失败风险的能力也较弱，所以在这一阶段，中小企业一般应当先选择以投资小、见效快为主的非技术性创新战略。一方面，中小企业可以在不改变产品性质的前提下，对产品进行改良。如改变产品外形、包装、色彩、附属物件等产品创新战略。另一方面，中小企业还可以进行市场创新战略和企业文化创新战略。中小企业文化创新的目的是创建有凝聚力、战斗力、合作性、创新性的先进企业文化，为企业参与竞争提供强有力的支撑。

（2）中小企业成长后期及成熟期创新战略的选择

在成长后期及成熟期，中小企业人员逐步增多，组织不断壮大，决策量增多，同时在技术、资金及其他资源方面已积累了一定的实力。因此，在这一阶段企业要以技术创新和制度创新为主。这里的技术创新战略又可分为技术创新市场渗透战略、技术创新市场开发战略和技术创新产品开发战略。其中技术创新产品开发战略是指企业用改进老产品或开发新产品的办法来扩大企业产品在原有市场上的销售量，即对企业现有市场投放新产品或利用新技术增加产品的种类，以扩大市场占有率和增加销售额的企业战略。同时，中小企业还要通过管理创新和制度创新战略，明晰产权、构建技术创新体系、实施人才工程、采取有效的激励手段，吸引并留住企业所需人才，发挥其最大潜能。

（二）我国中小企业的发展现状

1. 发展规模小

不管是生产规模，还是人员、资产拥有量以及影响力都要小于大企业。这使得大部分的中小企业难以提供高薪、高福利来吸引人才。而且，一般来讲中小企业的稳定性比大企业差，不管内部还是外部环境的变化，对中小企业的影响比对大企业的影响大得多，所以对于人才而言，在中小企业发展的风险要高于在大企业。

2. 行业分布广，但地域性强

中小企业分布在各行各业中，从手工作坊式的加工业到技术产业，包括一些不适合大规模资金运作的领域。所以中小企业对人才的需求更具多样性和复杂性。中小企业往往活动范围不广，地域性强，尤其是人员的构成更具有明显的地域性，有时容易形成排外的企业氛围，不利于企业引进新的人才。有的企业位于中小城市、城镇，甚至偏僻的地方，很难吸引人才。

3. 个体对企业的贡献度大，影响也大

无论是经营者，还是每一个职工，对企业稳定地进行生产经营活动都很重要。大企业持续正常的运作必须依靠完善的制度，中小企业往往对个体的力量依赖性更大。也就是说，企业的发展更多地依靠每个人的能动性，往往没有一个系统的、完善的管理制度体系，也没有一个持续的、完整的人力资源管理体系，这也不利于中小企业有针对性、有计划地引进人才。

4. 缺乏良好的企业文化

大多数中小企业不注重企业文化的建设，员工缺乏共同的价值观念，对企业的认同感不强，往往造成个人的价值观念与企业的理念的错位，这也是中小企业难以吸引与留住人才的一个重要原因。

（三）我国中小企业在经济社会发展中的特殊地位和作用

1. 社会就业的主要渠道

目前，各国都把就业当作宏观经济的主要目标，其原因在于，只有充分就业才能保持社会稳定，为经济发展提供一个安定有序有利的环境，同时也是国家长治久安、社会稳定的根本保障。中小企业是社会就业的主要承担者，表现在三个方面：一是从资产净值人均占有份额上来看，同样的资金投入，小企业可以比大企业多吸收4倍的人员就业。二是从就业人数的绝对额上来看，我国中小企业就业人员占城镇就业总量的75%以上。三是从容纳就业人数的空间上来看，随着大企业技术构成和管理水平的不断提高，加上企业的优化重组，大企业已经很难再提供新的就业岗位，富余人员和下岗、失业人员会越来越多，解决这批人员的就业或再就业问题，主要靠中小企业的发展。

2. 科技创新的重要源泉

中小企业也是技术创新的重要力量，这不仅体现在中小企业呈现出以知识和技术密集型取代传统的劳动密集型、资本密集型的发展趋势，而且由于中小企业经营灵活、高效的特点，把科学技术转化为现实生产力所耗费的时间和精力的环节也大为缩短。与此同时，因为高科技产业是高风险产业，大企业一般注重常规生产，不愿意去冒风险。而小企业往往成为科技转化为生产力的"实验田"。我国中小企业中的高新技术企业，在科技创新、技术开发等方面意识强、行动快，成为名副其实的技术创新生力军。

3. 地方发展的重要支撑

农业、农村和农民问题是我国经济和社会发展中的重要问题。支援农业，促进农业和农村的发展的一个重要思路就是要走农村工业化道路，这个繁重、艰巨任务的解决还须大力发展农村中的中小企业——乡镇企业。事实上，哪个地区的中小企业效益好，哪里的财政收入就比较宽松，群众的负担就比较轻，干群关系就比较协调，社会稳定也有了牢固的基础。

4. 经济体制改革的基本力量

经济体制改革的关键在国企改革。首先，如前所说，中小企业的发展为国有大型企业的下岗人员提供了大量的就业机会。其次，中小企业的改革特别是国有中小型企业的改革为国有大企业的改革积累了丰富的经验。再次，中小企业特别是民营中小企业是市场力量演变与发展的催化剂。最后，中小企业在产业结构的调整过程中，不断拓展出适应发展需求的新产业，特别是拓展了服务业的发展空间。

（四）金融危机冲击下中小企业发展面临的困境

当前，随着国际金融危机对我国经济负面影响的逐步加深，我国中小企业陷入了艰难的境地。特别是那些市场主要在国外、没有自主知识产权、没有自主品牌、劳动密集型的加工贸易企业，遭受的打击更为严重。笔者认为，这次金融危机是引起我国许多中小企业亏损的直接原因，但毋庸置疑，早在危机爆发之前，我国的一些中小企业就已显现经营困难的端倪，可以从企业外部与内部两个方面进行分析：

1. 此次金融危机及其他外部因素对中小企业的影响

（1）国际市场萎缩

美国金融风暴向全世界蔓延从而造成全球通货紧缩，直接导致国际产品市场急剧萎缩。我国产品出口多年以20%以上的幅度增长，而现在对外贸易进出口同比双双下降，出现了负增长。这样，受第一波的冲击就是生产出口产品的企业。其中，生产玩具、服装、纺织、鞋类、家具、文体用具等人民生活必需品企业大部分倒闭。浙江省温州市和广东省东莞市是生产这些产品的中小企业集聚地。

（2）国内市场变数不定

国际市场萎缩直接导致我国中小企业出口下降，这一方面导致企业被迫将产品转为内销，带来了过度竞争，从而使内向型中小企业陷入困境。另一方面导致那些专为出口产品提供原材料与服务的上下游企业开工不足。同时，所有相关企业都会因产量减少而相应减少员工数量，工资数量的减少必然影响消费品市场。加之，在此前形成的房地产市场因价格过高造成的市场低迷，以及因宏观调控影响了一些大型项目的进度等，更增加了国内市场的不确定性。中小企业几乎全部处于产业链条的某一部位，产业链条的断裂就意味着企业市场的消失。国际金融危机的爆发及其迅速蔓延传导并累及我国经济，使原本已处于困境中的中小企业更是雪上加霜，生产经营状况更加困难。

（3）中小企业融资难度大

这个问题难以突破的根本原因，是我国金融市场不健全，企业融资渠道单一，主要靠银行的间接融资。据江苏、陕西数十家中小企业及金融机构反映，中小企业融资难已存在多年，轻纺、涉农等民生类行业以及软件、互联网等现代服务业由于利润率较低或者是缺少资产抵押担保，除了极少数上市公司和地方扶持的骨干企业，大部分企业贷款很难。制约中小企业融资难的关键因素是担保问题。目前许多地方政府支持成立了多种形式的担保公司，为银行向中小企业贷款进行担保。为对接企业和银行两个商业主体，目前政府主要通过行政支持手段让官方背景的担保公司做中介桥梁。但可以想象，背负着扶持中小企业的官方使命，担保公司将难以完全按市场化规律选择中小企业给予担保，这对企业、银行和担保公司三方而言均难言是最佳结果，这也是中小企业依然觉得融资难的原因所在。

（4）生产成本上升

相对于产品价格，目前中小企业生产成本上升幅度较大。而包括能源在内的原材料，则呈上升趋势。加之人民币汇率上升，以及《劳动合同法》的颁布实施，更增加了成本上升的幅度。其中后两项属于硬成本，企业是不能消化的。这就大大增加了企业控制成本的难度。更严重的是，中小企业生产成本上升，完全达到了侵蚀利润的程度，由此造成大批中小企业亏损，导致部分外资企业外移的同时，丢掉了一些产品的国际市场。

2. 内部因素对中小企业的影响

（1）技术的原因

主要表现在产品同质性严重，市场竞争激烈。国际上一般认为：技术开发资金占销售额1％的企业难以生存，占2％的可以维持，占5％的才有竞争力。而我国很多中小企业根本没有开发经费，有开发经费的也往往不足其销售额的1％，自我积累能力很弱。由于自身资金和技术水平所限，基础薄弱的中小企业只能有选择地进入门槛较低的行业，其产品还主要集中在中低端，而且越是低端产品，厂商越多。由于进入行业过于集中，行业之间产品同质性明显，且都属于竞争性行业，相互之间竞争异常激烈。由于资金缺乏、融资困难和研究开发费用的昂贵，中小企业只能依靠产品模仿或停留在成型产品的生产与销售上。企业管理的焦点只停留在产品的质量、价格、渠道和广告宣传上，而不能根据市场的状况和消费者的需求开发新产品，造成企业产品单一、样式陈旧，缺少市场竞争力。

（2）管理的原因

在迅速壮大发展的中小企业中，企业经营管理者们大部分靠的是抓住了市场的机遇，他们缺少经营管理经验和科学的管理方法，对内部管理和发挥激励机制作用的认识也较肤浅。大部分的中小企业仍为家族企业，管理方式也多为家族式管理，随意性很强，规范性不足，造成了管理上的混乱。管理手段原始、混乱，对员工的激励机制、制约机制以及对企业的财政机制的不完善也制约了中小企业进一步发展。

（3）经营的原因

目前，我国的许多中小企业都非常希望快速扩大生产经营规模，特别是实行多样化生产和多元化经营。当企业发展到一定的阶段。多元化扩张就成了很多中小企业的必然选择。在这些中小企业看来，企业的成长就是规模的扩大，结果造成一批中小企业盲目扩大生产经营规模和追求多元化发展道路，从而使企业出现资金短缺、产品质量不高，服务跟不上等困难，陷入产品越来越多而市场越做越小的困境。

（五）支持中小企业尽快走上健康发展道路

帮助中小企业走出发展困境走上健康发展道路是当前有效应对危机冲击的关键所在。要支持中小企业尽快走上健康发展道路，不但政府要提供相应的扶持政策和服务保障等措施，为中小企业摆脱发展困境创造宽松环境。同时，中小企业自身也要定好位，正视困难，沉着应对。具体来讲：

1. 要加大税收调控力度

一方面要根据《中小企业促进法》，制定有利于中小企业发展的税收政策措施，积极发挥税收政策在拉动投资、扩大出口、结构转型、产业升级、克服瓶颈、促进创业等方面对中小企业的发展的正面促进作用，尽量减少税收政策调控的时滞性、局限性等负面作用。另一方面，要积极借鉴国际上税收政策扶持中小企业的相关经验，按照国家宏观调控要求，建立助推中小企业持续健康发展的长效机制。与此同时，还要妥善推进增值税转型改革以及劳动密集型产品和机电产品的出口退税工作，切实帮助中小企业摆脱生产经营困难。

2. 要加大财政支持力度

设立中小企业促进专项基金，鼓励由各级政府财政预算安排，设立专项用于支持各地民营企业和中小企业发展的政府性基金，支持中小企业专业化发展、与大企业协作配套、技术创新、新产品开发及促进中小企业服务体系建设等；积极推进费改税，在清理不合理收费项目的基础上能变费为税，使中小企业的负担稳定在合理的水平上。在此基础上，要进一步清理现有行政机关和事业单位收费，除国家法律法规和国务院财政、价格主管部门规定的收费项目外，任何部门和单位无权向中小企业收取任何费用，无权以任何理由要求企业提供各种赞助或接受有偿服务。加强对中小企业收费的监督检查，严肃查处乱收费、乱罚款及各种摊派行为，切实减轻中小企业负担。

3. 要加大金融帮扶力度

稳步改善中小企业融资服务。继续发挥各商业银行融资主渠道作用，增加中小企业特别是小企业贷款。稳步推进小额贷款公司试点，提高中小企业集合债发行规模。推进中小企业信用制度建设，鼓励和规范发展中小企业信用担保服务，建立和完善风险分担和补偿机制。加快完善中小企业板，积极推进创业板市场，健全创业投资机制，鼓励创业投资公司发展。

4. 要加大社会服务力度

要根据中小企业发展特点和服务需求，支持中小企业服务中心等各类服务机构提升能力，积极拓展业务，规范服务行为。充分发挥行业协会、商会的作用，鼓励科研院所、企业技术中心加强针对中小企业的共性技术研究，推动"产、学、研、用"结合。在中小企业集中特别是产业集聚地区，重点支持建设一批综合性公共服务平台，建立并完善政府购买服务支持中小企业发展的机制。

解决中小企业遇到的相关问题，一定要放在我国的基本国情下，利用市场化的方式，吸引社会各界的积极资源进行解决，其中，政府的财政政策要通过有效的引导作用达到四两拨千斤的效果。通过完善民间资本对中小企业价值的发现能力，着重改善信息不对称和道德风险对中小企业发展的阻碍。通过使现有财政政策具有明确的针对性和准确的着力点，我国的中小企业就能获得更好的市场环境和政策环境。

第二节 中小企业在经济发展中的作用

在我国经济界十分流行这样一种观点，认为经济是否强大，主要就靠有一批大公司、大集团。人们曲解"抓大放小"的方针，认为应把主要精力投入于搞好大企业、大集团，而不怎么重视搞好中小企业。亚洲金融危机的沉重后果使我国经济界受到震惊，国家面临着经济增长率下降、需求难以启动的窘境，促使决策层把更多关注的目光转向中小企业。要重视发挥各种所有制中小企业在活跃城乡经济、满足社会多方面需求、吸收劳动力就业、开发新产品、促进国民经济发展等方面的作用。在我国的企业改革中，继续贯彻"抓大放小"的方针，在发展大企业、大集团的同时，高度重视发展小企业，采取更加有效的政策措施，为各种所有制小企业特别是高新技术企业的成长创造必要的条件。要进一步放开搞活国有小企业。

中小企业的重要作用和地位具体表现在以下几个方面：

中外经济发展的实践表明，中小企业的大量存在是一个不分地区和发展阶段而普遍存在的现象，是经济发展的内在要求和必然结果，是保证正常合理的价格形成、维护市场竞争活力、确保经济运行稳定、保障充分就业的前提和条件。无论是在高度发达的市场经济国家还是处于制度变迁的发展中国家，中小企业已经成为国民经济的支柱，加快中小企业发展，可以为国民经济持续稳定增长奠定坚实的基础。

一、中小企业是国民经济的重要增长点，是推动国民经济持续发展的一支重要力量

中小企业在我国的国民经济发展中，始终是一支重要力量，是我国国民经济的重要组成部分。中小企业作为市场竞争机制的真正参与者和体现者，在很大程度上可以说是经济发展的基本动力，反映了经济分散化、多样化性质的内在要求，体现出中小企业的先进性、革命性和生命力之所在。同时，中小企业以其灵活而专业化的生产和经营，给大企业带来协作一体化的好处，大大节约了成本，减少了风险，增强了营利性。中华人民共和国成立70余年来，中小企业始终是多数，担负着经济增长的重要任务。中小企业量大面广，分散在国民经济的各个领域，并且日益成为经济增长的主要因素，对国民经济起到了有效的辅助和补充的作用。有关资料显示，中小企业对各国经济的贡献率在不断上升。特别是改革开放以来，中小企业得到了迅速发展，对国民经济发展的贡献越来越大，我国经济持续增长，中小企业功不可没。

二、中小企业是增加就业的基本场所，社会稳定的重要基础

世界各国都十分重视中小企业的发展，一个重要原因就是中小企业在解决就业方面的重要作用。就业问题，始终都是经济发展和社会稳定的一大制约因素。中小企业一大特点就是面广量大，开业快，投资少，竞争激烈，经营灵活，对劳动者劳动技能要求低，且大部分从事劳动密集型产业，因而吸纳劳动力的容量相对较大，能创造更多的就业机会。

我国作为一个工业化水平较低、人口众多的发展中国家，妥善解决劳动力的出路问题是国家长治久安、社会稳定的根本保障。形成中小企业在国民经济中的合理地位，有利于解决就业问题，有利于矫正现行的就业结构和产业结构的偏差。从资源配置的角度看，也有利于发挥我国人力资源数量多的这一特点。中小企业是社会就业的主要承担者。随着大企业技术构成相对管理水平的不断提高，加上企业的优化重组，大企业已经很难再提供新的就业岗位，富余人员和下岗、失业人员会越来越多。解决这批人员的就业或再就业问题，主要靠中小企业的发展。中小企业稳定发展，就可以稳定一支庞大的产业队伍，这将对整个社会的政治、经济、文化和民族关系等起到很好的影响和作用，是国家长治久安的根本保证，对缓解我国经济增长方式的转变与扩大就业的矛盾具有重要意义。

在基于中小企业发展基础上的扩大就业，目前在我国还有一定的潜力，需要做的事无人做的现象还有所存在，有些潜在的需求市场还有待开发。特别是一些高新技术企业，如信息产业等，更适合于规模小、经营灵活的中小企业。伴随着信息技术的扩散和全球经济一体化的推进，以现代科学技术为核心的知识经济的发展，信息的获得更为简便、快捷，

社会需要多种多样，瞬息万变，中小企业与知识经济有着某种协调性，更易于更新和创造新的就业岗位。中小企业的这种吸纳就业和再就业人员的蓄水池功能，对社会的稳定起到了重要的作用。

三、中小企业是促进农业、农村经济发展和增加地方财政收入的重要财源

农业、农村和农民问题是我国经济和社会发展中的重要问题。支援农业，促进农业和农村的发展，对于我国具有特殊的意义。中小企业是农村城镇化的先锋队，是提高农民收入的重要场所。我国的中小企业相当一部分是乡镇企业或私营企业。这些中小企业尤其是乡镇企业把分散的农户集中起来实现大规模、集约化生产，吸纳了大量农村剩余劳动力。这不仅有利于社会稳定，而且对我国农村城镇化进程起到了巨大的推动作用。农村工业化、农村城镇化是任何一个现代化国家在其发展过程中不可逾越的历史阶段。从西方发达国家和我国沿海发达地区城市化进程来看，工业化和城镇化过程都离不开中小企业发展的促进。国有中小企业、城乡集体企业、"三资"企业和私营企业大多分布在中小城市和农村城镇，其发展壮大关系着一个地区农村工业化、农村城镇化的发展进程，所以说中小企业是农村城镇化的先锋队。

中小企业是地方财政收入的重要来源。我国各级政府80%的财政收入来源于中小企业。尤其是在我国的县域经济中，中小企业占有很大的比重，中小企业的发展，直接为地方财政提供税源。事实上，哪个地区的中小企业效益好，哪里的财政收入就比较宽松，群众的负担就比较轻，干群关系就比较协调，社会稳定也有了牢固的基础。

四、中小企业在技术创新方面的生力军作用

中小企业是科技创新的重要源泉，是推动科技尽快转化为生产力的重要力量，中小企业往往是一个国家技术进步的重要载体。中小企业是经济发展中的增长点，是技术创新的重要力量，这不仅体现在中小企业呈现出以知识和技术密集型取代传统的劳动密集型、资本密集型的发展趋势，而且由于中小企业经营灵活、高效的特点，把科学技术转化为现实生产力所耗费的时间和精力的环节也大为缩短。科技创新大致可分为四个方面：产品创新、服务创新、工艺创新和管理创新。小企业对服务创新的贡献率最高，达到38%；其次是产品创新，为32%；对工艺创新和管理创新的贡献率分别为17%和12%。在20世纪许多新产品是小企业发明创造的，如复印机、胰岛素、真空管、青霉素、直升机、彩色电影、圆珠笔等。事实上，20世纪主要发明中60%是由独立发明人或小企业贡献。而小企业往往成为科技转化为生产力的"实验田"。我国中小企业中的高新技术企业，在科技创新、技术开发等方面意识强、行动快，成为名副其实的技术创新生力军。典型的如山东青岛海尔、江苏春兰集团都是由中小民营企业发展起来的，其科技水平现已处于世界领先地位。

五、中小企业对活跃市场具有主导作用

社会需求的多层次决定了商品市场的多层次。在这方面与大企业比较，中小企业大多是纺织、鞋帽、家电等行业，具有贴近市场、经营机制灵活等优势。尤其是在外部环境恶化时，大企业的应变比较慢，中小企业船小易掉头，对经济变化能做出迅速反应。中小企业的存在和发展，还可以保证市场活力，促进市场竞争，避免少数大公司对市场的垄断。中小企业可以利用其经营方式灵活、组织成本低廉、转移进退便捷等优势，更快地接受市场信息，及时研制满足市场需求的新产品，尽快推出，占领市场。中小企业本钱小，风险大，但机制灵活，富于创新，可以利用自己的优势，活跃在竞争十分激烈的领域，参与那些大型企业不愿涉足的"多品种""小批量""微利多销"和维修服务领域，以及新兴领域，从而使整个市场活跃起来。

改革开放以来的实践表明，哪些地区的中小企业发展较快，哪些地区的市场也就相对活跃，哪些地方的中小企业不发展，哪里的市场就相对呆滞。之所以如此，其原因就在于中小企业在创新中起了十分关键的作用。只要利用中小企业灵活善变的优势，引导他们放开搞活，对活跃市场能有事半功倍的效果。同时中小企业在中国经济改革中起着"试验田"的作用，中小企业改革成本低、运作简便、引发的社会震动小，相对较易进入新体制。诸如承包、租赁、兼并、拍卖、破产等企业改革的经验，往往是先由中小企业试行取得成效后，再逐步向国有大型企业推广的。中小企业是市场经济公开、公正、公平原则的最积极的维持者。正因为其弱小，竞争力相对较弱，所以更容易受到强大的外部势力和不公平竞争的损害。市场经济的繁荣是来自竞争的繁荣。现代经济发展中既存在着集中化的趋势，同时也保持着不断分散的制衡过程，主要表现为分布在几乎所有竞争性行业和领域中的大量中小企业不断涌现。来自中小企业的竞争长期存在，是推动经济繁荣、市场活跃、成长的基本力量。

六、中小企业成为产品出口的重要力量

世界各国的中小企业的产品出口，活跃了国际市场。我国的对外出口产品中，工业制成品的比重逐年增加。其中一些大宗出口产品，如服装、手工业品、五金工具、轻工、纺织、玩具等产品，主要靠中小企业提供。我国的众多中小企业利用机制灵活优势和低劳动力成本优势，生产出口了大量劳动密集型产品，为我国出口创汇的提高和外贸事业的发展做出了重大贡献。在出口产品增长的同时，引进外资逐年增加，在境外开办企业也有了新发展。这说明，随着我国对外开放的逐步发展，中小企业经营也在逐渐走向世界。

七、中小企业是大企业健康发展的保证

大企业是由中小企业发展而来的。随着社会主义市场经济体制的建立，企业走上了自

主发展道路，今天的中小企业很可能成为将来的大企业。大企业对量少、分散的资源不易有效利用，或者造成运输或管理成本过高，中国幅员辽阔、国情复杂、发展很不平衡，适合中小企业开发、利用的资源很多。即使在大都市中，贴近居民生活、为都市消费与工商业服务的许多经济事业与项目都具有浓重的地方化、社区化特色。这些活动很难由少数大企业做好，更不用说包办。这正是广大中小企业的用武之地。

八、中小企业在制度创新中可发挥重大作用

在市场经济导向的体制改革中，中小企业因其改革成本较低，可以起到改革"试验田"和"前驱"的角色，率先进行各种改革尝试，为更大规模的改革提供经验。中小企业还可以提供就业机会，吸收在改革过程中从国有大企业中精简出的人员，从而减少改革带来的社会压力。另外，通过大量中小企业的创办与充分的市场竞争，能够培育出大批企业家人才并培养企业家精神。这种宝贵的企业家资源和精神，对中国社会具有极为深远的重大历史作用。而国有大企业，因其与传统体制、政府机构的关系，很难从中培育出足够数量与质量的企业家，更难以形成企业家精神的氛围。

九、中小企业能更好地提供个性化的服务

随着社会经济的进步和人们生活水平的提高，人们越来越追求适合自己个性的生活。中小企业以其机制灵活、贴近市场、规模较小、沉没成本和退出成本均较低等特点，可以直接为顾客提供个性化的服务，满足客户订制需求，提高消费者的生活质量。

第三节 中小企业在区域经济发展中的作用

改革开放30年来，中小企业得到了快速发展。区域经济发展战略的实施，为中小企业创造了新的发展机遇。中外社会经济发展实践证明，中小企业是社会、经济可持续发展的重要力量。利用区域经济发展契机和优势，有效地发挥中小企业作用，对于推动区域经济发展具有重要的战略意义。

一、中小企业对区域经济发展的贡献分析

（一）中小企业是提高市场效率、增强区域经济活力的主力军

根据经济学的观点，完全竞争市场是最有效率的市场形态，而完全竞争市场的特征之一是市场存在众多的企业。国有和国有控股的大型企业是国民经济发展的重要支柱和保障，代表着国家整体经济实力。但是中小企业具有产品和技术结构相对简单、应变能力强、经

营灵活等特点，能够适应瞬息万变的市场环境，所以为数众多的中小企业参与市场竞争能创造市场活力，为国有经济和集体经济营造一个竞争性的市场环境，对市场效率的提高和增强区域经济活力起到了强有力的推动作用。

（二）中小企业是解决区域经济就业问题的主渠道

随着市场经济的发展和国有企业改革的深化，失业、下岗、分流和优化组合出来的人员越来越多，加上农村涌现出来的大量剩余劳动力，使中国的就业形势十分严峻。

根据我国国情，按照比较优势的理论，应该发展劳动密集型产业，从事于劳动密集型产业的主要是中小企业。中小企业对劳动力素质要求相对较低，劳动密集程度高，工资成本却普遍低于大企业，以同等的资金投入可以吸纳更多的劳动力。

（三）中小企业是解决农民增收，建设新农村的重要力量

中小企业大都是成长于农村，在复杂变化的市场环境下生存下来，他们带动农民致富，促进农村经济飞跃发展。

（四）科技型中小企业的成长，是拉动区域经济科技创新的生力军

由于中小企业自身的特点，在高新技术产业化和市场化方面，表现出旺盛的生命力，并做出突出贡献。

二、中小企业在区域经济发展中的困难与不足分析

改革开放40多年来，中小企业已经成为区域经济增长的重要支柱，但是相对大企业，中小企业是一个弱势群体，中小企业在发展中还存在着一定的困难和问题。

（一）资金短缺、融资渠道不畅是制约中小企业发展的瓶颈

由于中小型企业从银行获取抵押贷款和信用贷款的能力有限，企业又达不到在资本市场上直接融资的要求，从而也难于获得风险资本的支持，因而导致中小企业持续、健康、稳定发展受到影响。

（二）缺乏公平竞争的市场环境，中小企业遭受不平等的待遇

虽然政策规定一般性竞争领域允许中小民营企业和国有企业站在同一起跑线上竞争，但是市场准入方面还存在着一些明显的体制性障碍，相关准入政策在具体的操作中没有形成标准化和统一化，没有营造公平竞争的市场环境，没有做到一视同仁，一些部门对中小民营企业还存在"唯成分论"，以致在具体工作上或有意或无意、或直接或间接地限制中小民营企业，致使中小企业遭受不平等的待遇，发展空间有限，合法利益没有得到保护，影响中小企业投身区域经济建设的积极性。

(三) 技术创新能力不强，发展后劲不足

中小企业在科技创新工作方面取得了一些成绩，为区域经济增加了生机，但是还远远不够。

(四) 管理模式落后，高素质人才缺乏

由于目前相当一部分中小企业仍然实行传统式、家族式管理，企业从老板、管理层、中层领导，甚至是基层领导都存在一定的血缘关系或者是亲戚关系；家族自成一统，排斥外族人才，而且大部分管理者观念陈旧、知识匮乏，个人在企业管理中随意性比较严重，缺乏创新思想，加之粗放和原始化的管理，进行家族化的指挥，导致一些中小企业缺乏现代企业的管理理念，资源难以优化配置，难以获得核心竞争力。同时中小企业在工资福利待遇及社会地位、发展前景等与大企业相比还有较大差距，难以吸引到高素质人才。

第十一章 企业经济可持续发展

第一节 企业可持续发展概况

企业可持续发展基本含义就是既考虑当前发展的需要，又要考虑未来发展的需要，不要以牺牲后代人的利益为代价来满足当代人的利益，作为一种全新的发展观，它是对发展单纯地理解为经济增长的旧观念的否定，它在时间上体现了当前利益与未来利益的统一，在空间上体现了整体利益与局部利益的统一。它要求实现由数量增长向质量效能的转变，在经济增长方式上体现为粗放型向集约型转换，由满足当前发展成果的积累向注重持续发展、关注未来发展转变。

一、概述

企业可持续发展战略是指企业在追求自我生存和永续发展的过程中，既要考虑企业经营目标的实现和提高企业市场地位，又要保持企业在已领先的竞争领域和未来扩张的经营环境中始终保持持续的盈利增长和能力的提高，保证企业在相当长的时间内长盛不衰。

可持续发展是既要考虑当前发展的需要，又要考虑未来发展的需要；不能以牺牲后期的利益为代价，来换取现在的发展，满足现在利益。同时可持续发展也包括面对不可预期的环境震荡，而持续保持发展趋势的一种发展观。

企业可持续发展在国际上也获得共识，如全球报告举措，主要强调信息管理，投资者、顾客、拥护者、供方和员工不断地进行对话，连接企业离散和孤立职能的媒介——金融、市场、研究和开发，为供应链、规章的沟通以及声誉和品牌管理可能产生纠纷的地区以及不可预计的机会提供了信标，持续发展能力报告帮助管理者增强评估其对自然、人和社会资本贡献的能力，降低公开商业企业共享价格的可变性和不确定性，并降低其资本费用等。而且可持续发展报告能为企业提供新的机遇并能提高企业的国际竞争力，是企业通向国际市场的通行证。

企业战略是企业如何运行的指导思想，它是对处于不断变化的竞争环境之中的企业的过去运行情况及未来运行情况的一种总体表述。

企业可持续发展战略是指企业在追求自我生存和永续发展的过程中，既要考虑企业经营目标的实现和提高企业市场地位，又要保持企业在已领先的竞争领域和未来扩张的经营环境中始终保持持续的盈利增长和能力的提高，保证企业在相当长的时间内长盛不衰。

二、可持续发展

可持续发展是 20 世纪 80 年代随着人们对全球环境与发展问题的广泛讨论而提出的一个全新概念，是人们对传统发展模式进行长期深刻反思的结晶。布伦特兰夫人在世界环境与发展委员会的《我们共同的未来》中正式提出了可持续发展的概念，标志着可持续发展理论的产生。此时的研究重点是人类社会在经济增长的同时如何适应并满足生态环境的承载能力，以及人口、环境、生态和资源与经济的协调发展方面。其后，这一理论不断地充实完善，形成了自己的研究内容和研究途径。

随着可持续发展的提出，人们对可持续的关注越来越密切，而且从环境领域渗透到各个领域中。而企业可持续发展理论的诞生是比较晚，但发展相对迅速的一个领域。随着社会环境的变化，企业面对着变化迅速的环境很难适应，而且随着众多企业失败现象的出现，如何使企业保持目前，而且使企业在未来依然取得良好的发展势头，越来越引起企业的重视。

三、战略类型

企业可持续发展战略非常繁杂，但是众多理论都是从企业内部某一方面的特性来论述的。根据国内外研究者和实际工作者的总结，可以把企业可持续战略区分为以下几种类型：

（一）创新可持续发展战略

所谓创新可持续发展战略，即企业可持续发展的核心是创新。企业的核心问题是有效益，有效益不仅要有体制上的保证，而且必须不断创新。只有不断创新的企业，才能保证其效益的持续性，也即企业的可持续发展。

（二）文化持续发展战略

所谓文化可持续发展战略，即企业发展的核心是企业文化。企业面对纷繁变化的内外部环境，企业发展是靠企业文化的主导。

（三）制度持续发展战略

所谓制度可持续发展战略，是指企业获得可持续发展主要源于企业制度。

（四）核心竞争力可持续发展战略

企业核心竞争力是指企业区别于企业而具有本企业特性的相对竞争能力。而企业核心竞争力可持续发展战略是指企业可持续发展主要是培育企业核心竞争力。

（五）要素可持续发展战略

要素可持续发展战略认为企业发展取决于以下几种要素：人力、知识、信息、技术、领导、资金、营销。

第二节 企业可持续发展问题探讨

企业的危机来自经营环境的不断变化。进入21世纪,变化成了日常行为,而且变化毫无规律、难以预测,如管理大师所言:"21世纪唯一不变的就是变化。"市场的全球化,以及资本经营的出现打破了行业限制,使得竞争对手的范围扩大了,国际化竞争的市场移到了家门口,竞争的程度更加剧烈,价格降低,支出增加,效益下降。同时,顾客成为市场的主宰,科学、信息技术的广泛运用,以前不可能实现的事情都变为可能。

面对着环境的种种变化,如果还停留在原来成功的经验基础上,不能有效地解决伴随企业成长出现的问题,因循守旧,观念滞后,人才短缺,体制僵化,基础管理涣散,势必使企业从成功走向衰败。要切记,企业今天的辉煌不等于明天也成功。

一、发展战略是企业可持续发展的动力源泉

我国的许多企业,在创立期也就是原始积累阶段,企业规模迅速膨胀,完成了人才、技术、资金、市场的一些初步积累。但在企业的成长期特别是成熟期,管理相对滞后,面临着多种机遇及发展方向的选择,此时企业的发展速度反而下降或停滞。这时候需要制定明确的企业发展战略和发展目标,才有可能进入企业的持续发展期。

持续发展期会进行持续的创新,会培养可持续发展的竞争能力,也要不断地修正前进的方向,以适应市场发展的需要。还面临重新明确企业宗旨与核心价值观等的重大发展任务。

制定发展战略是中国企业为适应市场成熟的必然选择。因为竞争对手持续进步,每天都在进步,每天都有新的竞争者进入,这就给我们带来了很大的压力,如逆水行舟,不进则退。同时潜在的竞争对手、潜在的替代品也会不断出现,而且更新的周期也越来越短,市场也进一步规范,以前可能靠一两张条子、一两个政策机会就能赚钱,但以后这种赚钱的机会就少了。同时,顾客的消费行为也越来越理性化。一个企业要获得竞争优势,可以有两种基本的战略选择:一是提供更低的认知价格,二是提供更高的认知价值。具体应该采取何种战略,还必须以企业拥有的资源和能力为依据,而且要把战略和能力有效地结合。

制定发展战略过程中,企业要在对企业未来发展环境的分析和预测基础上,为企业提出总体的战略目标,企业的一切目标都服从于或服务于这个战略目标。企业的战略目标应该是一个宏伟的远景目标,这是支持企业发展的首要因素。宏伟的远景目标对企业能形成重大的挑战,使企业的领导不满足于现状,从而确保企业不断地增长。同时起到鼓舞凝聚人心、吸引人才、激发活力的作用,使员工觉得前景广阔。因为一名高素质的员工不愿意在一个没有希望、没有前途、没有美好前景的公司工作。给人以美梦,这是最激励人的手段,善于运用胆大超前的目标,也是那些百年企业长寿的秘诀之一。

公司远景目标的三要素:一是要针对未来,即任何一个战略远景目标都要基于对未来

环境的判断，也就是对国家宏观环境——产业政策以及微观环境——竞争环境的展望。二是要考虑清楚公司将参加的业务范围、地理范围、竞争对手以及竞争优势的来源。最后就是公司整体战略，这是非常重要的，公司制定整体战略是为了增加可持续发展能力，企业的发展战略有近期和长期规划。这样才构成一个完整的远景目标。

建立在对环境彻底分析基础上制定的公司整体战略，能够对企业外部环境的变化表现出应变性。成功的企业都有较强的适应环境变化的能力，这些能力是企业对市场信号显示的反应。因此，有人在界定长寿公司时指出："对周围环境的敏感代表了公司创新与适应的能力，这是长寿公司一大成功要素之一。"这一点也是非常重要的。

二、创新是企业可持续发展的核心

企业的核心问题是有效益，有效益不仅要有体制上的保证，而且必须不断创新。只有不断创新的企业，才能保证其效益的持续性，也即企业的可持续发展。伴随着知识经济时代的不断发展，知识创新、技术创新、管理创新、市场创新等已成为企业发展的动力，没有创新企业就无法在竞争中取得优势，也无法保持企业发展的能力。所以，企业可持续发展重点强调的是发展而不是增长。无论是企业的生产规模还是企业的市场规模，都存在着一个增长的有限性。增长是一个量的变化，发展是一个质的变化。一个企业不一定变得更大，但一定要变得更好。企业可持续发展追求的是企业竞争能力的提高、不断地创新，而不只是一般意义上的生存。

企业创新是全方位的创新，其核心是观念创新。观念创新是按照新的外部环境调整价值尺度、思维方式、行为方式和感情方式等诸多方面的文化心理，创新意识的建立是一种否定自我、超越自我的过程。这是企业创新的先导。观念创新中首先是价值观念的创新。价值观念主要是指企业经营的价值观念，包括消费者价值观、利润价值观和社会价值观等。价值观念的创新是指要随着形势的发展而不断改变自己的价值观。观念的创新决定着决策的创新、管理的创新，决定着企业行为的创新。所以创新应该反映在企业的各个方面，包括技术创新、管理创新、体制创新、经营创新等等。所有这些创新，最后都会在企业的经营活动中反映出来，会落实在企业的产品创新上。

三、竞争优势是企业可持续发展的保障

企业可持续发展与社会、生态系统可持续发展的不同之处是，社会、生态可持续发展要实现的是一种平衡，而企业可持续发展要实现的是在非平衡中求得竞争的优势。企业可持续发展的过程中，必须不断地提高自身的竞争能力和水平，才能实现永续发展目标。

在市场经济条件下，同一种产品的生产与销售通常是由多家企业完成的。企业面对的是竞争性的市场，所以首先需要分析企业已经形成的核心能力及其利用情况。在竞争市场上，企业为了及时实现自己的产品并不断扩大自己的市场占有份额，必须形成并充分利用

某种或某些竞争优势。竞争优势是竞争性市场中企业绩效的核心，是企业相对于竞争对手而言难以甚至无法模仿的某种特点。由于形成和利用竞争优势的目的是为了不断争取更多的市场用户，因此，企业在经营上的这种特点必须是对用户有意义的："竞争优势归根结底产生于企业为客户所能创造的价值。"

怎么才能形成企业的某种竞争优势呢？管理学家认为取决于企业的核心能力。所谓核心能力是组织中的积累性学识，特别是关于如何协调不同的生产技能和有机结合多种技术流派的学识。这种能力不局限于个别产品，而是对一系列产品或服务的竞争优势都有促进作用。从这个意义上说，核心能力不仅超越任何产品或服务，而且有可能超越公司内任何业务部门。核心能力的生命力要比任何产品或服务都长。

由于核心能力可以促进一系列产品或服务的竞争优势，所以能否建立比竞争对手领先的核心能力会对企业的长期发展产生根本性的影响。只有建立并维护核心能力，才能保证公司的长期存续。因为核心能力是未来产品开发的源泉，是竞争能力的根。

所以说，利润重要，市场份额更重要；市场份额重要，竞争优势更重要；竞争优势重要，企业核心能力更重要。有了企业核心能力才能创造竞争优势的可持续发展，有了竞争优势的可持续发展才能扩大市场份额，才能使企业基业长青。因此，企业核心能力是竞争优势、市场份额和企业利润的真正来源。

如果企业所处的环境基本保持不变或相对稳定，那么企业只要选择和进入富有市场吸引力的产业，并且具备战略资源、核心能力、企业战略能力、企业家能力和优秀的企业文化以及相对于竞争者来说更富效率的内在要素以占据有利的市场地位，就可以创造企业的持续竞争优势。然而，我们现在所处的环境由于各种因素的作用和变化而处于不断的变动之中，甚至可以说已经达到动态或剧变的程度。环境的动态化严重削弱了企业经营决策与行为可能性预见的基础。由此就使得企业的每一种既定形式的竞争优势都不可能长久地维持，最终都将消散，只是时间的长短不同而已。所以，在动态的环境中，企业要想能够获得持续竞争优势，就不能只是凭借其战略资源、核心能力等被动地适应环境，而是要求企业能够深刻预见或洞察环境的变化并迅速地做出相应反应。通过持续性创新，不断超越自己，从其既有的竞争优势迅速地转换到新的竞争优势，超过竞争对手的企业，从而获得基于其整体发展的持续竞争优势。也就是说，企业持续竞争优势源自持续性的创新。

四、企业文化是企业可持续发展的内因

企业文化作为企业发展战略或企业家能力发展过程中的一种力量或动力，随着知识经济的发展，它对企业兴衰将发挥着越来越重要的作用，甚至是关键性的作用。一个企业在产品质量达到一定程度时，对产品的市场地位和由地位决定的价位，以及产品的市场销售量，发挥重要或决定作用的仍然是产品自身的文化内涵。经济活动往往是经济、文化一体化的运作，经济的发展比任何时候都需要文化的支持。任何一家企业想成功，都必须充分

认识到企业文化的必要性和不可估量的巨大作用，在市场竞争中依靠文化来带动生产力，从而提高竞争力。

哈佛商学院通过对世界各国企业的长期分析研究得出结论："一个企业本身特定的管理文化，即企业文化，是当代社会影响企业本身业绩的深层重要原因。"企业的生存和发展离不开企业文化的哺育，谁拥有文化优势，谁就拥有竞争优势、效益优势和发展优势。世界500强企业出类拔萃的技术创新、体制创新和管理创新的背后，优秀而独到的企业文化，是企业发展壮大、立于不败之地的沃土。

企业文化是企业员工普遍认同的价值观念和行为准则的总和，这些观念和准则的特点可以透过企业及其员工的日常行为而得到表现。文化对企业经营业绩以及战略发展的影响主要体现在它的三个基本功能上：导向功能、激励功能以及协调功能。文化的导向功能是共同接受的价值观念引导着企业员工，特别是企业的战略管理者自觉地选择符合企业长期利益的决策，并在决策的组织实施过程中自觉地表现出符合企业利益的日常行为；文化的协调功能主要是在相同的价值观和行为准则的引导下，企业各层次和部门员工选择的行为不仅是符合企业的长期或短期利益的，而且必然是相互协调的；文化的激励功能主要指员工在日常经营活动中自觉地根据企业文化所倡导的价值观念和行为准则的要求调整自己的行为。

企业文化的上述功能影响着企业员工，特别是影响着企业高层管理者的战略选择，从而影响着企业战略性资源的选择、企业能力的培养与各种资产、技能、资源与能力的整合。正是由于这种影响，与企业战略制定或资源的整合、能力的培养过程中需要采用的其他工具相比，文化的上述作用的实现不仅是高效率的，而且可能是成本最低、持续效果最长的。从这个意义上说，文化是企业竞争优势可持续发展的最为经济的有效手段。

我们要培育良好的企业文化，企业文化说简单点就是企业的人格。良好的企业文化是企业发展战略中必须具有的素质。因为与战略相适应的核心价值观、与战略相配套的企业制度准则，都在直接地影响战略的管理和实施。一个只拥有传统企业文化、价值观的企业，如果转型为高科技企业，它对高科技企业的人力、资源制度和激励制度等都不能理解，涉及企业文化也一样。良好的企业文化将对战略管理起到事半功倍的效果。只有拥有良好的企业文化，人才才不会流失，才能够低成本地运作，才能创造出更好的效益。

五、强化管理是企业可持续发展的基础

企业内部管理基础要扎实，如果一个好的企业战略没有强有力的企业基础管理做保证，不可能得到贯彻执行。可想而知，如果企业战略制定了，管理很松散，也就是组织机构得不到保证，战略就得不到很好的贯彻执行。海尔集团之所以国际战略、多元化战略实施得非常好，就是因为它的基础管理做得非常好。这样它在扩散的过程中，在输出海尔理念的时候就能做得很好。如果换一家企业，它也许就不能成功。

强化企业管理，要对企业进行业务流程的重组，建立与之相适应的组织机构，改变信息的横向、纵向传输速度慢，管理效率低，决策慢的状况。重构企业的职权体系，明确各个部门和每个岗位的职责、权限，制定各项工作的操作规范，按规章行事，提高员工的业务素质。建立完善的考核体系和合理的报酬体系，以绩效为目标，使得考核有依据，奖惩有办法，促进员工的成长、企业的进步。

一个企业的可持续发展，一定要有前期的积累和投入，还要有长远的战略发展眼光，给自己做清晰的定位，然后要有执着的精神，一步一个脚印地修炼企业内功，最终形成一个创新型企业。愿所有的企业都能成为一个可持续发展的百年企业。

第三节 "新常态"下企业可持续发展战略

经济的可持续发展空间总体上看是有限的，既包含了社会资源，也包括了自然资源（能源、水资源、生态资源等）。中国不仅环境资源、自然资源和能源越发稀缺，人们对环境损失承担意愿和容忍度也越来越低。中国企业遇到的可持续发展空间"天花板"已经非常明显。

一、"新常态"下企业可持续发展战略

在北京 APEC 期间，习近平主席提出的"中国经济呈现出新常态"包括速度、结构和动力三个方面的特点："从高速增长转为中高速增长""经济结构不断优化升级"和"从要素驱动、投资驱动转向创新驱动"。

增速放缓会影响很多企业对规模增长的信心，使企业更多关注防御策略与风险管理；结构优化和升级则会加快一批不可持续的行业的洗牌，在可持续发展空间上实现"腾笼换鸟"，给新兴产业带来发展机遇；而可持续发展战略恰好可以给"创新驱动"提供一个新的维度。可以预见，在经济"新常态"中，更利于那些具备更好可持续发展能力的企业崛起，可持续发展战略对商业价值的影响客观上正在变得异常显著。

（一）防御性策略的优势选择

成功的大企业往往拥有数量庞大的利益相关方和深刻的影响力；同时，作为某一领域中的佼佼者，防御策略必然长期占据主导——各种战略都必然服务于维持自身领先地位的任务。在经济"新常态"中，可持续发展可以成为企业的优势防御策略。

一方面，可持续性方面的风险往往会最终转化为企业的商业风险。在增速放缓、结构调整的周期中，这种风险的转化往往会加速。可持续性方面的管理，能为公司内部建立有效的长期商业风险的评估与管理机制。可持续发展战略讲求透明与广泛参与，这也有助于最高决策层与基层的员工、企业供应链以及客户一起协同来应对这些风险。

另一方面，公司规模越大、存在时间越久，无形资产在企业价值中的权重越高，企业软实力对企业价值的影响也就越显著。这一点，在通用电气、IBM、可口可乐、沃尔玛等企业身上都得以验证。无形价值依靠企业软实力来支撑。企业在可持续发展方面的能力与作为，也是衡量企业领导力、透明度、知识产权和人力资源等软实力要素的一个评价标准。可持续发展战略很适合为增强内部活力、增加企业价值的新内涵提供具体的指导方向。例如，Google 这样的科技公司，不仅投入巨大努力实现 100% 使用可再生能源，也为可再生电力的远距离传输做了大量研发投入。Google 的努力不仅消除了人们对于大型数据库导致温室气体排放的担忧，也增加了这家互联网公司对潜在竞争对手的防御能力。

可持续发展空间与效率对于企业的"长期价值资产负债表"的影响在增加，大型企业在可持续领域的努力，也越来越多为实现"防止被颠覆"的目标服务。

(二) "成长"的新支点

目前人们已经在因为生态威胁、环境问题和社会福利担忧，也越发感受到发展空间的局限。针对这一全社会的"痛点"进行有效创新，是在未来获得高速成长的一个有效路径。我们可以期待在新能源、新材料、新服务模式方面出现一批能够极大提升"可持续发展空间利用效率"的新企业。尤其是在借助互联网模式，未来可持续发展战略的实现，将越来越多地借助互联网手段、借助公众参与完成。即便是初创企业，也可以将一些创新型可持续性项目以众筹的模式，在实现公众参与的同时，实现筹智、筹资、筹力。

商业竞争中，企业竞争基本可以概括为两个维度：成本和差异。

1. 关于成本领先优势

在大部分情况下，环境效率与成本效率都是正相关的——环境效率越高，成本效率越高。

从企业追求成本领先的角度看，可持续发展战略会是对原有"规模效应"法则的一个必要修正。无论是减少企业的环境影响、降低能源消耗强度、增加资源循环利用比例或是提高能源独立水平，都能有效帮助企业应对可变成本上涨压力。企业在有效降低单位产品的"环境足迹"后，往往会发现其成本竞争力也增强了。通过可持续发展报告披露这一努力，与财务报告配合，向投资人和相关方面展示企业在可持续发展领域努力的价值将会令人信服。

2. 关于差异化优势

长期来看，经济可持续发展需要在长期利益和短期价值中实现平衡，仅仅依靠现有模式可能不能解决所有问题。因此可持续空间的局限会带来新的细分市场，直接推动了差异化的创新发展。

市场需求的广泛转变无疑会带来差异化竞争的机会，在可持续发展空间利用效率上有所体现。我们看到无论通用电气、ABB 还是施耐德，这些传统电气产业巨头也都在投入更大精力为客户提供更清洁、更高效、更低碳的解决方案，而不再是简单地增加传统优势产品的推广。

可见，可持续发展战略能够"内外兼修"地为企业经营目标服务。从商业角度看，可持续发展正在融入成功企业和高成长性企业的战略之中。

二、企业可持续发展战略实证分析

企业可持续发展，是指企业在追求自我生存和永续发展的过程中，既要考虑企业经营目标的实现和提高企业市场地位，又要保持企业在已领先的竞争领域和未来扩张的经营环境中始终保持持续的盈利增长和能力的提高，保证企业在相当长的时间内长盛不衰。企业可持续发展战略非常繁杂，但是众多理论都是从企业内部某一方面的特性来论述的。比如文化说、要素说、核心竞争力说和制度说等。

（一）背景

中国政府也非常重视可持续发展的观点，并提出了自己的科学发展观：以人为本，全面、协调、可持续的发展观。把可持续性发展提到一个非常高的地位。

而企业可持续发展理论的诞生是比较晚，但发展相对迅速的一个领域。随着社会环境的变化，企业面对着变化迅速的环境很难适应，而且随着众多企业失败现象的出现，如何使企业保持目前，而且使企业在末期中依然取得良好的发展势头，越来越引起企业的重视。近年来随着第一批"政策型、暴发型"企业发展的日趋平静，而且很多企业都成了"流星"，现存的公司利润很难再有大的发展，企业发展面临新的"瓶颈"期。中国企业所面临的一个基本问题是持续性发展问题。从某种意义上讲，这些"流星"企业都是产品成功型企业，也就是凭借企业家的胆略和敏锐，抓住中国经济发展过程中的某个机遇、某个产品、某个项目、某种稀缺资源使企业迅速做大，但这种成功并不等于企业的成功，更谈不上企业的持续成功。而一些目前"如日中天"的企业是否在激荡的环境中仍然保持自己的发展速度，是不是也会迎来自己的"滑铁卢"？企业如何使自己获得可持续性的发展，摆在了所有企业的面前。以河北省中国石油天然气管道第四工程公司为例。尽管公司完成的产值和实现的利润再创公司历史最高纪录，但是随着市场竞争的加剧，国际石油、天然气投资建设持续保持较高的发展态势，国内能源需求持续增长。较高的利润率和潜在利润率迫使行业内竞争、国际大公司竞争以及潜在对手的竞争会从不同方面、不同环节、不同地域和环境区域对四公司造成威胁。而且随着各国对环境的关注、对全球可持续发展的重视，管道行业将面临新的竞争要素，如环境保护等，势必对四公司的发展产生一定的影响。而且就公司目前的管理体系、薪酬制度、人力资源体系、市场营销开发等对四公司的发展起着非常大的制约作用，影响着四公司的可持续性发展。

（二）思路

为了解决四公司目前存在的一些问题，使得四公司避免发生倒退，保持乃至超越目前状态，实现管道四公司的可持续性发展。主要结合当今理论界的相关的可持续性发展方面的论述以及国内外的企业可持续发展事例，具体联系四公司的现状，运用战略管理、人力资源管理、企业文化、市场营销学、员工激励等各方面的理论知识对当前企业如何实现可持续性发展问题提出看法。

（三）企业可持续发展论述

1. 企业可持续发展的含义

可持续发展是既要考虑当前发展的需要，又要考虑未来发展的需要；不能以牺牲后期的利益为代价，来换取现在的发展，满足现在利益。同时可持续发展也包括面对不可预期的环境震荡，而持续保持发展趋势的一种发展观。

企业可持续发展战略是指企业在追求自我生存和永续发展的过程中，既要考虑企业经营目标的实现和提高企业市场地位，又要保持企业在已领先的竞争领域和未来扩张的经营环境中始终保持持续的盈利增长和能力的提高，保证企业在相当长的时间内长盛不衰。

2. 企业可持续发展的基本表现

企业可持续发展，表现为企业活动若干要素的发展。从所有人的角度讲，企业应当持续盈利（或一段时期内总体盈利）；从雇员的角度讲，企业应当保持和扩大雇用的规模；从供应商的角度讲，企业应当不断提出新的订单；从政府的角度讲，企业应当不断地纳税；而从顾客的角度讲，企业应当持续地供应符合市场数量需求和价格需求的产品。在所有上述表现中，最为基本的，应当是企业源源不断地提供适应市场需要和变化的产品（商品）。

分析企业某些要素的增长与企业发展之间的联系与区别。企业某些要素的增长，更多地表现为要素数量的变化；企业的发展，更多地表现为企业整体上转化资源、增加价值的能力的提高。这种能力的提高，既有量的变化，又有质的变化。企业可持续发展，并不要求所有要素实现量的增加。实际中较为常见的，企业的可持续发展是按照"调整"的方式实现的。在调整过程中，企业的资源、工艺、组织结构等因素的变化，都应当是为产品的变化服务的。而产品的变化，又是以企业盈利能力的提高、企业的未来利益最大化作为指导的。企业可持续性发展虽然更多地表现为"破坏性"地重组，但是也存在"渐进式"的改革战略，而且这种"渐进式"的战略在目前企业中有其现实的接受性、操作性。

企业可持续发展战略的提出应当是一个系统性的工程，并涉及企业的方方面面，可以说企业可持续性发展战略的实施是一场革命，不管是"破坏性"的还是"渐进式"的。企业可持续性发展战略涉及企业发展运行中的每一个环节，主要体现在以下两个方面：

（1）外部环境

外部环境又可分为社会环境和任务环境两个部分。企业的社会环境是指那些对企业活动没有直接作用而又经常对企业决策产生潜在影响的一些要素，主要包括与整个企业环境相联系的技术、经济、文化、政治法律等方面。这些方面影响着企业的可持续性发展战略具体确定和实施情况。任务环境是指直接影响企业主要活动或企业主要运行活动影响的要素及权利要求者,如股东、客户、供应商、竞争对手、金融机构等。企业任务环境直接影响到企业可持续性发展战略,如行业发展前景和行业竞争状况将直接影响企业的可持续性发展战略。

(2)内部环境

内部环境包括企业的各项职能,是企业可持续性发展战略制定的基础,包括管理职能、营销职能、理财职能、生产运行职能、研究开发职能等。各种职能相互作用构成企业可持续性发展的基础和骨架。

3. 企业可持续性发展战略目前学术界的观点

可持续发展要求的是企业发展的可持续性,它不仅要求企业目前的发展,同时要求企业未来的发展。因此要求企业具有一种促进可持续性发展的机制,但是不能仅从某一方面来论述企业的可持续性发展,而是综合考虑各种管理要素和外部环境的综合协调。只有这样才可能从总体上把握企业的可持续性发展。

从经济学角度而言,企业可持续发展就是要求企业利润的保持和不断增长,但是企业获得何种利润,基于现实和自身行业企业特点,有不同的表现和看法。

4. 企业可持续发展战略的关键战略要素

一般认为,企业发展包括两层含义:一是"量"的扩大,即经营资源单纯的增加,表现为资产的增值、销售额的增加、盈利的提高、人员的增加等;二是"质"的变革与创新,指经营资源性质的转变、结构的重构、支配主体的革新等,如企业创新能力的增强,对环境适应能力的增强等。即企业发展不仅表现为企业变得"更大",而且更重要的是变得"更强""更新"。一般认为任何一个企业要实现可持续发展,必须具备"项目、环境、管理、机遇"四大因素。实现企业发展是每个企业的唯一使命,实现企业的可持续发展更是面临激荡变化环境的每个企业的追求。

(1)管理要素

产权制度:企业设立必须有明确的出资者,必须有法定的资本金。出资者享有企业的产权,企业拥有企业法人财产权。产权关系不明确,产权责任就不明确,产权约束就不落实,管理的过程中就会遇到多头领导,导致企业效率的下降。

法人制度:《民法通则》规定法人设立的四个条件:依法设立;必要的经费和财产;有自己的名称、组织机构和场所;能够独立承担民事责任。只有产权关系理顺了,法人财产权的概念搞清楚了,企业该做什么也就明确了。

组织形式:现代企业有多种类型,主要有公司制企业和合伙制。公司制的两种主要形式是有限责任公司和股份有限公司。

会计制度:现代企业采用符合国际惯例的中国会计制度,资本金是出资者行使权利和承担责任的物质保障,资本金注入企业后不得抽回,但可依法转让。当国家作为出资者时,其权益的增加体现了国有资产的保值增值。

管理制度:企业的最高权力机构是出资者大会,它选举产生董事和监事。董事会为出资者的代理机构和企业决策机构,它聘请企业经理人员并决定经营管理机构。现代企业制度还包括企业内部的人事、劳动、生产、设备、财务、分配等管理制度。

社会监督机构:现代企业制度不同于传统企业制度之处在于,企业不仅受出资人和政府监管机构的监督,而且受企业的客户、中介机构、社会公众和舆论的监督。企业必须在不损害社会整体利益的前提下,追求自身经济效益的最大化。

(2) 管理新变化因素

管理决策从经验化到知识化:在产品过剩、资本过剩的时代,对大多数企业来说,制约企业发展主要因素已经不是资金和生产能力,而是企业的技术创新和管理能力,是企业技术知识和管理知识对企业的贡献大小。

企业经营虚拟化:为了增强企业的灵活性和应变性,企业将不再贪大求全,而是集中发展具有核心能力的产品、技术和服务,将其他相关业务外包,进行虚拟经营。

企业组织结构的灵活化:为了降低管理费用、提高管理效率、调动员工的积极性和创造性,企业的组织结构出现前所未有的变化——一方面是组织结构从金字塔式更加扁平化,另一方面企业部门要根据形式的变化而不断增减。

企业更加注重人力资源的开发和管理:人是企业经营的第一要素,因此人力资源管理成为企业管理的重中之重,主要集中在企业的薪酬设计、绩效考核、工作分析、素质模型、激励约束、竞争淘汰、招聘引进、培训开发等方面,主要的目的是为了充分调动员工的积极性、凝聚力和向心力。

企业管理更加多样化:随着科学和技术的发展,学科的重新定义组合,产生了许多新的管理技术,如 JIT、FM、CE、SCM、LP、AM 等等。而且企业管理以信息流管理为基础将以上多样化的管理技术进行综合集成(CIMS)。

财务管理的战略化、集成化:财务管理从静态的核算向动态的、参与经营过程的财务管理方向发展;财务管理从战术性、事务性向战略性、全局性的经营理财方向发展;财务管理从内部的、独立的职能向开放的、三流合一的集成管理方向发展;从手工操作、手工分析向计算机、智能分析方面发展;目的从传统的利润到企业未来价值的方向发展;事业从国内到国际范围的发展。

管理责任的社会化:主要表现为企业和消费者的"绿色"和环保意识的增强。

(3) 环境要素

企业面临的可持续发展环境实际上是企业如何在政治、自然、经济、技术以及经营五个方面控制污染和利用能源的问题。其中,每一个环境因素都会从可持续发展的角度对企业的行为形成影响、制约和冲突。

(4) 战略的系统性协调性

可持续发展战略的突出特点是其战略的系统性和协调性。实现企业的可持续性发展不是解决一两个问题,或者全部改变就可以实现的。企业可持续发展战略是指企业在追求自我生存和永续发展的过程中,既要考虑企业经营目标的实现和提高企业市场地位,又要保持企业在已领先的竞争领域和未来扩张的经营环境中始终保持持续的盈利增长和能力的提高，保证企业在相当长的时间内长盛不衰。如何实现企业经营目标和提升自己的竞争力，并保持自己始终赢利的问题，不是一个方面就能解决的，而是靠企业内部外部相互协调系统发展的战略组合。

（四）如何实现企业可持续发展战略

企业可持续发展战略的制定取决于对企业本身和所处环境的分析，一般战略管理普遍采用的 SWOT 分析方法，利用 SWOT 方法对企业内部资源和外部环境进行分析，找出企业自身的优势和劣势，找出外部环境对本企业的机会和威胁。通过外部环境和内部资源的分析，找出本企业的独特竞争优势，并确定企业目前在行业中的位置，并根据对未来环境的预测变化和本企业的目标战略的结合，消除劣势，发挥优势，利用机会，避免威胁，制定出本企业的可持续发展战略。通过 SWOT 分析，对企业的管理、组织结构、市场营销、人力资源和组织文化进行分析整理，并针对企业外部环境进行综合，找出企业的可持续发展战略。即 SHEMMC 理论。

第四节 企业可持续发展与财务

产品和服务溢价能力、成长性、资产管理水平、资本收益、偿债能力和品牌形象是企业可持续发展不可或缺的财务要素。在这些财务要素的推动下，只有把握好、控制好、配置和管理好企业的资源，才能实现企业可持续发展目标。

一、公司溢价能力

当产品和服务有溢价能力时，公司发展才具有可持续性。可持续发展公司有着相同的经营特质：溢价能力高、市场占有率高和品牌知名度高。像可口可乐的差异性和沃尔玛的成本领先都是溢价能力的杰出代表。在销售成长中，持续稳定的销售毛利率是衡量公司溢价能力最典型的财务指标。

二、公司成长性

成长性为公司溢价能力提升了话语权，为可持续发展增加了抵御风险的筹码。资产价值是公司经营规模及其多样性的财务表现。拥有亿万资产的公司也是从小到大发展起来的，经历过无数的经济周期和危机的洗礼，在风雨中成长，在沉沦起伏中把管理做得更加规范，把抵抗风险能力锤炼得更加坚强。经营规模大、收入来源多，可以减轻公司财务对经济周期的依赖性，度过经济萧条的严冬。资产增长为公司产品服务成长保驾护航，是产品服务增长的必要条件，不是充分条件。尽管资产增长不一定能够带来产品服务增长的可持续性。但如果没有资产增长，产品服务可持续增长就变得不可能。

营业收入可持续增长是公司竞争优势的财务表现。如果没有这次金融危机，格力电器的营业收入将呈现可持续的高速增长。在金融危机下，格力采取了积极的扩张战略，资产增长呈周期性波动，再现了格力电器产能扩张、消化、吸收和利用。避免产能过剩的经营谋略。资产周转率就是这方面的最好印证。净利润是公司投资的"再生能源"，是公司可持续成长的基础。净利润增长是净资产增长的内在动力，增发股票是外在力量。格力净利润增长始终保持在21%以上，即便是在金融危机时代，净利润增长也达到了38%，这是格力坚持技术质量取胜，走自主研发道路，不断推出新产品，通过创新提高公司核心竞争力的回报。

三、资产管理水平

在评价流程管理效率方面，资产周转率是综合反映资产利用效率的财务指标，其他资金周转指标只不过反映了局部的资产使用效率。公司在追求高的存货周转率时，很可能导致低的应收账款周转率的出现。按下葫芦浮起瓢，各种资产组合效果最终要靠资产周转率担当。在正常经营环境下，资产周转率的波动性是考验公司管理流程稳定性的财务指标。只有稳定的管理流程，公司发展才具有可持续性。

在无数小决策下，公司资源和能力才能得到充分挖掘和利用。在可持续性发展方面。小决策胜于大决策，树大招风。大决策容易被竞争对手识别和模仿，无数小决策及其组合拳是竞争对手难以模仿的，是买不走、学不会、偷不去的。沃尔玛资产周转率始终保持在四次以上，竞争对手顶多只有两次，沃尔玛的大决策无人不晓，小决策却鲜为人知，为沃尔玛可持续发展添砖加瓦。除了金融危机影响外，格力电器的资产周转率呈稳步上升的态势，显示格力资产管理水平在不断改善和稳步提高，具有可持续发展的特征。

四、公司资本收益

高的净资产收益率为每股收益可持续上升提供了动力。净资产收益率是衡量公司为股东创造财富的指标。其缺点是没有将借入资本与股权资本同等看待，后果是高的净资产收益率可能隐藏着巨大的财务风险。净资产收益率与财务杠杆之间讳莫如深的关系，掩盖了公司真实的获利能力。打通债务资本与股权资本界限，消除资本结构对评价公司盈利能力的影响，要用到资本收益率。资产净利率把不需要付息的流动负债纳入囊中。因流动负债的波动将直接触发资产净利率的波动，同样模糊了人们对公司盈利能力的评价。从融资角度来看，可持续发展表现为公司能够从资本市场上，不断地筹集发展所需要的资本，保持高的资本收益率是公司可持续融资的市场要求。

格力电器净资产收益率一直保持在比较高的水平上，呈波动性上升趋势。与净资产收益率相比，格力的资本收益率显得不是那么高。这主要是资本收益率消除了非经营性资产收益和财务杠杆效用，集中体现了公司核心资产的经营绩效。从家电行业的发展前景来看，10%以上的资本收益率不仅高于同期存贷利率，也高于同期GDP水平和资本成本，为格力经济增加值提供了安全保障。

五、偿债能力

在评价公司偿债能力上，资产负债率因忽略无形资产（如品牌）的价值而存在缺陷。就可持续发展财务而言，处于相同的生命周期，同行业的公司资本结构都应具有相似性。只有这样，财务才不在可持续上给公司发展添乱。衡量公司偿债能力比较到位的指标是已获利息倍数和市值资产负债率。偿债能力与公司盈利及其稳定性藕断丝连，已获利息倍数实质上是与盈利相关的财务指标，通过盈利超过利息倍数表达公司偿债能力，并通过提高倍数消除盈利波动性影响，维护公司可持续发展形象。市值资产负债率是市场对公司未来盈利预期的结果。隐含地表达了公司无形资产的价值。市值资产负债率低，是资本市场基于公司未来发展对其偿债能力的强力支持，在可持续发展道路上，偿债能力至少不会给公司经营添堵。

格力的资产负债率高达75%以上，这样的债务水平不可谓不高，市值资产负债率相对低很多。从格力历年的债务结构来看，长期负债很少，公司债务与银行少有瓜葛，这一点可从已获利息倍数看出。格力已获利息倍数相当高，这是公司经营模式和大量采用商业票据运作所形成的。

流动比率不足之处在于没有将公司运营模式、成长阶段和行业特点表现出来。格力运营模式是自建营销渠道，与经销商建立长期战略同盟关系。资金调动大量采用商业票据，用票据抵押开出票据的手法，消除公司流动资金缺口，实现公司平稳经营。格力流动比率在1附近波动，速动资产占流动资产50%以上。从财务角度看，这是非常激进的流动资产管理模式。格力一直是这么做的，从过去到现在，没有出现不可持续的迹象。如果换个角度来思维，格力依靠品牌优势，大量占用了供应商和经销商的资金。一个愿打，一个愿挨。只要供应商不断补货，经销商不断预付款，流动比率比较低也不会影响公司正常经营。格力正是利用了商业信用优势，降低了融资成本，提高了公司盈利能力。

六、品牌形象

溢价能力与品牌形象相关。品牌形象要么使公司处于市场领先地位，提升市场占有率。要么维持顾客对品牌的忠诚，让顾客支付高价钱，避免恶性价格竞争。品牌形象要靠广告媒介吆喝，要有营销渠道支持。在公司财务上，品牌形象可以通过销售费用与营业收入的比较来表达。将品牌形象从产品服务层面延伸至公司层面，要有可持续研发费用支持和营销战略投入。按照国际现行标准，研发费用与营业收入之比，持续低于1%，企业生存可能面临问题,更不用说可持续发展了。研发费用是衡量企业竞争和发展潜力的指标,相关资料显示,欧、美、日企业研发费用一般占到销售收入的4%~8%,高新技术企业甚至高达15%以上。财务上能够反映公司整体品牌形象的指标是托宾的Q比率。托宾的Q比率是用来反映企业市场价值与重置资产账面价值关系的指标,投资者用来测量公司未来盈利潜力。只有托宾的Q比率大于1的增长,公司投资才能为公司股东创造财富,这样的增长才是真实的,公司发展才具有可持续性。

格力将销售费用与营业收入之比稳定在10.43%~13.61%,建立了比较稳健的市场品牌营销战略,占据了空调市场第一的位置,为巩固市场话语权和保持持久竞争优势奠定了基础。由于格力电器没有公布研发费用,无从分析研发费用占营业收入的比重,但从无形资产与营业收入之比的趋势来看。随着销售收入的增长,无形资产也在不断增长,这验证了格力研发费用的投入。格力电器托宾的Q比率分别为1.56、0.77和1.09,这是市场对格力未来发展的评价,其他年份托宾的Q比率因股权分置影响变得没有意义。

格力电器能够从小到大、从弱到强地成长起来,其成长路线图本身就蕴藏着可持续发展的因子。稳定的销售毛利率和逐步提升的资产周转率是格力电器可持续发展比较鲜明的财务特征,也是公司配置资源的着力点。就可持续发展财务而言,公司要以能够体现可持续发展属性的财务要素为突破口,管理好公司的资源。格力电器如此,沃尔玛也是如此。

第五节 低碳经济下的企业可持续发展

随着全球气候问题日趋严峻,"发展低碳经济,向低碳社会转型"是国际社会为应对全球气候变化而做出的战略选择。在全球节能减排、实行低碳经济的大环境下,如何应对潜在的政策和商业风险,甚至借此创造竞争优势成为企业高管目前面临的一大挑战。

一、低碳经济下的企业可持续发展

(一)"低碳"是企业在未来持续发展的保证

近年来,企业已经越来越清楚地意识到,如果不尽快采取包括低碳在内的可持续发展战略,它在未来所需付出的代价将高于今天为可持续发展战略所需投入的成本。随着全球有限资源的逐步消耗,企业正在或即将面临来自各利益相关方的压力,要求企业采取实际行动证明它们对其赖以生存的环境和社会负责。总之,可持续发展战略为企业能够顺利在当前环境下运营,并能在未来环境下持续生存与发展提供了保证。

(二)企业碳管理战略需要完善的财务管理支持

越早行动的企业,越能尽早获得竞争优势。在碳经济时代,一个产品要附加上它的碳排放量成本，才是产品最终的成本，因此碳排放量的成本越低，产品自然越有竞争力。建议企业从三方面着手制定碳管理战略。首先要了解企业目前的碳排放情况，明确管理方向，比如是以提高能效的方式还是以碳交易的形式来减排，如何平衡投入和收益。其次是碳排放量的管理，比如确定碳排放测量的界限以及重要排放来源。最后就是建立一个相对健全的报告系统。这三方面都需要企业完善的财务管理作为支持。

（三）低碳经济下，财务专业人士起重要作用

在针对碳排放的企业结构转型的过程中，财务管理人员扮演着对内风险管理和整合数据，对外关注动态和通报信息的重要沟通枢纽角色。此外，"综合报告"目前正受到国际上的关注，被广泛认定为企业报告未来的发展趋势。它需要企业整合并披露所有影响公司未来财务业绩以及公司风险评级活动的环境、社会及治理因素。财务人员作为报告的撰写者势必要加深对环境和社会对经济发展的影响，才能发挥更好的作用。财务专业人士在评估企业风险，保证碳排放数据的准确性和完整性，平衡成本与效益以及有效支持管理层决策等方面，必将发挥重要作用。

（四）低碳人才也将成为"抢手货"

实施可持续发展战略需要企业管理层和各级员工的通力合作。与此同时，根据产业及企业的个别情况而定，战略实施的不同阶段还需要某些特定的知识和技能。例如，在收集数据查明企业使用碳的过程中，需要结合企业所在行业的特性采取特定的计量方法。目前，具备相关技能的人才明显较为短缺。这意味着那些能够适应低碳经济发展、及时汲取相关经验和拓展技能的人才将成为新兴绿色经济体中抢手的人才。

（五）节能减排需要完整系统支持

如果整个市场都能有节能减排的意识，企业就能够通过工业化降低节能成本、提高效率。这不仅要靠公司的努力，更要有一整套的系统支持，有完善的政府参与，有完善的能源审计部门参与，这样的节能才是真正有效的。这需要一个过程，但首先我们要有决心和信心做好节能减排的工作，而企业积极参与的动力之一，就是这确实能够转化为巨大的收益。

（六）"低碳先行"，优化考纲与实践分享并重

关于企业可持续发展的重要性及其对企业管理和战略的影响，ACCA（国际注册会计师）不仅将其含纳在资格考试的相关科目中，在后续教育活动中也不断地将企业可持续发展方面的最新动态呈现给 ACCA 会员，以确保会员相关知识的持续更新。如 2020 年举办的系列可持续发展圆桌会议，目的是希望能提供一个互动的平台，让企业高管，尤其是财务高管，对碳排放和可持续发展方面为企业带来的影响、风险及机遇，提高认识，交流经验，从而做好准备，投入行动，赢得先机。

二、持续发展战略的生态维度

可持续发展战略的提出在人类生态伦理观的发展史上具有重要的意义。可持续发展战略的生态维度不仅在于它完成了人类中心主义的生成与解构，而且在于它蕴含着协调、永续发展的生态思想。

面对当今世界全球性的生态危机，国际社会众说纷纭，纷纷提出了各自解决问题的答案。在众多的方案中，可持续发展战略因其思想的深刻性和解决问题的实践可操作性，颇为引人注目。不可否认，可持续发展战略已成为人类社会跨世纪发展的战略抉择。要坚持和落实这一战略，就必须重新审视人类中心主义，在思想观念上对人类重新定位，同时做到与自然相生共容，和谐发展。下文将试图对可持续发展战略的生态内涵及其维度做出初步的探讨。

（一）人类中心主义的生成与解构

过去生态伦理学中的人类中心主义，确实有着这样那样的局限性和缺点，但其中主要的局限性并不在于它主张以人类的道德关系作为它的对象，不在于它主张以人类为中心，而是因为它不能够从人类的长远的、根本的、可持续发展的观点和视角来看待生态环境的问题，"而对自然中心主义也要采取辩证的态度，它在生态危机日益严重的情况下，提出环境保护和生态平衡，可谓切中要害，为人类谋福利它强调动物的解放或权利，凸现出它并没有看到生态问题的症结所在"。生态问题的症结不在于动物和植物有没有权利，而在于人类破坏自然、竭泽而渔的方式损害了文明持续发展的权利。不管是人类中心主义，还是非人类中心主义，无一不违背了恩格斯100多年前对我们的告诫，我们必须时时记住我们统治自然界，决不像征服者统治异族人那样，决不像站在自然界之外的人似的。相反，我们连同我们的肉、血和头脑都是属于自然界和存在于自然界之中的，我们对自然界的全部统治力量，就在于我们比其他一切生物强，能够认识和正确运用自然规律。

随着时代变迁而发展的人类中心主义，将人类从征服自然的信条下解放出来，这是一大历史性的进步。身处生态危机中的人类反思传统的自然观，经过了艰辛的探索，人类终于对人与自然的关系产生了全新的认识。在此基础上，人类形成了一种新的观点——可持续发展。毋庸置疑，正视现实，在人与自然的关系上、在人对自然的掠夺过程中没有谁是胜利者，人虽然暂时会取得一点胜利，但自然会加倍地报复人类。传统的自然观造成了人与自然的对立，并且以人类征服自然的合理性为最高形式，从而导致了人与自然的双向异化，自然被人所分割，人类被自然所左右。

因此，解救人类困境的钥匙在人类自身上，人类首先要从思想上转变认识，即把自然当成人类的朋友，建立起人与自然的协调发展的新型关系，寻求一个人与自然和谐同处的理想世界，从而消除人与自然的对立和冲突。人类必须对自然采取全新的态度，它必须建立在协调关系之上而不是征服关系之上，必须发展一种对自然的新态度，它的基础是同自然协调，而不是征服。

（二）新生态伦理观

可持续发展战略的基本维度——"可持续发展"是这样一种观念，即既要满足人的需要，又不能以破坏环境为代价；既要满足当代人的需要，又不损害后代人的长远利益。同时，它既强调现实的发展，也注重未来的发展。可持续发展是一种从环境和自然资源角度提出的关于人类长期发展的战略和模式，它不是一般意义上所指的一个发展进程要在时间上连续运行、不被中断，而是特别指出环境和自然的长期承载能力对发展进程的重要性以及发展对改善生活质量的重要性。"可持续发展的概念从理论上结束了长期以来把发展经济同保护环境与自然相互对立起来的错误观点，并明确指出了他们应当相互联系和互为因果的。人类的发展有赖自然界的发展，自然界的发展也有赖于人类的发展，它所追求的是促进人类内部的和谐以及人与自然之间的和谐。"我们既可以把可持续发展伦理观看作当代生态伦理学的应用和实践，也可以把它看成是当代生态伦理学的发展。它的最大特点是融合了各个学派的基本点或共同点，把它实际应用到解决人类发展问题上。

第一，我们必须对人与自然关系采取一种整体主义的立场，把人与自然看作相互依存、相互支持的整体，即共同体。可持续发展理论所强调的可持续性是建立在自然资源有限性的基础上的，或者说人与自然和谐具体体现在人类发展的可持续性与自然资源有限性和谐之上，这就构成了人与自然的共同体。

在构成现实世界的世间万物中，只有人才具有理性，具有从根本上改变环境的能力，能够破坏环境，也能改善环境，因此人有正当理由介入到自然中去，可持续发展伦理观认为，人类为了可持续地生存和发展，必须更有理性地介入到自然中去，调整人与自然的关系，做到人与自然的和谐。应当看到，人类中心主义作为西方文化的主流观念在探讨当代环境问题根源和承认自然界价值以及主张人类必须承担保护自然的义务方面有过突出的建树，但它以人的利益为价值判断的传统观念并没有实质性的改变。我们也应当承认，非人类中心主义对于纠正人们长期以来习惯的人类利益高于一切，人类需要绝对合理的思维模式具有积极意义，但它忽视了人类文明的合理性，也没有看到人类调整自己行为的理性力量，可持续发展理论虽然也被看作从人类中心主义出发的发展模式，但可持续发展伦理观更强调人类可以有理性地约束自己行为，去努力做到人与自然的和谐，所以它成为被全世界普遍接受的人类迈向新文明的一种现实选择。

第二，在处理人与自然的关系上，人与自然的关系是相互作用的。人是从自然中分化出来的，是具有自我意识的一部分。脱离自然界的人，同脱离人的自然界一样，都是空洞的抽象，现实、事物、感性都是人与自然相互作用的产物。自然与人应该是在平等的地位上，人类之所以能统治自然界，是因为我们能够认识和正确运用规律，而不是去奴役它。人作用于自然，自然也反作用于人。人依赖于自然而生存，自然为人类提供必要的生活资料和劳动资料。人通过劳动改变世界，同时也在改变人本身，恩格斯反对自然主义的历史观,他说,自然主义的历史观,如德雷帕和其他一些自然研究家或多或少持有的这种历史观是片面的,他认为只是自然界作用于人,只是自然条件到处决定人的历史发展,他忘记了人也反作用于自然界,改变自然界,为自己创造新的生存条件。同样,人类从自己的主观能动性出发作用和改造自然,自然也会给人以反作用。如果人类不遵循自然规律,任意破坏自然界的生态平衡,自然也会予以报复。

可持续发展伦理观认为,人和自然既有相互依存的工具价值,又具有各自独立的自身价值。自然对人的工具价值在于它的可利用性,人对自然是互为尺度的关系。衡量这种价值的尺度,既不在人与自然自身之内,也不在对方之内,而在于人与自然的共同体,这才是唯一的价值主体。由此可以明确人对自然的权利和义务。一方面人有权利利用自然,满足自身的需求,但这种需求必须以不改变自然的连续性为限度;另一方面,人又有义务在利用自然的同时向自然提供相应的补偿。"可持续发展理论强调,必须调整人对自然权利和义务的界限,以恢复自然的正常状态",这就是可持续发展伦理观对生态伦理学的贡献。

由于现代科学技术的飞速发展,人类文明已经达到前所未有的高度。而人类的这种空前强大的力量使得人们在人与自然的相互作用中显示出了对环境和资源的巨大支配力。但在另一方面,与这种支配力相伴而行的是对环境和资源的巨大破坏力。这种破坏力是如此强大,以至于在人类征服自然过程中,在某些领域使环境的破坏成为不可逆转的,使某些资源成为不能再生的,使自然界本身自我修复、自我再生的能力有根本丧失的危险。在这生死存亡的历史关头,人们不能不重新审视人与自然的关系,改变观念和端正态度已成为历史发展的必然要求。这就是改变过去那种人与自然的对立斗争以及一味征服的旧观念,而代之以符合时代特点的新观念,建立人与自然之间的和谐、统一的新关系,走可持续发展的道路。正是这一点构成了可持续发展战略的基本的生态伦理维度。

参考文献

[1] 董俊岭. 新经济环境背景下企业财务会计理论与管理研究 [M]. 北京：中国原子能出版社，2019.

[2] 武建平，王坤，孙翠洁. 企业运营与财务管理研究 [M]. 长春：吉林人民出版社，2019.

[3] 周浩，吴秋霞，祁麟. 财务管理与审计学习 [M]. 长春：吉林人民出版社，2019.

[4] 王培，高祥，郑楠. 财务管理 [M]. 北京：北京理工大学出版社，2018.

[5] 武娟. 高级财务管理 [M]. 上海：立信会计出版社，2018.

[6] 黄延霞. 财务会计管理研究 [M]. 北京：经济日报出版社，2018.

[7] 陈凤丽，高莉，占英春. 财务管理与金融创新 [M]. 长春：吉林出版集团股份有限公司，2018.

[8] 刘晓莉. 企业经济发展与管理创新研究 [M]. 北京：中央民族大学出版社，2018.

[9] 倪向丽. 财务管理与会计实践创新艺术 [M]. 北京：中国商务出版社，2018.

[10] 王喆. 新经济环境下现代企业战略管理研究 [M]. 北京：中国商业出版社，2018.

[11] 王瑾. 企业财务会计管理模式研究 [M]. 北京：北京工业大学出版社，2017.

[12] 曾俊平，李淑琴著. "互联网+"时代下的财务管理 [M]. 长春：东北师范大学出版社，2017.

[13] 王丹竹，管恒善，陈琦. 企业经济发展与管理创新研究 [M]. 长春：吉林人民出版社，2017.

[14] 潘栋梁，于新茹. 大数据时代下的财务管理分析 [M]. 长春：东北师范大学出版社，2017.

[15] 陈建明. 经济管理与会计实践创新 [M]. 成都：电子科技大学出版社，2017.

[16] 赖水平. 企业财务与管理创新 [M]. 北京：中国商务出版社，2019.

[17] 陈光，郝雅静. 企业财务与管理创新实践 [M]. 长春：吉林教育出版社，2019.

[18] 张志勇. 财务管理创新与现代内部审计研究 [M]. 哈尔滨：东北林业大学出版社，2019.

[19] 王韶君. 财务管理创新模式与路径研究 [M]. 长春：吉林科学技术出版社，2019.

[20] 侯文兰，陆静. 财务管理与审计创新 [M]. 长春：吉林出版集团股份有限公司，2019.

[21] 李锦娟. 财务管理理论及金融创新探索 [M]. 长春：吉林出版集团股份有限公司，2019.

[22] 郑谢臣. 中小企业管理创新视角与运营 [M]. 北京：航空工业出版社，2019.

[23] 李伟，谢萍，杨敏.企业财务与管理创新 [M].延吉：延边大学出版社，2018.

[24] 陈富，杨富梅，王大鹏.新时代背景下我国企业财务管理创新研究 [M].成都：电子科技大学出版社，2018.

[25] 袁敏.企业财务管理创新与信息化协同模式研究 [M].长春：吉林出版集团股份有限公司，2018.

[26] 陶月英.财务管理实践创新研究 [M].咸阳：西北农林科技大学出版社，2017.

[27] 王平安.财务精细化管理与创新探究 [M].北京：中国原子能出版社，2017.

[28] 黄倩.财务管理实务 [M].北京：北京理工大学出版社，2017.

[29] 曾俊平，李淑琴."互联网+"时代下的财务管理 [M].长春：东北师范大学出版社，2017.

[30] 崔淑芬，商裕，魏岩峻.财务管理 中小企业视角 [M].上海：上海财经大学出版社，2017.